LE TARIF

EN MATIÈRE CIVILE

LE TARIF

EN MATIÈRE CIVILE

APPLIQUÉ

D'APRÈS LA JURISPRUDENCE ET LA DOCTRINE

PAR

O. RAVIART

Avoué honoraire à Beauvais

PRÉSIDENT HONORAIRE DE LA CONFÉRENCE DES AVOUÉS DE PREMIÈRE INSTANCE DES DÉPARTEMENTS

Directeur du BULLETIN DE LA TAXE

SEPTIÈME ÉDITION

Contenant l'application de la Loi du 24 Décembre 1897, sur le Recouvrement des Frais, et du Décret du 26 Décembre 1898, sur les Copies de Pièces

PARIS

MARCHAL & BILLARD, LIBRAIRES-ÉDITEURS

27, PLACE DAUPHINE,

1904

AVIS

L'ancien tarif des avoués est remis en vigueur après avoir été abrogé depuis le 16 Octobre 1903 jusqu'à la publication du Décret du 14 Juin 1904, c'est-à-dire pendant huit mois environ ; en sorte que l'ouvrage de M. O. Raviart sur le Tarif en matière civile, qui a eu six éditions, reprend toute son utilité.

D'après l'article 3 du Décret précité, les procédures introduites devant les Tribunaux et les Cours à partir du 16 Octobre 1903 et terminées, soit par un jugement avant faire droit, soit par un jugement sur le fond, lors de la publication du Décret susdit du 14 Juin 1904, sont taxées conformément au Tarif établi par le Décret du 15 Août 1903. Toutes autres procédures sont réglées par les anciens Tarifs qui sont remis en vigueur.

Il importe de remarquer que le Décret parle, non pas d'instances, mais de procédures, et qu'une instance doit se diviser, pour la rémunération des avoués, en autant de phases qu'il y a eu de jugements rendus, quelle que soit la nature de chacun d'eux. Le Tarif de 1903 est donc applicable lorsqu'une procédure introduite à partir du 16 Octobre 1903 a été l'objet d'un jugement avant faire droit ou sur le fond rendu antérieurement à la publication du décret du 14 Juin 1904.

Il est encore applicable aux procédures qui ne concernent pas des instances proprement dites, telles que les contributions, les ordres, les purges légales, les notifications de contrat, lorsque ces procédures ont été commencées et terminées dans l'intervalle des deux dates sus indiquées.

A l'exception seulement de ces procédures, d'ailleurs peu nombreuses, toutes les autres sont soumises aux anciens taarifs, et il en est ainsi pour toutes les affaires terminées ou en cours, et pour celles à introduire à l'avenir.

Par suite, l'ouvrage de M. O. Raviart peut rendre les mêmes services qu'autrefois aux magistrats taxateurs, aux officiers ministériels et à leurs clercs, et c'est ce qui a déterminé l'auteur à en faire paraître une septième édition.

LE TARIF

EN MATIÈRE CIVILE

Numéros d'ordre	NATURE DES ACTES	Débour-sés	ÉMOLUMENTS			OBSERVATIONS
			Ressort des cours d'appel	Cours d'appel et villes de plus de 30,000 hab.	Paris et villes assimilées	

TITRE Ier

PROCÉDURE DEVANT LES TRIBUNAUX CIVILS

CHAPITRE Ier

Matières sommaires (Art. 48 à 75 et 404 à 413 C. proc. civ.)

1 L'art. 404 C. proc. civ. porte : Sont réputés matières sommaires et instruits comme telles, les appels des juges de paix ; les demandes pures personnelles à quelque somme qu'elles puissent monter, quand il y a titre, pourvu qu'il ne soit pas contesté ; les demandes formées sans titre, lorsqu'elles n'excèdent pas mille francs (chiffre porté à 1,500 fr. par l'art. 1er de la loi du 11 avril 1838) ; les demandes provisoires ou qui requièrent célérité ; les demandes en paiement de loyers et fermages et arrérages de rentes.

2 La disposition de l'art. 404 qui répute matières sommaires les demandes pures personnelles quand il y a titre non contesté, est exclusivement applicable au cas où la demande est fondée sur un titre qui n'est l'objet d'aucune contestation à raison des stipulations qu'il renferme et auquel, par suite, le jugement ne fait que conférer la force exécutoire, mais non au cas où, le litige portant uniquement sur les faits nés de l'exécution du titre (par exemple de l'exécution d'un mandat), ce titre, quelque avéré qu'il soit, se trouve dépourvu de toute force probante à leur égard. (Cassation, 5 mars 1860 ; Pal., 60, 741 ; Sir., 60, I, 315 ; Dal., 60, I, 129. — MM. Chauveau et Godoffre, n°s 2048 et 2097. — Boucher d'Argis, p. 55.)

3 Les demandes provisoires étant celles qui laissent le principal du litige intact, ne comprennent pas les demandes en pension alimentaire qui, dès lors, sont ordinaires lorsque le capital évalué de cette pension dépasse 1,500 fr. (Cassation, 2 arrêts, 26 juillet 1865 ; Pal., 65, 1045 et 66, 550 ; Sir., 65, I, 295 et 66, 1, 216 ; Dal., 65, I, 495. — MM. Chauveau et Godoffre, n° 2056. — Rivoire, p. 293.)

4 Pour qu'une affaire soit sommaire aux termes de l'art. 404, il ne suffit pas qu'il se rencontre dans cette cause un motif *accidentel* d'urgence ; il faut que la demande elle-même et par sa nature requière célérité. Peu importe donc que, dans le principe et pour un motif accidentel, la demande ait été formée *à bref délai*, en vertu de permission du président, conformément à l'art. 72 C. proc. civ. (Douai, 7 décembre 1825 ; Bourges, 24 août 1839 ; Dal., 40, 2, 54. — MM. Chauveau et Godoffre, n° 2057. — Bioche, V° *Mat. somm.*, n° 11. — Sorel sur Boucher d'Argis, p. 49, note A. — Bonnesœur, p. 83.

N°s d'ordre	NATURE DES ACTES	Débour-sés	ÉMOLUMENTS			OBSERVATIONS
			Ressort	Cours	Paris	

5 Il y a à ajouter à la nomenclature de l'art. 404 les autres affaires que le législateur a qualifié sommaires. Ainsi doivent être instruits et jugés comme matières sommaires, savoir :

En première instance :

1° Les demandes en distraction d'objets saisis (art. 608 C. proc. civ.) ;

2° Les contestations incidentes aux poursuites de saisie immobilière (art. 718 même Code et art. 17 de l'ordonnance du 10 octobre 1841) ;

3° Les contestations élevées sur un procès-verbal d'ordre (art. 761 même Code) ;

4° Les instances en attribution de prix, introduites par actions principales, à défaut d'ordre, quand il y a moins de quatre créanciers (art. 773 même Code) ;

5° Les demandes en réception de cautions et en nullité de surenchères par suite d'aliénations volontaires (art. 832 C. proc. civ.) ;

6° Les actions civiles intentées par les communes ou contre elles relativement à leurs chemins vicinaux (art. 20, loi du 21 mai 1836). Il ne s'agit que des chemins vicinaux qui font uniquement l'objet de cette loi, et non des chemins communaux qui restent sous l'empire du droit commun (MM. Chauveau et Godoffre, n° 2142) ;

7° Les oppositions aux exécutoires décernés par les maires pour le recouvrement des recettes municipales (art. 63, loi du 18 juillet 1837) ;

8° Les actions mobilières (ainsi que les actions personnelles) jusqu'à la valeur de 1,500 fr. de principal et les actions immobilières jusqu'à 60 fr. de revenu déterminé, soit en rentes soit par prix de bail (art 1er, loi du 11 avril 1838) ;

9° Les actions en nullité ou en déchéance de brevets d'invention (art. 36, loi du 5 juillet 1844) ;

10° Les contestations relatives à l'établissement d'une servitude d'irrigation (art. 4, loi du 29 juillet 1845) ;

11° Les oppositions aux exécutoires décernés par les maires pour le recouvrement des recettes des établissements hospitaliers (art. 13, loi du 7 août 1851) ;

12° Les actions civiles relatives à la propriété des marques de fabrique et de commerce (art. 16, loi du 23 juin 1857) ;

13° Les actions intentées par l'administration de l'Enregistrement pour dissimulation dans les prix des ventes et dans les soultes des échanges et partages (art. 13, loi du 23 août 1871) ;

14° Les demandes en nullité de vente d'animaux domestiques pour vices rédhibitoires (art. 9, loi du 2 août 1884).

Et en appel :

15° Celles des affaires ci-dessus énumérées qui sont sujettes à appel ;

16° Les demandes de condamnation de frais d'un avoué de la Cour d'appel contre sa partie. Il ne lui est même alloué que moitié du droit fixé pour les matières sommaires (art. 147 du Tarif du 16 février 1807) ;

17° Les demandes à fin de défenses contre les jugements mal à propos qualifiés en dernier ressort ou dont l'exécution provisoire a été mal à propos ordonnée hors les cas prévus par la loi, ainsi que les demandes à fin d'exécution provisoire des jugements non qualifiés ou mal à propos qualifiés en premier ressort, ou de ceux qui n'auraient pas prononcé l'exécution provisoire dans le cas où elle aurait dû être ordonnée (art. 457, 458, 459 C. proc. civ. et art. 148 du Tarif) ;

18° Les appels d'ordonnances de référé (art. 809 C. proc. civ. et art. 149 du Tarif) ;

19° Et les appels des jugements des Tribunaux de Commerce (art. 648 C. comm.).

6 En règle générale, on ne peut considérer comme sommaires que les affaires énumérées par l'art. 404 ou qualifiées sommaires par un texte spécial de la loi. (Rennes, 18 décembre 1820. — Nancy, 17 décembre 1872. Pal., 74, 477 ; Sir., 74, 2, 107 ; Dal., 74, 5, 335.)

Nos d'ordre	NATURE DES ACTES	Déboursés	ÉMOLUMENTS Ressort	Cours	Paris	OBSERVATIONS
	Ainsi les affaires qui, d'après le Code de procédure, sont *jugées sommairement* ne doivent pas pour cela être instruites et taxées comme matières sommaires. Dire que les affaires seront *jugées sommairement*, c'est vouloir qu'elles le soient promptement, avec célérité : ces mots s'appliquent donc *au jugement de la cause* et non à *l'instruction*. Il est si vrai que de telles dispositions de la loi ne sauraient avoir d'influence sur la taxe, que dans presque tous les cas où elles existent, le Tarif lui-même a passé des écritures et accordé des droits ordinaires, ce qui est absolument contraire à la nature des affaires sommaires. (Voir par exemple les art. 172, 174, 180 et 287 C. proc. civ., l'art. 71, § 8 du Tarif, et l'art. 75, §§ 5, 9 et 11 aussi du Tarif. — Limoges, 9 février 1819. — MM. Chauveau et Godoffre, n° 2036 ; Rivoire, v. *mat. somm.*, n° 4, et divers auteurs de procédure. — Contrà Grenoble, 20 mai 1817 et 6 mars 1821.)					
7	Bien qu'une affaire ordinaire en première instance se soit trouvée réduite par l'effet de l'arrêt intervenu aux proportions d'une affaire sommaire, les dépens n'en doivent pas moins être taxés comme en matière ordinaire, si l'instruction a eu lieu selon le mode prescrit pour les affaires ordinaires. (Amiens, 12 juin 1841. Pal., 44, 2, 462 ; Sir., 44, 2, 347. — M. Boucher d'Argis, p. 58.)					
8	L'opposition, qui est la seule voie ouverte contre la taxe des dépens lorsque les parties contestent la liquidation faite par le juge taxateur, ne peut être exercée contre la disposition d'un jugement qui, en prononçant sur une affaire sommaire, a déclaré statuer en matière ordinaire. Cette décision ne peut être réformée que par la Cour de cassation. (Cassation, 29 janvier 1877. Pal., 77, 533 ; Sir., 77, 1, 214 ; Dal., 78, 1, 149.)					
9	Enregistrement du titre (s'il y a lieu)....	Mém.	»	»	»	Les huissiers et les avoués ne peuvent faire aucun acte en conséquence d'un autre acte soumis à l'enregistrement avant qu'il ait été enregistré, quand même le délai pour l'enregistrement ne serait pas encore expiré, à peine de 10 fr. d'amende, outre le paiement du droit. (Art. 41, loi du 22 frimaire an VII ; art. 10 et 11, loi du 16 juin 1824.)
10	Citation en conciliation............... (*Art.* 21, 22 *et* 23, *décret du* 16 *février* 1807.) Original (quelle que soit la résidence de l'huissier)..................... 1 50 Copie *Idem.* » 38 Timbre.................................. 1 20 Enregistrement : droit principal......... 1 » Id. 2 décimes 1/2.......... » 25 4 33 Ajouter, s'il y a lieu, copie de pièces, transport de l'huissier et visa......... *Mém.*	4 33	»	»	»	Dans la pratique il est réclamé et alloué, pour l'original de la citation en conciliation, un droit de 1 fr. 50, quelle que soit la résidence de l'huissier, car l'art. 21 du tarif de 1807 ne fait pas, pour cette citation, les distinctions de résidences qu'elle fait pour la plupart des autres exploits. (Voir le *Tarif des Actes d'Huissiers*, par O. Raviart, observation n° 46.) L'art. 6 de la loi du 26 janvier 1892 a réduit à 1 fr. le droit principal d'enregistrement applicable aux exploits relatifs aux procédures en matière civile devant les juges de paix. Cette réduction profite à la citation en conciliation qui rentre bien dans la classe des exploits indiqués par ledit article de loi. (Voir le Commentaire de la loi sus visée, par MM. Manuel et Louis, n° 113.) Pour la copie des pièces qui est donnée avec les actes, il est alloué à l'huissier, par chaque rôle d'expédition de 20 lignes à la page et de 10 syllabes à la ligne, 20, 23 et 25 centimes, selon la résidence. (Art. 22 du tarif du 16 février 1807.) Pour le transport qui n'est alloué qu'autant qu'il y a plus d'un demi-myriamètre de distance entre la demeure de l'huissier et le lieu où l'exploit est posé, il est alloué 2 fr. par myriamètre, aller et retour. (Art. 23 du tarif.)
11	Pouvoir pour représenter en conciliation.. Timbre.................................. » 60 Enregistrement : droit principal......... 3 » Id. 2 décimes 1/2.......... » 75 4 35	4 35	»	»	»	Les déboursés de pouvoir passent en taxe et sont à la charge de la partie qui succombe. (Observations du Tribunal de Niort, n° 49. — Chambre des Avoués de Paris, n° 44.)

Nos d'ordre	NATURE DES ACTES	Débour-sés	ÉMOLUMENTS Ressort	Cours	Paris	OBSERVATIONS
12	Procès-verbal de non-conciliation...... *(Art. 10 du tarif.)* *Ressort — Cours — Paris* Timbre minute. (D. 24 nov. 1871) » 30 — » 30 — » 30 Enregistrement: droit principal 1 50 — 1 50 — 1 50 Id. 2 décimes 1/2. » 38 — » 38 — » 38 Répertoire. (Déc. du 24 nov. 1871) » 25 — » 25 — » 25 Droit invariable d'expédition.. » 80 — » 90 — 1 » 3 23 — 3 33 — 3 43	R 3 23 C 3 33 P 3 43	»	»	»	L'expédition du procès-verbal qui constate que les parties n'ont pu être conciliées, et qui ne doit contenir qu'une mention sommaire qu'elles n'ont pu s'accorder, donne lieu à une allocation de 1 franc à Paris et 80 centimes ailleurs. (Art. 10 du tarif.) Cette expédition, de même que toutes celles délivrées par les greffiers de justices de paix, n'est pas sujette à enregistrement. Elle est aussi dispensée du timbre par l'art. 12 de la loi du 26 janvier 1892. Il n'est rien alloué pour la mention sur le registre du greffe et sur l'original ou la copie de la citation en conciliation, quand l'une des parties ne comparait pas. (Art. 13 du tarif.)
13	Requête afin d'assigner à bref délai.... *(Art. 77 du tarif.)* *Ressort — Cours — Paris* Dressé........................ 2 25 — 2 70 — 3 » Timbre........................ » 60 — » 60 — » 60 Enregistrement: droit principal 4 50 — 4 50 — 4 50 Id. 2 décimes 1/2. 1 13 — 1 13 — 1 13 8 48 — 8 93 — 9 23	6 23	2 25	2 70	3 »	Le dressé de la requête est dû en matière sommaire comme en matière ordinaire (MM. Victor Fons, p. 128. — Carré, p. 20. — Chauveau et Godoffre, n° 2,160. — Bonnesœur, p. 101. — Dalloz, *frais et dépens*, n° 170. — Chambre des avoués de Paris, n° 6. — Cour d'appel de Paris, tableau des frais et dépens, n° 2.) La requête pour assigner un jour férié doit passer en taxe, quoique n'étant pas prévue au tarif; elle doit être taxée, par analogie, comme la requête afin d'assigner à bref délai. (Observations du tribunal de Niort, nos 19 et 143. — MM. Chauveau et Godoffre, n° 811.)
14	Assignation devant le tribunal: *(Art. 27, 28 et 66 du tarif.)* § 1er. A une personne: *Ressort — Cours — Paris* Original........................ 1 50 — 1 80 — 2 » Copie........................ » 38 — » 45 — » 50 Timbre........................ 1 20 — 1 20 — 1 20 Enregistremt décimes compris. 2 50 — 2 50 — 2 50 5 58 — 5 95 — 6 20	R 5 58 C 5 95 P 6 20	»	»	»	Il doit être donné, en tête de l'assignation, copie: 1° du procès-verbal de non-conciliation ou de la mention de non-comparution, ou des requête et ordonnance à bref délai: 2° Des pièces ou de la partie des pièces sur lesquelles la demande est fondée. (Art. 65, C. procéd. civ.) Les copies de tous actes ou jugements, qui sont signifiés avec les exploits des huissiers, appartiennent à l'avoué si elles sont faites par lui, à la charge de les certifier véritables et de les signer. (Art. 28 et 72 du tarif. — Voir *suprà*, Introduction. p. 5.) Il est dû à l'huissier, au-delà d'un demi-myriamètre, pour frais de voyage qui ne peut excéder une journée de cinq myriamètres, savoir: au-delà d'un demi-myriamètre et jusqu'à un myriamètre pour aller et retour, 4 francs, et au-delà d'un myriamètre, 2 francs par chaque demi-myriamètre. (Art. 66 du tarif.) L'huissier a droit, par chaque visa, à 1 franc à Paris et à 75 centimes partout ailleurs. (Art. 66 du tarif.) Le droit d'enregistrement des exploits relatifs aux instances suivies devant les Tribunaux civils depuis l'exploit introductif d'instance inclusivement jusques et y compris la signification à partie des jugements, a été réduit d'un tiers par l'article 7 de la loi du 26 janvier 1892. Il était de 3 francs en principal avant cette loi; il n'est plus maintenant que de 2 francs, plus les deux décimes et demi, soit au total 2 fr. 50. Pour le nombre de droits d'enregistrement qui peuvent être perçus sur les exploits, voir *suprà*, Introduction, page 8. L'exploit d'appel d'un jugement est tarifé comme l'exploit d'une assignation pour l'original et la copie. Il s'enregistre au droit de 5 francs, plus deux décimes et demi, pour l'appel d'un jugement de justice de paix, et de 10 francs pour l'appel des autres jugements. (Voir *suprà*, Introduction. p. 5, pour le nombre des copies qui doivent être signifiées.) Pour l'évaluation du droit de copie des expéditions faites en conformité de la loi de 1892, voir *infrà* la note du n° 35.
	Ajouter, s'il y a lieu: Copie de pièces, par chaque rôle fait par l'avoué............ » 25 — » 27 — » 30 Transport de l'huissier et visa. *Mém.* — *Mém.* — *Mém.* Lorsque l'huissier fait la copie de pièces et qu'il y a droit, il lui est dû par chaque rôle.. » 20 — » 23 — » 25					
	§ 2. A 2 personnes: Original........................ 1 50 — 1 80 — 2 » Copies........................ » 75 — » 90 — 1 » Timbre........................ 1 80 — 1 80 — 1 80 Enregistrement.............. 5 » — 5 » — 5 » 9 05 — 9 50 — 9 80	R 9 05 C 9 50 P 9 80	»	»	»	
	§ 3. A 3 personnes: Original........................ 1 50 — 1 80 — 2 » Copies........................ 1 13 — 1 35 — 1 50 Timbre........................ 2 40 — 2 40 — 2 40 Enregistrement.............. 7 50 — 7 50 — 7 50 12 53 — 13 05 — 13 40	R 12 53 C 13 05 P 13 40	»	»	»	
	§ 4. A 4 personnes: Original........................ 1 50 — 1 80 — 2 » Copies........................ 1 50 — 1 80 — 2 » Timbre........................ 3 » — 3 » — 3 » Enregistrement.............. 10 » — 10 » — 10 » 16 » — 16 60 — 17 »	R 16 » C 16 60 P 17 »	»	»	»	
15	Consignation d'amende sur appel de justice de paix. Droit principal........................ 5 » 2 décimes 1/2........................ 1 25 6 25	6 25	»	»	»	La consignation doit être faite avant le jugement sur l'appel, sous peine d'une amende de 50 francs contre l'avoué qui a porté la cause au rôle. La restitution de l'amende s'opère sur la remise: 1° d'un extrait sur timbre signé de l'avoué, du dispositif du jugement qui l'ordonne. (Arrêté du 10 floréal an XI, art. 7.) 2° de la quittance donnée par le receveur; 3° d'une quittance de l'avoué ou de la partie. (Décision ministérielle du 31 août 1818.)

Nos d'ordre	NATURE DES ACTES	Débour-sés	ÉMOLUMENTS Ressort	Cours	Paris	OBSERVATIONS
16	Placet	»	1 50	1 80	2 »	Le placet est admis en taxe. (CASSATION, 23 mars 1875. PAL., 75, 369. — Les chiffres ci-contre de 1 fr. 50, 1 fr. 80 et 2 francs sont admis dans la plupart des tribunaux et sont indiqués par MM. RIVOIRE, p. 82. — VICTOR FONS, p. 149. — CARRÉ, p. 58 — ROUSSEAU et LAISNEY, t. 8, p. 681. — LA CHAMBRE DES AVOUÉS DE PARIS, nº 12. — Voir aussi observation nº 22.)
17	Mise au rôle *(Art. 2, loi du 21 ventôse an VII.)* Remise du greffier ... » 15 État ... » 10 » 25	» 25	»	»	»	Aux termes de l'article 4 de la loi de finances du 26 janvier 1892, sont supprimés les droits de greffe de toute nature perçus par l'Administration de l'enregistrement au profit du Trésor, dans les justices de paix, les tribunaux civils ou de commerce ou les cours d'appel. Les droits de greffe sur les mises au rôle, ainsi que sur les droits de rédaction et de transcription, revenaient au Trésor pour neuf dixièmes (outre deux décimes), et au greffier pour un dixième seulement. La suppression résultant de la loi précitée ne s'applique qu'à la portion des droits qui était perçue au profit du Trésor ; en sorte que les greffiers continuent à percevoir le dixième qui leur était attribué. (Commentaire de MM. MANUEL et LOUIS, nº 64.) La mise au rôle n'a lieu qu'une fois dans chaque affaire. En cas de radiation, la cause est replacée gratuitement à la fin du rôle et il y est fait mention du premier placement. (Art. 3, loi du 21 ventôse an VII.) Les incidents, les assignations en reprise d'instance ou en constitution de nouvel avoué, les oppositions à jugement par défaut, ne donnent pas lieu à une nouvelle mise au rôle. (MM CHAUVEAU et GODOFFRE, nos 929 et 1,269.)
18	Bulletin de distribution ou de remise *(Art. 1er, décret du 24 mai 1854.)*	» 10	»	»	»	Le droit est dû au greffier par chaque bulletin. Cependant le nombre de bulletins rentre dans l'appréciation des juges taxateurs. (Circulaires du garde des sceaux, 27 mai 1854, 22 avril 1863, 2 juillet 1864. Il n'y a lieu à bulletin de distribution que lorsque le Tribunal se compose de plusieurs Chambres.
19	Constitution de l'avoué du défendeur *(Art. 67 et 156 du tarif.)* A l'huissier, par chaque copie signifiée ... Ressort » 25, Cours » 27, Paris » 30 A Paris, il est alloué 1 fr. pour les significations faites à une autre heure que les significations ordinaires.	R » 25 C » 27 P » 30	»	»	»	En matière sommaire, les actes du palais, autres que les conclusions, ne donnent lieu à aucun émolument au profit de l'avoué. D'après l'article 5 de la loi du 26 janvier 1892 sont dispensés de la formalité du timbre et de l'enregistrement, les actes de procédure d'avoué à avoué devant les tribunaux de première instance et les cours d'appel, ainsi que les exploits de signification de ces mêmes actes. Ces actes doivent être mentionnés par les huissiers sur des répertoires non timbrés. Les dispositions de la loi précitée concernant les frais de justice ne s'appliquent pas aux procédures commencées avant le 1er juillet 1892. (Art. 24.) L'époque à laquelle la procédure est réputée commencée se détermine, pour les instances, par l'acte introductif. Pour les dispositions transitoires de la nouvelle loi, voir *suprà*, Introduction, page 7. Un règlement d'administration publique détermine la qualité et les dimensions du papier servant à la confection des actes d'avoué à avoué. (Art. 25.) L'huissier audiencier a droit, pour chacune des copies signifiées, à 25, 27 ou 30 centimes, selon sa résidence. A Paris, les huissiers audienciers ont droit à 1 franc pour significations extraordinaires, c'est-à-dire à une autre heure que celle où se font les significations ordinaires, suivant l'usage du tribunal. (Art. 156, tarif du 16 février 1807.)
20	Avenir pour plaider *(Voir le numéro qui précède.)*	R » 25 C » 27 P » 30	»	»	»	Il n'est dû que les déboursés. (Voir l'observation du numéro qui précède.)

Nos d'ordre	NATURE DES ACTES	Déboursés	ÉMOLUMENTS Ressort	Cours	Paris	OBSERVATIONS
21	Conclusions motivées, grossoyées....... *(Art. 72 et 73 du tarif par analogie.)* *Ressort / Cours / Paris* Original, par chaque rôle..... 1 50 / 1 80 / 2 » Copie, id. ..... » 38 / » 45 / » 50 Huissier, par chaque copie signifiée..................... » 25 / » 27 / » 30 Total : 2 33 / 2 52 / 2 80 Etablir le coût total d'après le nombre de rôles, qui ne doit pas excéder six.	R » 25 C » 27 P » 30	1 88	2 25	2 50	Le décret du 30 mars 1808, exigeant que des conclusions soient déposées et signifiées, même en matière sommaire, renferme, à l'égard de ces actes, une innovation dont la conséquence est de les faire admettre en taxe, malgré le silence du tarif du 16 février 1807. (CASSATION, 13 novembre 1861. PAL., 62, 92.) Les tribunaux et les auteurs sont maintenant unanimes sur ce point. Il est d'usage de signifier des conclusions motivées ne dépassant pas six rôles. C'est à tort que dans un certain nombre de tribunaux on signifie des conclusions par simple acte dont l'original est taxé à 3 fr. 75, 4 fr. 50 et 5 francs, comme l'est celui d'un acte contenant une articulation de faits ou une demande incidente. L'articulat n'est, en général, signifié qu'après une requête grossoyée sur le fond. et il ne comprend aucune discussion. D'un autre côté, la demande incidente ne porte que sur un point accessoire du litige. Il n'y a donc pas d'analogie entre ces actes et les conclusions motivées, exigées en matière sommaire, qui portent sur tous les moyens de l'affaire. Ces conclusions présentant les mêmes difficultés que celles signifiées en matière ordinaire doivent être taxées de la même manière, sauf que le nombre de rôles doit être plus restreint. Plusieurs Cours ont consacré le principe que les conclusions motivées doivent être grossoyées et taxées à raison de 1 fr. 50 par rôle dans le ressort et de 2 fancs à Paris. (Orléans, 12 mai 1846. PAL., 2, 46, 41. — Nîmes, 3 janvier 1855. PAL., 55, 559. — Limoges, 27 mars 1858. PAL., 58, 612. — Nancy, 19 mai 1859. PAL., 60, 183. — Paris, 1er juillet 1859. PAL., 60, 228. — Voir aussi M. RIVOIRE. Vo Conclusions nos 2 et 3.) Il doit être signifié autant de conclusions qu'il intervient de jugements interlocutoires ou définitifs. (M. BONNESŒUR, p. 139. — Observations du tribunal de Niort, no 51.) Sur le nombre de copies à signifier, voir observation no 70. Les originaux des conclusions respectivement signifiées, bien que dispensés de la formalité du timbre et de l'enregistrement par l'article 5 de la loi du 26 janvier 1892, doivent néanmoins être présentés par l'huissier instrumentaire au receveur de l'enregistrement dans les quatre jours de la signification, sous peine d'une amende de 10 francs pour chaque original non représenté. Ces originaux sont visés, cotés et paraphés par les receveurs, qui ont la faculté d'en tirer copie, conformément à l'article 56 de la loi du 22 frimaire an VII. Ne peuvent être admis en taxe par les magistrats taxateurs que les originaux ainsi visés, cotés et paraphés par le receveur de l'enregistrement. (Art. 18, loi du 26 janvier 1892.)
	Le coût des conclusions, par simple acte, s'établit comme suit : *Ressort / Cours / Paris* Original...................... 3 75 / 4 50 / 5 » Copie...................... » 94 / 1 13 / 1 25 Huissier...................... » 25 / » 27 / » 30 Total : 4 94 / 5 90 / 6 55 S'il y a plusieurs copies, il faut, selon le nombre, doubler, tripler ou quadrupler le droit de copie de l'avoué et le droit de signification de l'huissier, comme il va être indiqué :	R » 25 C » 27 P » 30	4 69	5 63	6 25	
	Pour 2 copies : *Ressort / Cours / Paris* Original...................... 3 75 / 4 50 / 5 » 2 copies...................... 1 88 / 2 15 / 2 50 Huissier...................... » 50 / » 54 / » 60 Total : 6 13 / 7 39 / 8 10	R » 50 C » 54 P » 60	5 63	6 75	7 50	
	Pour 3 copies : Original...................... 3 75 / 4 50 / 5 » 3 copies...................... 2 81 / 3 38 / 3 75 Huissier...................... » 75 / » 81 / » 90 Total : 7 31 / 8 69 / 9 65	R » 75 C » 84 P » 90	6 56	7 88	8 75	
	Pour 4 copies : Original...................... 3 75 / 4 50 / 5 » 4 copies...................... 3 75 / 4 50 / 5 » Huissier...................... 1 » / 1 08 / 1 20 Total : 8 50 / 10 08 / 11 20	R 1 » C 1 08 P 1 20	7 50	9 »	10 »	
22	Conclusions déposées..................	»	1 50	1 80	2 »	Il est dû un émolument pour la copie et le dépôt des conclusions qui doivent être remises au greffier en exécution de l'article 71 du décret du 30 mars 1808. (CASSATION, 13 novemvre 1861. PAL., 62, 92. — Caen, 11 avril 1866. SIR., 66, 2,321. — Paris, 7 juin 1867. AV., t. 97, 434.) Les chiffres ci-contre de 1 fr. 50, 1 fr. 80 et 2 francs sont, comme pour le placet, admis dans la plupart des tribunaux. (Voir les autorités citées en l'observation no 16, et en outre Orléans, 15 décembre 1858. PAL., 59, 560.) Les conclusions déposées ne sont pas assujetties au timbre. (Circulaire ministérielle du 15 juillet 1825.)
23	Sommation de communiquer...........	R » 25 C » 27 P » 30	»	»	»	
24	Appel de cause par l'huissier .... *(Art. 152 du tarif.)*	R » 25 C » 27 P » 30	»	»	»	Alloué pour chaque appel de cause sur le rôle et lors des jugements par défaut, interlocutoires et définitifs, sans qu'il soit alloué pour le jugement préparatoire et de simple remise. (Art. 152 du tarif.)

Nos d'ordre	NATURE DES ACTES	Déboursés	ÉMOLUMENTS Ressort	Cours	Paris	OBSERVATIONS
25	Obtention du jugement par défaut, contre-partie ou avoué : (*Art. 67 du tarif.*)					Le jugement de défaut profit joint donne lieu au droit ci-contre. (CASSATION, 24 juin 1847. PAL., 47, 717. — MM. RIVOIRE, p. 308. — CARRÉ, p. 33 et 64. — CHAUVEAU et GODOFFRE, nº 2,183. — DALLOZ, p. 195. — Observations du tribunal de Niort, nº 14.
	Quand la demande n'excède pas 1,000 francs ..	»	5 63	6 75	7 50	
	Quand elle excède 1,000 francs jusqu'à 5,000 fr.	»	7 50	9 »	10 »	
	Et quand elle excède 5,000 francs	»	11 25	13 50	15 »	Donnent lieu au droit entier d'obtention :
	NOTA. — *Si la valeur de l'objet de la contestation est indéterminée, le juge alloue l'une des sommes ci-dessus.* (*Art. 67 du tarif.*)					1º Les jugements qui tranchent définitivement un point quelconque du procès, tels que les jugements qui statuent sur une provision ou sur un moyen d'incompétence, et les divers jugements définitifs qui peuvent être rendus dans une instance en partage et liquidation. (Orléans, 15 décembre 1858. PAL., 59, 569. — MM. DUTRUC, *Bulletin de la Taxe*, t, 2, 81. — ROUSSEAU et LAISNEY. V. jugement nº 404. — CHAUVEAU et GODOFFRE, nº 2,186.
26	Obtention d'un jugement contradictoire ou définitif :					2º Les jugements par défaut définitifs, tels que ceux rendus sur opposition et ceux d'incidents de saisie. (MM. DUTRUC, *Bulletin de la Taxe*, t. 3, p. 102. — RIVOIRE, p. 310. — CARRÉ, p. 34. — CHAUVEAU et GODOFFRE, nº 2,184. — BONNESŒUR, p. 113. — DALLOZ, p. 183. — Délibération du tribunal civil de Beauvais, sur le tarif, prise sous la présidence de M. DANSE.
	Quand la demande n'excède pas 1,000 francs ...	»	11 25	13 50	15 »	
	Quand elle excède 1,000 francs jusqu'à 5,000 fr.	»	15 »	18 »	20 »	
	Quand elle excède 5,000 francs	»	22 50	27 »	30 »	Le jugement étant réputé contradictoire, aux termes de l'article 343 du Code de procédure civile, lorsque les qualités sont posées, le droit entier est acquis par le dépôt des conclusions, quoiqu'il n'y ait pas de plaidoirie. (MM. BOUCHER D'ARGIS et SOREL, p. 76.) Il n'est alloué aucun honoraire aux avocats dans les affaires sommaires. (Art. 67 du tarif.)
	Même observation que ci-dessus dans le cas où l'objet de la contestation est indéterminé. (*Art. 67 du tarif.*)					
27	Demi-droit d'obtention du jugement qui ordonne une enquête, une visite de lieux ou une expertise, selon la valeur du litige. (*Art. 67 du tarif.*)	» » »	5 63 7 50 11 25	6 75 9 » 13 50	7 50 10 » 15 »	Ce demi-droit s'augmente, comme ci-dessus, selon l'importance de l'affaire. La copie des procès-verbaux d'enquête et d'expertise est taxée par chaque rôle, dans le ressort à 12 centimes, à Paris à 15 centimes. Pour le jugement d'avant faire droit, les qualités et la signification, voir numéros 31, 33 et suivants. Pour les procédures d'enquête, de visite de lieux, d'expertise, voir chapitres VII, VIII et IX.
28	Demi-droit d'obtention du jugement qui ordonne un interrogatoire sur faits et articles (à l'avoué de la partie, à la requête de laquelle l'interrogatoire est ordonné), selon l'importance de l'affaire.	» » »	5 63 7 50 11 25	6 75 9 » 13 50	7 50 10 » 15 »	Ce demi-droit s'augmente dans les mêmes proportions que ci-dessus. La copie du procès-verbal d'interrogatoire est taxée par chaque rôle d'expédition, dans le ressort à 12 centimes, et à Paris à 15 centimes. Pour la procédure d'interrogatoire sur faits et articles, voir chapitre X.
29	Un quart des droits ci-dessus s'il y a plus de deux parties en cause et si elles ont des intérêts contraires. (*Art. 67 du tarif.*)	» » »	2 81 3 75 5 63	3 38 4 50 6 75	3 75 5 » 7 50	Le droit du quart en sus est dû aussi bien à l'avoué du défendeur qu'à l'avoué du demandeur qui a conclu contre plusieurs parties ayant des intérêts contraires. (MM. SUDRAUD-DESISLES, p. 215 et 246. — CHAUVEAU GODOFFRE, nº 2,188. — BOUCHER D'ARGIS et SOREL, p. 79. — DALLOZ, nº 190. — Observations du tribunal de Niort, nº 15. Ce droit du quart en sus est-il dû autant de fois, moins une, qu'il y a de parties contre lesquelles il a été pris des conclusions différentes? (Pour l'affirmative : MM. RIVOIRE, p. 316. — CHAUVEAU et GODOFFRE, nº 2,190.)
30	En cas de révocation ou de retrait des pièces, il est alloué :					
	S'il y a eu constitution d'avoué avant l'obtention d'un jugement par défaut	»	2 81	3 38	3 75	Les droits ci-contre sont augmentés selon l'importance de l'affaire, comme il est dit aux nos 25, 26 et 29.
	Et s'il a été obtenu un premier jugement par défaut ou un jugement interlocutoire indépendamment de l'émolument pour ces jugements	»	5 63	6 75	7 50	

Nos d'ordre	NATURE DES ACTES	Débour-sés	ÉMOLUMENTS Ressort	Cours	Paris	OBSERVATIONS
31	Coût de la minute du jugement......... *(Loi du 22 frimaire an VII.)* Timbre.. 1 20 Mention au répertoire........................ » 25 Timbre répertoire.............................. » 10 Etat (dû seulement quand il n'est pas délivré d'expédition)........................ » 10 1 65 Enregistrement........................ *Mém.*	»	»	»	»	En remplacement des impôts supprimés ou réduits par la loi du 26 janvier 1892, des droits proportionnels de condamnation, collocation ou liquidation et des droits fixes auxquels les jugements ou arrêts étaient alors soumis, il est établi un droit proportionnel sur les jugements, arrêts et actes désignés en l'article 15 de la loi. Ce droit est de 2 francs par 100 francs pour les jugements des tribunaux civils, sauf les condamnations en dommages-intérêts qui acquittent 3 francs par 100 francs. Il ne peut être perçu sur les jugements des tribunaux civils moins de : 1° 4 fr. 50 pour les jugements interlocutoires ou préparatoires; 2° 7 fr. 50 pour les jugements définitifs en premier ou en dernier ressort; 3° Et 20 francs pour les jugements portant débouté de demande quel que soit le ressort. En plus des droits, il est perçu deux décimes et demi. Voir aux chapitres des interdictions, séparations de biens, séparations de corps et divorces, ce qui concerne l'enregistrement des jugements dans ces sortes d'affaires. Sont affranchies de la pluralité édictée par l'article 11 de la loi du 22 frimaire an VII, dans les jugements et arrêts, les dispositions indépendantes et non sujettes au droit proportionnel. — Aucun droit fixe ne peut jamais être perçu sur un jugement ou un arrêt renfermant une ou plusieurs dispositions passibles du droit proportionnel. (Art. 11 de la loi de 1892.)
32	Qualités du jugement contradictoire ou définitif. *(Art. 67 du tarif.)* § 1er. Affaires ne dépassant pas 1,000 fr.: *Ressort* *Cours* *Paris* Dressé........................ 2 81 3 38 3 75 Copie........................ » 70 » 85 » 94 Huissier........................ » 25 » 27 » 30 3 76 4 50 4 99	R » 25 P » 27 C » 30	3 51	4 23	4 69	L'émolument de rédaction des qualités des jugements contradictoires en matière sommaire est augmenté dans la proportion du droit d'obtention ; il est toujours du quart de ce droit, y compris, quand il y a lieu, le quart en sus, en raison du nombre des parties. (MM. BOUCHER D'ARGIS et SOREL p. 82. — BONNESŒUR p. 89. En plus de l'émolument de rédaction des qualités, l'avoué a droit à un quart par chaque copie. (CASSATION, 6 juin 1837. PAL., 37, 1, 614. — CASSATION, 19 juin 1842. PAL., 42, 1, 105. — CASSATION, 16 décembre 1857, PAL., 58, 1,038. — ORLÉANS, 15 décembre 1858. PAL., 59, 569. SIR., 60, 228. — CONFÉRENCE DES AVOUÉS DES DÉPARTEMENTS, oct. 1863. — COUR D'APPEL DE PARIS, tableau des frais et dépens, n° 54.) L'avenir en réglement de qualités ne procure à l'avoué aucun émolument et ne coûte que les 25, 27, ou 30 centimes de signification à l'huissier, selon sa résidence. Il n'est pas alloué non plus de vacation au réglement des qualités. Voir pour les matières ordinaires nos 89 à 91. L'émolument de qualités de jugements par défaut contre partie ou contre avoué (soit préparatoires, interlocutoires ou définitifs) est compris dans le droit d'obtention. Ces qualités ne se signifient pas, même à l'avoué contre qui le défaut est donné. Elles doivent être faites sur papier timbré, car elles ne constituent pas un acte d'*avoué à avoué*. (Instruction de l'administration de l'Enregistrement du 31 mai 1892.)
	§ 2. Affaire excédant 1,000 fr. jusqu'à 5,000 fr.: Dressé........................ 3 75 4 50 5 » Copie........................ » 94 1 13 1 25 Huissier........................ » 25 » 27 » 30 4 94 5 90 6 55	R » 25 P » 27 C » 30	4 69	5 63	6 25	
	§ 3. Affaires au-delà de 5,000 fr.: Dressé........................ 5 63 6 75 7 50 Copie........................ 1 41 1 69 1 88 Huissier........................ » 25 » 27 » 30 7 29 8 71 9 68 Les émoluments ci-dessus sont augmentés d'un quart quand le droit d'obtention de paiement est lui-même augmenté de cette quotité.	R » 25 P » 27 C » 30	7 04	8 44	9 38	
33	Qualités du jugement contradictoire qui ordonne une enquête, une visite de lieux ou une expertise.	R » 25 C » 27 P » 30	1 76 ou 2 35 ou 3 52	2 12 2 85 2 85	2 35 2 82 4 69	Les qualités dont il s'agit ci-contre donnent lieu, au profit de l'avoué, à la moitié des droits indiqués au numéro précédent, selon l'importance de l'affaire.
34	Expédition du jugement............... *(Art. 9, loi du 21 ventôse an VII.)*	Mém.	»	»	»	Les expéditions des greffiers des tribunaux civils continuent à avoir 20 lignes à la page, et par application de la loi du 26 janvier 1892 (art. 13), elles doivent contenir de 10 à 14 syllabes à la ligne (au lieu de 8 à 10), compensation faite entre les lignes. Ces expéditions doivent toujours être faites sur timbre de 1 fr. 80, mais elles ne sont plus soumises à enregistrement. (Art. 4, loi précitée.) Un règlement d'administration publique fixe les émoluments des greffiers en ce qui concerne les expéditions. (Art. 20.)

Nos d'ordre	NATURE DES ACTES	Débours-sés	ÉMOLUMENTS Ressort	Cours	Paris	OBSERVATIONS
35	Signification du jugement à avoué...... *(Art. 89 du tarif modifié par le décret du 26 décembre 1898.)* Ressort / Cours / Paris Copie de pièces, par rôle..... » 35 / » 41 / » 45 Huissier (signification)....... » 25 / » 27 / » 30 Nota. — Jusqu'à la loi du 29 janvier 1892, le rôle d'expédition des jugements et arrêts contenait 20 lignes à la page et 8 à 10 syllabes à la ligne. La dite loi ayant porté le nombre de syllabes à 12 et 14 par ligne, il était équitable d'augmenter proportionnellement le droit de copie des avoués ; aussi, le décret du 26 décembre 1898 a modifié l'article 89 du tarif et a alloué, pour signification de tout jugement, à avoué ou à domicile, par chaque rôle d'expédition : à Paris, 45 centimes, et dans le ressort, 35 centimes.	R » 25 C » 27 P » 30	» 35	» 41	» 45	Il est alloué à l'avoué, pour la signification du jugement, le droit de copie de 35, 41 ou de 45 centimes par rôle selon sa résidence. (Voir les autorités citées dans la deuxième partie de l'observation du numéro 32.) Il suffit que la copie d'un jugement ou arrêt ait été préparée avant tout acquiescement pour qu'elle doive entrer en taxe ; peu importe que, par suite d'un appel ou d'un pourvoi, la signification n'ait pas eu lieu. (Caen, 14 avril 1866. Pal., 66, 1266. Sir., 66, 2, 321. Dal., 68, 1, 173. — Cassation, 6 mai 1867. Pal., 68, 613. Sir., 68, 1, 243. Dal., 68, 1, 173.) Lorsque pour éviter les frais de levée et de signification du jugement, la partie ou les parties qui ont succombé demandent à régler à l'amiable, il est dû à l'avoué de la partie gagnante une vacation au règlement, dont l'importance varie suivant la nature de l'affaire et le nombre des parties condamnées.
36	Signification à domicile............... *(Art. 29 et 89 du tarif. — Voir détail n° 14.)* Ressort / Cours / Paris Original....................... 1 50 / 1 80 / 2 » Copie.......................... » 38 / » 45 / » 50 Timbre......................... 1 20 / 1 20 / 1 20 Enregistrement, décimes compris......................... 2 50 / 2 50 / 2 50 5 58 / 5 95 / 6 20 Copie de pièces par chaque rôle » 35 / » 41 / » 45 Voir le nota du n° 35.	R 5 58 C 5 95 P 6 20	» 35	» 41	» 45	Voir l'observation qui précède. Voir aussi *suprà* l'Introduction, pages 5 et 8 pour le nombre de copies à signifier et pour les droits d'enregistrement. Comme il a été dit dans l'Introduction, il ne faut pas négliger d'énoncer dans les actes et exploits si parmi les parties il y a des copropriétaires ou cohéritiers, des parents réunis, des cointéressés, des débiteurs ou créanciers associés ou solidaires, car ce n'est que lorsque les qualités sont exprimées qu'il n'est perçu, en ce qui concerne ces parties, qu'un seul droit d'enregistrement. Les avoués ont le droit de faire la copie des jugements définitifs à signifier aux parties et par conséquent à l'émolument de cette copie, alors même que la signification est accompagnée d'un commandement ; les huissiers ne peuvent prétendre être seuls investis de ce droit. (Cassation, 19 janvier 1863. Pal., 63, 570. Sir , 63, 1, 269. Dal., 63, 1, 317. Voir *suprà*, Introduction p. 6.)
37	Voyage de la partie fait dans la seule vue du procès. *(3 francs par chaque myriamètre de distance entre le domicile de la partie et le tribunal où le procès est pendant. (Art. 167 du tarif.)*	Mém.	»	»	»	L'indemnité pour frais de voyage, fixée par l'article 146 du tarif, est-elle due en matière sommaire comme en matière ordinaire? Affirmative : Nancy, 1er juillet 1856. Pal., 56, 2, 26. — Paris, 17 août 1866. Pal., 67, 550. — Paris, 16 mars 1880. Pal., 80, 1,206. — MM. Carré, p. 46. Rivoire, p. 328 et 565. — Chauveau et Godoffre, n° 2,164. — Boucher d'Argis et Sorel, V. *Voyages*, n° 3. — Bonnesœur, p. 101 et 208. — Bioche, V. *Voyages*, n° 11. — Rousseau et Laisney, V. *Voyages*, n° 14. — Observations du tribunal de Niort, n° 22. La Cour de Cassation décide qu'en matière sommaire les tribunaux doivent, non pas appliquer l'article 146 du tarif, mais fixer une indemnité *ex-æquo et bono*. (Arrêt du 28 janvier 1869. Pal., 68, 119. — Arrêt du 2 août 1882. Pal., 82, 109.
38	Taxe de la partie en cas de comparution ou d'interrogatoire ordonné. *(Art. 146 du tarif.)*	Mém.	»	»	»	La taxe est égale à celle d'un témoin. (V. Enquêtes n° 160.)
39	Inscription.......................... *(Art. 104 du tarif.)* Ressort / Cours / Paris Dressé des bordereaux..... 4 50 / 5 40 / 6 » Timbre..................... 1 20 / 1 20 / 1 30 Au conservateur........... Mém. / Mém. / Mém.	Mém.	4 50	5 40	6 »	Le droit de 4 fr. 50, 5 fr. 40 ou de 6 francs est alloué par analogie avec les articles 104 et 107 du tarif. (MM. Rivoire, p. 42. — Chauveau et Godoffre, n° 4,604. — Cabissol, p. 195. — Fons, p. 228.) Le salaire du conservateur est de 1 franc pour l'inscription, quel que soit le nombre des créanciers. (Art. 2 de la loi du 21 septembre 1810.)

Nos d'ordre	NATURE DES ACTES	Débour-sés	ÉMOLUMENTS Ressort	Cours	Paris	OBSERVATIONS
40	Ports de pièces, lettres, dépêches, faux frais, timbres quittances et décharge.	Mém.	»	»	»	Il convient de solliciter des magistrats taxateurs la fixation pour chaque affaire d'une somme à forfait, pour les déboursés de timbres-poste et les faux frais de diverses natures, ainsi que pour le temps employé à la correspondance. On évite, par ce moyen, tout à la fois les inconvénients de la représentation des copies des lettres parfois confidentielles échangées entre l'avoué et son client, et les difficultés de la justification de menus déboursés. Le droit de correspondance de 7 fr. 50, 9 fr. et 10 francs, alloué par l'article 145 du tarif, lorsque les parties sont domiciliées hors de l'arrondissement du tribunal, est-il dû en matière sommaire ? Pour l'affirmative : Bastia, 10 avril 1824. — Bourges, 30 août 1827 ; 21 août 1829. — Douai, 16 juillet 1828 ; 16 janvier 1843, Av., t. 64, p. 224. — Bordeaux, 25 août 1854, 16 janvier et 19 juin 1859 ; 22 janvier 1857, Av., t., 82, p. 221. — Nancy, 1er juillet 1856, Av., t. 81, 665. — Paris, 7 juin 1867, Dal., p. 71, 1, 321. — MM. Rivoire, p. 319 et 526. — Carré, p. 45. — Chauveau et Godoffre, n° 2,162. — Chambre des avoués de Paris, n° 38. — Cour d'appel de Paris, délibération du 25 novembre 1822, et Tableau des frais et dépens, n° 48. — Observations du tribunal de Niort sur le tarif n° 11. — Pour la négative : Cassation, 4 mai 1854, Av., t. 83, 81. — 13 janvier 1874, Dal., 74, 1, 438. Pal., 74, 638.

41 L'avoué qui occupe pour plusieurs parties ayant des intérêts distincts, quoique non opposés, a le droit d'établir pour chacune d'elles un dossier particulier et un état de frais séparé. Doivent être considérées comme ayant des intérêts distincts, les parties dont les moyens de défense ne sont pas les mêmes, bien que tendant également au rejet de la demande et contre lesquelles une décision différente peut intervenir. (Amiens, 24 août 1825. — Nancy, 6 janvier 1843 ; Pal., 43, 2, 78. — Grenoble, 5 mars 1861 ; Pal., 61, 1,086. — Gand, 16 novembre 1871 ; Av., t. 97, 67. — Nancy, 8 décembre 1875 ; Av., t. 101, 412. — Douai, 6 mars 1877 ; Pal., 77, 1,028 ; Sir., 77, 2, 256 ; Dal., 79, 2, 224. — MM. Rivoire, p. 141. — Carré, p. 59. — Rousseau et Laisney ; V° Matières sommaires. p. 412. — Boucher d'Argis et Sorel, p. 311. — Dutruc, Supplément aux lois de la proc., V° frais et dépens, p. 180 à 186.)

42 Les avoués ont droit, indépendamment de leurs émoluments tarifés, à des honoraires pour faux frais, travaux et soins donnés aux intérêts de leurs clients, en dehors de ceux dont ils sont tenus par leurs fonctions. C'est aux juges qu'il appartient d'en fixer le montant en cas de contestation, et leur appréciation à cet égard est souveraine. (Cassation, 5 janvier 1869 ; Pal., 69, 167. — Cassation, 1er février et 22 juin 1870 ; Pal., 70, 365 et 947. — Bordeaux, 18 janvier 1872. — Trib. de la Seine, 27 avril 1872. J. Av., t. 97, p. 213 et 257.)

L'arrêt précité de la cour de cassation du 1er février 1870 a statué en ces termes : « Attendu qu'il est constaté par « l'arrêt attaqué que les honoraires alloués au défendeur éventuel l'ont été pour faux frais, travaux et soins donnés aux « intérêts du demandeur en cassation en dehors de ses fonctions d'avoué, notamment la correspondance que, dans une « affaire chargée de pièces, présentant des questions difficiles et dans laquelle était engagé un intérêt considérable, « Me Bethmont a dû entretenir, non seulement avec ses clients, mais avec les conseils de ceux-ci, dont l'un habite « Bordeaux : — Attendu qu'en décidant, dans l'espèce, que les travaux extraordinaires ne rentraient pas dans ceux « auxquels il était tenu comme avoué et donnaient droit à une rémunération spéciale, l'arrêt n'a point violé les dispositions « du tarif du 16 février 1807 ; »

Les honoraires sont dus quand bien même aucune stipulation n'existerait entre l'avoué et son client relativement à une rémunération spéciale. (Cassation, 5 janvier 1869 ; Pal., 69, 167. — M. Sorel sur Boucher d'Argis, p. 328.)

Notamment l'avoué qui, dans le cas où la loi l'y autorise, a plaidé une cause sans assistance d'avocat, a le droit d'exiger des honoraires de son client. (Bruxelles, 2 juillet 1829. — Jugement de Marseille, 6 août 1864 ; Av., t. 90, 28. — Jugement de Coulommiers, rapporté au procès-verbal de la Conférence des Avoués du 20 octobre 1883. — Jugement de Villefranche, 24 avril 1885, rapporté dans le Droit du 23 mai 1885. — MM. Bonnesoeur, p. 160. — Dalloz, V° Avoués, n° 13. — Dutruc, Suppl. aux lois de la proc., t. 2, p. 216. — Conférence des Avoués des départements, 1874, p. 408 du registre.)

Nos d'ordre	NATURE DES ACTES	Débours-sés	ÉMOLUMENTS			OBSERVATIONS
			Ressort	Cours	Paris	

CHAPITRE II

Matières ordinaires (Art. 48 à 92 et 116 à 148 C. proc. civ.)

43 La matière ordinaire est la règle et la matière sommaire l'exception ; d'où il suit que tous les genres d'affaires qui ne sont pas dans la catégorie de celles énumérées par l'art. 404 C. proc. civ. ou qualifiées sommaires par un texte spécial de loi, doivent être instruites et jugées suivant les règles propres aux matières ordinaires. (Rennes, 18 décembre 1820. — Nancy, 17 décembre 1872 ; Pal., 74, 417 ; Sir., 74, 2, 107 ; Dal., 74, 5, 333). D'ailleurs les règles qui servent à déterminer le degré de juridiction servent aussi à la classification des matières sommaires et des matières ordinaires en dehors des cas dans lesquels la loi s'est prononcée sur la nature des affaires.

Sont ordinaires notamment :

1° Les actions pures personnelles dépassant 1,500 francs, qui sont formées sans titre ou qui sont basées sur des titres contestés ;

2° Les actions immobilières, autres que celles de 60 francs ou moins de revenu fixé soit en rente, soit par prix de bail ;

3° Et les actions relatives à l'état et à la capacité juridique des personnes, telles que les demandes en validité ou en nullité de mariage, désaveu de paternité, interdiction, nomination de conseil judiciaire, séparation de biens, séparation de corps et divorce.

Les intérêts et arrérages échus avant l'assignation et les dommages intérêts réclamés par le demandeur s'ajoutent au principal et servent à fixer le total du litige. (Cassation, 20 mars 1850 ; Sir., 51, 1, 131 ; Dal., 50, 1, 319. — Cassation, 12 novembre 1855 ; Pal., 55, 2, 566 ; Sir., 56, 1, 737 ; Dal., 56, 1, 162. — Cassation, 8 août 1864 ; Pal., 64, 1, 127 ; Sir., 64, 1, 391 ; Dal., 64, 1, 431. — Cassation, 22 juillet 1867 ; Pal., 68, 393 ; Sir., 68, 1, 169. — Cassation, 18 juillet 1883 ; Dal., 84, 5, 144. — *Répertoire gén. alph. du Droit français.* V° *Appel,* nos 436 et 460.)

44 Les demandes dont l'importance n'est pas déterminée ou ne l'est qu'en partie sont ordinaires et en premier ressort. Il en est ainsi des demandes en paiement d'une somme n'excédant pas 1,500 fr. et qui tendent en outre, soit au paiement de frais antérieurs à l'instance non liquidés, soit à l'affichage du jugement, soit à l'interdiction au défendeur de se permettre à l'avenir des faits de même nature que ceux donnant lieu à l'action, sous peine de nouvelles condamnations. (Cassation, 14 janvier 1845 ; Pal., 45, 1, 529 ; Sir., 45, 1, 379. — Cassation, 26 mars 1867 ; Pal., 67, 507 ; Sir., 67, 1, 208 ; Dal., 67, 1, 112. — Cassation, 1er juin 1880 ; Pal., 81, 1, 136 ; Sir., 81, 1, 63 ; Dal., 81, 1, 261. — Cassation, 3 février 1881 ; Pal., 82, 1, 490 ; Sir., 82, 2, 78. — *Répertoire gén. alph. du Droit français.* V° *Appel,* nos 211, 244 et 254. — Cassation, 30 novembre 1892 ; Pal., 93, 1, 133.)

45 Sont également indéterminées et par suite ordinaires et en premier ressort :

1° Les demandes de dommages intérêts pour chaque jour de retard, sans indication du terme de l'inexécution reprochée au défendeur. (Orléans, 19 mars 1851 ; Pal. 51, 1, 600 ; Sir., 52, 2, 208 ; Dal., 52, 2, 82.)

2° Les demandes tendant à faire déclarer commune en biens une veuve pour recel des effets de la communauté. (Rennes, 22 décembre 1847 ; Pal., 49, 1, 19 ; Dal., 49, 2, 110.)

3° Les demandes à fin de restitution d'objets mobiliers, alors même qu'elles sont formées sous l'alternative de payer une somme n'excédant pas 1,500 francs. (Bordeaux, 5 janvier 1843 ; Pal., 44, 1, 475. — Poitiers, 21 juillet 1846 ; Pal., 48, 1, 267. — Grenoble, 8 décembre 1854 ; Pal., 55, 1, 201. — Orléans, 7 mai 1856 ; Pal., 56, 2, 348 ; Sir., 57, 2, 351. — Nancy, 7 mars 1868 ; Pal., 69, 212 ; Sir., 69, 2, 38. — Voir aussi Cassation, 11 janvier 1881 ; Pal., 84, 51 ; Dal., 81, 1, 247. — MM. Rousseau et Laisney, V° *Appel,* n° 72. — Boucher d'Argis, V° *Affaire sommaire,* p. 36.)

4° Les demandes en revendication de meubles saisis formées par des tiers, quand même la créance du saisissant serait inférieure à 1,500 francs. (Cassation, 15 mai 1839 ; Sir., 39, 1, 494 ; Dal., 39, 1, 212. — Cassation, 18 juillet 1844 ; Sir., 44, 1, 152 ; Dal., 44, 1, 384.)

5° Les demandes en revendication d'un immeuble, bien que le demandeur ait laissé au défendeur l'option ou de délaisser l'immeuble ou de payer une somme n'excédant pas 1,500 francs, si d'ailleurs le revenu de l'immeuble n'est pas fixé en rente ou par prix de bail ou s'il est supérieur à 60 francs. (Cassation, 16 mars 1824. — Toulouse, 19 avril 1839 ; Pal., 39, 2, 332. — Rouen, 5 février 1845 ; Pal., 45, 1, 409. — Besançon, 10 février 1848 ; Pal., 48, 1, 662. — Grenoble, 7 juin 1848 ; Pal., 49, 1, 338. — Cassation, 10 mars 1884 ; Pal., 84, 1049 ; Sir., 84, 1, 423 ; Dal., 84, 1, 173. — M. Boucher d'Argis, V° *Affaire sommaire*, p. 32.)

Nos d'ordre	NATURE DES ACTES	Débour-sés	ÉMOLUMENTS			OBSERVATIONS
			Ressort	Cours	Paris	
46	De même, sont en premier ressort, lorsque le revenu n'est déterminé ni en rente ni par prix de bail, les demandes en revendication d'immeubles, bien que ces immeubles aient été l'objet d'une vente antérieure d'un prix moindre de 1,500 fr. et les oppositions formées par un tiers détenteur à un commandement signifié par un créancier pour une somme aussi inférieure à 1,500 francs. (CASSATION, 17 janvier 1848; PAL., 48, 1, 506; SIR., 48, 313; DAL., 48, 1, 58. — CASSATION, 20 février 1853; PAL., 54, 2, 207; SIR., 54, 1, 16; DAL., 53, 1, 273. — CASSATION, 2 février 1857; PAL., 58, 293; SIR., 57, 1, 650; DAL., 57, 1, 253. — Rouen, 17 juillet 1869; PAL., 70, 720; SIR., 70, 2, 181.)					
47	Il importe de remarquer qu'en matière immobilière, l'importance du litige ne peut être évaluée qu'en rente ou par prix de bail. Les contestations relatives à un droit de passage, à une servitude, ou à une concession perpétuelle dans un cimetière, n'étant pas susceptibles d'une semblable évaluation ne peuvent être jugées qu'à la charge d'appel. (Angers, 5 mai 1869, sous CASSATION, 31 janvier 1870; PAL., 70, 659; SIR., 70, 1, 263. — Lyon, 17 avril 1880; PAL., 82, 1, 445; SIR., 82, 2, 78. — CASSATION, 10 mars 1884; PAL., 84, 1, 1049; SIR., 84, 1, 423; DAL., 84, 1, 173. — *Répertoire gén. alph. du Droit français,* V° *Appel,* nos 221 et suivants, 338 et suivants.) Les juges ne peuvent d'ailleurs, pour ramener le litige dans les limites du dernier ressort, faire d'office l'évaluation d'une demande indéterminée. (CASSATION, 14 janvier 1845; PAL., 45, 1, 529; SIR., 45, 1, 379; DAL., 45, 1, 115. — *Répertoire gén. alph. du Droit français,* V° *Appel,* nos 260 et suivants.) Voir *infrà* les chapitres 4, 5, 6, 13, 20, 21, 28, 34 et 50 pour ce qui concerne les exceptions, la vérification d'écritures, le faux incident civil, le désaveu, la tierce opposition, la requête civile, les contestations du règlement provisoire d'une contribution, les offres réelles et les partages.					
48	On ne peut d'avance et sur des contestations non encore nées, par exemple dans une police d'assurance, déroger par des conventions au mode d'instruction d'une affaire. En conséquence, on doit liquider comme en matière ordinaire les dépens d'une affaire ordinaire de sa nature, bien que les parties fussent convenues qu'elle serait instruite comme en matière sommaire. (Amiens, 12 juin 1841; PAL. 44, 2, p. 462.)					
49	Droit de conseil...................... *(Art. 68 du tarif.)*	»	7 50	9 »	10 »	Le droit est dû, aux termes de l'article 68 du tarif, sur toute demande principale, intervention, tierce opposition et requête civile, tant en demandant qu'en défendant. Il est dû dès qu'il y a constitution ou jugement par défaut. Lorsque plusieurs instances principales ont été jointes, il est accordé autant de droits de consultation qu'il y avait d'instances primitives. (MM. FONS, p. 131. — BOUCHER D'ARGIS et SOREL, p. 157. — BONNESŒUR, p. 119. — CHAUVEAU et GODOFFRE, nr 855. — Observations du tribunal de Niort, n° 60.) La demande en garantie donne lieu au droit de conseil au profit de l'avoué de l'appelé en garantie. (MM. CHAUVEAU et GODOFFRE, n° 855. — DALLOZ, n° 201. Pour le cas où l'avoué représente plusieurs parties ayant des intérêts distincts, voir observation n° 41, à la fin du chapitre Ier. Spécialement il est dû à l'avoué autant de droits de conseil qu'il a de clients ayant des intérêts dictincts. (Observations du tribunal de Niort, n° 59.)
50	Enregistrement du titre, s'il y a lieu	Mém.	»	»	»	Voir *suprà* observation n° 9.
51	Citation en conciliation .... *(Art. 21, 22 et 23 du tarif.— Voir détail n° 10.)*	4 33	»	»	»	id. n° 10.
52	Pouvoir pour la conciliation .... *(Voir détail n° 11.)*	4 35	»	»	»	id. n° 11.
53	Procès-verbal de non conciliation....... *(Art. 10 du tarif. — Voir détail n° 12.)*	R 3 23 C 3 33 P 3 43	»	»	»	id. n° 12.

Nos d'ordre	NATURE DES ACTES	Déboursés	ÉMOLUMENTS Ressort	Cours	Paris	OBSERVATIONS
54	Requête afin d'assigner à bref délai..... *(Art. 77 du tarif. — Voir détail n° 13.)*	6 23	2 25	2 70	3 »	Voir *suprà* observation n° 13.
55	Assignation......................... *(Art. 27, 28 et 66 du tarif. — Voir détail n° 14.)*	R 5 58 C 5 95 P 6 20	»	»	»	id. n° 14.
56	Vacation à demander acte de la constitution lorsque la demande a été formée à bref délai. *(Art. 81 du tarif.)*	»	1 15	1 35	1 50	L'avoué doit réitérer sa constitution dans les vingt-quatre heures par acte du palais ; faute par lui de le faire, le jugement qui lui a donné acte de sa constitution est levé à ses frais. Ce cas excepté, le jugement ne doit être ni levé ni signifié.
57	Coût du jugement qui donne acte de la constitution.	Mém.	»	»	»	
58	Constitution......................... *(Art. 70 et 156 du tarif.)* (Ressort / Cours / Paris) Original.......... » 75 / » 90 / 1 » Copie.......... » 19 / » 23 / » 25 Huissier.......... » 25 / » 27 / » 30 Total : 1 19 / 1 40 / 1 55	R » 25 C » 27 P » 30	» 94	1 13	1 25	Comme il a été dit *suprà* observation n° 19, les actes de procédure d'avoué à avoué, ainsi que les exploits de signification de ces mêmes actes sont dispensés, par l'article 5 de la loi du 26 janvier 1892, de la formalité du timbre et de l'enregistrement. Voir la même observation n° 19 pour les significations extraordinaires faites par les huissiers audienciers de Paris.
59	Dénonciation d'une demande en garantie. *(Art. 70 et 156 du tarif.)* (Ressort / Cours / Paris) Copie, par chaque rôle....... » 25 / » 27 / » 30 Dressé et copie.......... » 94 / 1 13 / 1 25 Huissier.......... » 25 / » 27 / » 30 Total : 1 44 / 1 67 / 1 85 Copie par rôle de jugement.. » 35 / » 41 / » 45	R » 25 C » 27 P » 30	1 19 ou 1 29	1 40 ou 1 54	1 55 ou 1 70	Le rôle est calculé à raison de 20 lignes à la page et de 8 à 10 syllabes à la ligne, ce qui représente 320 à 400 syllabes, et donne droit, au profit des avoués, à un émolument de 25, 27 et 30 centimes. Quand il s'agit d'un rôle d'expédition de jugement ou arrêt, comprenant 12 à 14 syllabes à la ligne, l'émolument est de 35, 41 et 45 centimes. (Voir la note du n° 35.)
60	Placet et dépôt au greffe.............	»	2 25	2 70	3 »	Les chiffres ci-contre de 2 fr. 25, 2 fr. 70 et 3 francs sont alloués dans la plupart des tribunaux et sont indiqués par MM. RIVOIRE, p. 99. — ROUSSEAU et LAISNEY, t. 8, p. 614. — CHAMBRE DES AVOUÉS DE PARIS, nos 46 et 47.
61	Mise au rôle........................ *(Art. 2 de la loi du 21 ventôse an VII.)* Remise du greffier.......... » 30 État.......... » 10 Total : » 40	» 40	»	»	»	La mise au rôle n'a lieu qu'une fois et seulement sur les demandes principales. Voir *suprà*, observation n° 17.
62	Vacation à la mise au rôle............ *(Art. 90 du tarif.)*	»	1 15	1 35	1 50	
63	Bulletin de distribution..............	» 10	»	»	»	Voir observation n° 18.
64	Avenir.............................. *(Art. 70 et 156 du tarif. — Voir détail n° 58.)*	R » 25 C » 27 P » 30	» 94	1 13	1 25	L'avenir et les conclusions, formant deux actes distincts, peuvent être signifiés séparément et par suite motiver une double allocation d'émoluments. (CASSATION, 23 mars 1875. PAL., 75. 369. — MM. CHAUVEAU et GODOFFRE, 916). Il peut y avoir autant d'avenirs qu'il y a de jugements par défaut, interlocutoires et contradictoires. (MM. CHAUVEAU et GODOFFRE. n° 916. — Observations du tribunal de Niort, n° 35.)
65	Vacation à l'audience et bulletin de remise. *(Art. 83 du tarif.)*	» 10	2 25	2 70	3 »	On alloue dans l'usage trois ou quatre remises de cause par jugement et par année judiciaire, outre les vacations pour assistance aux plaidoiries, aux conclusions du ministère public et au prononcé du jugement. (Observations du tribunal de Niort, n° 203. — COUR D'APPEL DE PARIS, tableaux des frais et dépens, n° 158.)

Nos d'ordre	NATURE DES ACTES	Débour-sés	ÉMOLUMENTS Ressort	Cours	Paris	OBSERVATIONS
66	Sommation de communiquer........... (*Art.* 70 *et* 156 *du tarif.* — *Voir détail n°* 58.)	R » 25 C » 27 P » 30	» 94	1 13	1 25	Cette sommation ne devrait pas être rejetée de la taxe parce qu'elle aurait été faite d'une manière générale. (Bordeaux, 22 janvier 1857; PAL., 57, 823.)
67	Vacation à communiquer et timbre des récépissés. (*Art.* 91 *du tarif.*)	1 20	2 25	2 70	3 »	Lorsqu'il y a plusieurs parties en cause, il est dû autant de vacations qu'il y a de communications données et reçues par chaque avoué. (MM. RIVOIRE, p. 68. — CHAUVEAU et GODOFFRE, n° 1361). — Il est dû un nouveau droit de communication lorsque, dans le cours de l'instance, il y a eu de nouvelles pièces à communiquer. (Grenoble, 6 mars 1861, PAL., 61, 1,086. — MM. CHAUVEAU et GODOFFRE, n° 1352).
68	Acte de dépôt au greffe des pièces...... (*Voir détail n°* 81.)	8 31	»	»	»	La communication se fait à l'amiable entre avoués, sur récépissés ou par dépôt au greffe. Il y a lieu de notifier à l'avoué adverse le dépôt des pièces. — Cette notification est taxée, par analogie avec l'article 70 du tarif, à 0 fr. 94 dans le ressort et à 1 fr. 25 à Paris, pour l'original et la copie. (MM. CHAUVEAU et GODOFFRE, n° 1345.
69	Vacation à prendre communication..... (*Art.* 91 *du tarif.*)	»	2 25	2 70	3 »	Le rétablissement des pièces est compris dans la vacation.
70	Requête et conclusions grossoyées : (*Art.* 72 *et* 73 *du tarif.*)					L'étendue des requêtes est subordonnée à la nature et à l'importance de l'affaire, excepté les cas dans lesquels le tarif a fixé le nombre des rôles. (MM. CHAUVEAU et GODOFFRE, n° 908. — BOUCHER D'ARGIS et SOREL, p. 190. — ROUSSEAU et LAISNEY, V. Conclusions, n° 116. — DALLOZ, V° frais et dépens, n° 231). En dehors de ces cas où le nombre des rôles a été fixé, les requêtes en réponse ne sont pas astreintes à n'avoir pas plus de rôles que celles en défense. (MM. CHAUVEAU et GODOFFRE, n° 908. — BONNESŒUR, p. 134). Les requêtes doivent être signifiées à tous les avoués en cause, encore bien que plusieurs parties aient le même intérêt. (MM. ROUSSEAU et LAISNEY V° Conclusions, n° 117. — BONNESŒUR, p. 134. Il doit être signifié à chaque avoué autant de copies qu'il représente de parties ayant des intérêts distincts. (Observations du tribunal de Niort, n° 54). Lorsqu'après la signification de la requête de défense l'affaire a changé de face au fond par la réplique du demandeur, on passe en taxe des conclusions grossoyées. (Délibération du Tribunal civil de Beauvais sur le tarif de 1807. — Observations du tribunal de Niort, n° 52). Il y a lieu de signifier autant de conclusions qu'il intervient de jugements interlocutoires ou définitifs. (M. BONNESŒUR, p. 139. — Observations du tribunal de Niort, p. 51). Les conclusions prises après les plaidoiries, mais avant l'audition du ministère public, doivent passer en taxe. (CASSATION, 6 mai 1867; PAL. 68, 613; SIR. 58, 1, 243; DAL. 68, 1, 173 — MM. CHAUVEAU et GODOFFRE, n° 940). Voir *suprà*, observation n° 21, en ce qui concerne le visa des conclusions par le receveur d'enregistrement qui a la faculté d'en tirer copie.
	Signifiées à 1 avoué : (Ressort / Cours / Paris) Original, par chaque rôle..... 1 50 / 1 80 / 2 » Copie, id. ..... » 38 / » 45 / » 50 Huissier.......... » 25 / » 27 / » 30 2 12 / 2 52 / 2 80	R » 25 C » 27 P » 30	1 88	2 25	2 50	
	Signifiées à 2 avoués : Original, par chaque rôle..... 1 50 / 1 86 / 2 » 2 copies, id. ..... » 75 / » 90 / 1 » Huissier.......... » 50 / » 54 / » 60 2 75 / 3 24 / 3 60	R » 50 C » 54 P » 60	2 25	2 70	3 »	
	Signifiées à 3 avoués : Original, par chaque rôle..... 1 50 / 1 80 / 2 » 3 copies, — ..... 1 13 / 1 35 / 1 50 Huissier.......... » 75 / » 81 / » 90 3 38 / 3 96 / 4 40	R » 75 C » 81 P » 90	2 63	3 15	3 50	
	Signifiées à 4 avoués : Original, par chaque rôle..... 1 50 / 1 80 / 2 » 4 copies, id. ..... 1 50 / 1 80 / 2 » Huissier.......... 1 » / 1 08 / 1 20 4 » / 4 68 / 5 20 Etablir le coût total, selon le nombre de rôles.	R 1 » C 1 08 P 1 20	3 »	3 60	4 »	
71	Conclusions déposées................	»	2 25	2 70	3 »	Voir observation n° 60. M. Bonnesœur est d'avis, p. 139, que la copie doit être taxée, comme celle signifiée, à raison du quart de l'émolument de l'original.
72	Conclusions sur les demandes incidentes non grossoyées. (*Art.* 71 *du tarif.*) (Ressort / Cours / Paris) Original.......... 3 75 / 4 50 / 5 » Copie.......... » 94 / 1 13 / 1 25 Huissier.......... » 25 / » 27 / » 30 4 94 / 5 90 / 6 55	R » 25 C » 27 P » 30	4 69	5 63	6 25	Voir *infrà* chapitre XI des incidents, nos 224 et suivants.

Nos d'ordre	NATURE DES ACTES	Débour-sés	ÉMOLUMENTS Ressort	Cours	Paris	OBSERVATIONS
73	Appel de cause.................... (*Art.* 152 *du tarif.*)	R » 25 C » 27 P » 30	»	»	»	Voir observation n° 24.
74	Vacation à communiquer au ministère public. (*Art.* 90 *du tarif.*)	»	1 15	1 35	1 50	Il est dû autant de vacations qu'il est intervenu de jugements interlocutoires ou définitifs dans les causes sujettes à communication. (MM. RIVOIRE, p. 66. — CARRÉ, p. 63 — CHAUVEAU et GODOFFRE, n° 952. — Observations du tribunal de Niort, n° 38).
75	Obtention de jugement par défaut : (*Art.* 82 *du tarif.*) Pris par l'avoué........................ Pris par l'avocat........................	 » R 4 » C 4 50 P 5 . »	 2 45 »	 2 70 »	 3 » »	Le premier de ces droits est dû même pour un jugement avant faire droit. On le passe, par analogie, pour un jugement de radiation, que le défendeur fasse ou non défaut. Il est dû aussi pour un jugement de défaut profit joint. (CASSATION, 23 juin 1847. DAL., 47, 1, 198. — MM. RIVOIRE, p. 308. — CARRÉ, p. 33. — BONNESŒUR, p. 153. — CHAUVEAU et GODOFFRE, n° 1230. — DALLOZ, n° 195. — Observations du tribunal de Niort, n° 96).
76	Assistance de l'avoué dans le dernier cas.	»	» 75	» 90	1 »	
77	Obtention de jugement contradictoire : (*Art.* 80 et 86 *du tarif.*) Pris par l'avoué........................ Pris par l'avocat........................	 » R 10 » C 13 50 P 15 »	 6 » »	 9 » »	 10 » »	Le droit d'obtention du jugement contradictoire est dû pour les jugements préparatoires et interlocutoires, comme pour les jugements définitifs. (MM. RIVOIRE, V° plaidoiries, n° 10. — CARRÉ, p. 70. — BONNESŒUR, p. 151. — DALLOZ, V. frais et dépens, n° 254. — CHAUVEAU et GODOFFRE, n° 1118. — FONS, p. 182). Il est dû à l'avoué autant de droits d'obtention de jugement qu'il a de clients ayant des intérêts distincts. Voir la note qui suit le chapitre Ier, n° 41. (MM. CHAUVEAU et GODOFFRE, n° 968. — JOURNAL DES AVOUÉS, t. 42, p. 238).
78	Assistance de l'avoué dans ce dernier cas. (*Art.* 86 *du tarif.*)	»	2 25	2 70	3 »	Il est dû autant de vacations qu'il y a eu d'audiences consacrées à l'audition des plaidoiries. (Bordeaux, 3 mars 1858. PAL., 59, 619. SIR., 59, 2, 153. DAL., 59. 2, 173. — MM. BOUCHER D'ARGIS et SOREL, p. 99. — BONNESŒUR, p. 158. — FONS, p. 189. — CHAMBRE DES AVOUÉS DE PARIS, n° 94.) Il est dû en plus une vacation pour assistance, soit aux conclusions du ministère public, soit au prononcé du jugement, lorsqu'il a été renvoyé à une autre audience. (Bordeaux, 3 mars 1858 précité. — Observations du tribunal de Niort, n° 30. — MM. ROUSSEAU et LAISNEY, t. 8, p. 675. — CHAUVEAU et GODOFFRE, n° 969. — BONNESŒUR, p. 158. — FONS, p. 190.)
79	Vacation à remettre les pièces sur le bureau. (*Art.* 90 *du tarif.*)	»	1 15	1 35	1 50	La vacation ci-contre est due au cas où le Tribunal met l'affaire en délibéré sur rapport.
80	Assistance au jugement sur délibéré..... (*Art.* 85 *du tarif.*)	»	4 »	4 50	5 »	Même observation que ci-dessus.
81	Acte de voyage .... Dû au Trésor, y compris remise du greffier. 5 76 Timbre de l'acte........................ » 60 Emolument du greffier (loi du 24 mai 1854). 1 50 Timbre et mention répertoire............ » 35 Etat.................................... » 10 8 31	8 31	»	»	»	Les droits du Trésor se décomposent ainsi : Droit d'enregistrement.......... 4f.50 2 décimes et demi................ 1 13 Remise du greffier............... » 13 5f.76 Il est perçu autant de droits d'enregistrement qu'il y a de parties. Le droit de rédaction de 1 fr. 25 qui était perçu en sus du droit d'enregistrement a été supprimé par l'art. 4 de la loi du 26 janvier 1892, sauf le dixième qui était attribué au greffier. (Voir *suprà*, observation n° 17.)

Nos d'ordre	NATURE DES ACTES	Débour-sés	ÉMOLUMENTS Ressort	Cours	Paris	OBSERVATIONS
82	Vacation à l'acte de voyage............ *(Art. 146 du tarif.)*	»	1 15	1 35	1 50	
83	Voyage de la partie fait dans la seule vue du procès. *(Art. 146 du tarif.)*	Mém.	»	»	»	3 francs par myriamètre; la distance est calculée pour l'aller seulement. Si un procès intéresse plusieurs personnes, chacune d'elles a droit à l'indemnité de voyage, quoique leur intérêt soit commun. (MM. BOUCHER D'ARGIS et SOREL, p. 703. — CHAUVEAU et GODOFFRE, n° 890. — BONNESŒUR, p. 248. — DALLOZ, V. frais et dépens, n° 244.)
84	Taxe de la partie en cas de comparution ou d'interrogatoire ordonné. *(Art. 146 et 147 du tarif.)*	Mém.	»	»	»	Le voyage, en cas de comparution ou d'interrogatoire ordonné, est alloué en sus de celui dont il s'agit au numéro précédent. La partie est alors taxée comme un témoin, voir nos 29 et 160. (MM. CARRÉ, p. 74. — CHAUVEAU et GODOFFRE, n° 897. — DALLOZ, 247.)
85	Coût de la minute du jugement......... *(Voir n° 31.)*	Mém.	»	»	»	Voir *suprà*, observation n° 31.
86	Sommation de lever le jugement .... *(Art. 9, 2e décret.— Voir détail n° 58.)*	R » 25 C » 27 P » 30	» 94	1 13	1 25	
87	Qualités du jugement par défaut, faute de conclure ou de comparaître. *(Art. 87 du tarif.)*	» 60	2 80	3 38	3 75	Il n'y a pas lieu de signifier les qualités d'un jugement par défaut, qu'il soit faute de comparaître ou faute de conclure. (Voir art. 142, C. proc. civ., et art. 88 du tarif.) Le droit ci-contre est dû pour les qualités du jugement de défaut profit joint. (MM. RIVOIRE, p. 410. — CARRÉ, p. 63. — FONS, p. 201. — CHAUVEAU et GODOFFRE, n° 1231.) Voir *suprà*, observation n° 32.
88	Qualités du jugement contradictoire..... *(Art. 87, 88 et 156 du tarif.)* *Ressort* / *Cours* / *Paris* Dressé........................ 5 50 / 6 75 / 7 50 Copie........................ 1 38 / 1 70 / 1 88 Huissier........................ » 25 / » 27 / » 30 7 13 / 8 62 / 9 68	R » 25 C » 27 P » 30	6 88	8 45	9 38	Les droits ci-contre sont dus pour les qualités de tous les jugements contradictoires en matière ordinaire et aussi bien pour les jugements qui ordonnent une mesure d'instruction que pour les jugements définitifs.
89	Vacation à former opposition aux qualités. *(Art. 90 du tarif.)*	»	1 15	1 35	1 50	Lorsque, sur l'opposition, le Président ordonne la réformation des qualités, on alloue à l'avoué opposant deux vacations, savoir : une pour former l'opposition et une pour faire régler les qualités. Si le Président n'ordonne pas de reformation, on n'alloue à l'avoué opposant comme à l'autre qu'une vacation qui est celle devant le Président. (Délibération du Tribunal civil de Beauvais sur le Tarif. — Voir aussi CHAMBRE DES AVOUÉS DE PARIS, nos 100 et 102. — CONFÉRENCE DES AVOUÉS DES DÉPARTEMEMTS, 1891.) Pour arriver à faire régler les qualités après décès ou retrait de tous les magistrats ou avoués, la partie doit constituer un nouvel avoué par un ajournement à la partie adverse à comparaître devant le tribunal pour voir régler par lui les qualités litigieuses ou désigner un magistrat qui procédera à ce règlement. (CONFÉRENCE DES AVOUÉS, 1882, p. 7 du registre.) La mainlevée est écrite sur l'original même des qualités. (Circulaire ministérielle du 23 juillet 1811. — CONFÉRENCE DES AVOUÉS, 1873, p. 308 et 1891.) On ne saurait trop recommander aux avoués de veiller à ce que l'avenir en règlement de qualités soit régulièrement donné et que la comparution ait lieu aux jour et heure fixés, car il est de jurisprudence constante que l'irrégularité du règlement entraine la nullité du jugement ou de l'arrêt dont les qualités forment une partie essentielle. (Voir notamment CASSATION, 29 avril 1891. PAL. 92, 1, 7.)
90	Avenir en règlement de qualités........ *(Art. 70 et 156 du tarif.)*	R » 25 C » 27 P » 30	» 94	1 13	1 25	
91	Vacation au règlement des qualités...... *(Art. 90 du tarif.)*	»	1 15	1 35	1 50	

Nos d'ordre	NATURE DES ACTES	Débour-sés	ÉMOLUMENTS Ressort	Cours	Paris	OBSERVATIONS
92	Expédition du jugement..............	Mém.	»	»	»	Voir *suprà*, observation nº 34.
93	Signification du jugement à avoué...... (*Art. 89 du tarif modifié par le décret du 26 décembre* 1898.) *Ressort* / *Cours* / *Paris* Copie, par chaque rôle....... » 35 / » 41 / » 45 Huissier (signification)....... » 25 / » 27 / » 30 » 60 / » 68 / » 75 Voir la note du nº 35 ci-dessus, en ce qui concerne l'augmentation du droit de copie, allouée par le décret du 26 décembre 1898.	R » 25 C » 27 P » 30	» 35	» 41	» 45	S'il y a avoué en cause, le jugement ne peut être exécuté qu'après avoir été signifié à avoué, à peine de nullite. (Art. 147 C. p. c.) Cette disposition de loi est générale et absolue et s'applique aux jugements préparatoires ou interlocutoires, aussi bien qu'aux autres jugements. (CASSATION, 8 décembre 1857; DAL., 58, 1, 88; PAL., 58, 359. — CASSATION, 30 décembre 1885; *Gazette des Tribunaux,* 31 décembre 1885.) Ainsi, il y a nécessité de signifier à avoué : 1º Le jugement qui ordonne la comparution des parties à l'audience. (Arrêt précité du 8 décembre 1857.) 2º Le jugement qui ordonne une prestation de serment. (M. DUTRUC, Vº Jugem. nº 146.) 3º Le jugement qui nomme un nouveau juge-commissaire. (M. DUTRUC, Vº Jugem. nº 144.) 4º Le jugement qui proroge une enquête. (CASSATION, 3 juillet 1837; PAL., 37, 2, 54. — Limoges, 13 mars 1850; PAL., 50, 2, 254. — Bastia, 2 avril 1855; PAL., 55, 2, 284. — MM. ROUSSEAU et LAISNEY, Vº enquête nº 406.) 5º Le jugement qui ordonne une descente de lieux. (MM. CHAUVEAU et GODOFFRE, nº 1,634. — FAVARD DE LANGLADE, t. 2, p. 57. — Thomine DESMAZURES, t. 1, p. 500.) Toutefois, les jugements portant simplement remise de cause ou indication de jour ne doivent être ni levés ni signifiés. (Art. 83 du tarif.) La disposition d'un jugement portant qu'il sera exécuté dans un certain délai, à partir de sa prononciation, ne dispense pas, pour le cas d'exécution forcée, de la signification préalable exigée par l'article 147 C. p. c. (CASSATION, 16 février 1859; DAL., 59, 1, 223; PAL., 59, 418. — CASSATION, 6 avril 1859; DAL., 59, 1, 223; PAL., 60, 204.) La signification, dont le jugement doit être l'objet avant d'être mis à exécution, s'entend du jugement tout entier et non d'un simple extrait. (Bastia, 2 avril 1855; DAL., 55, 2, 223.) La cour de Bourges a jugé, le 8 mai 1843 (Av., t. 69, 717), que la signification faite à un avoué représentant plusieurs parties est valable pour faire courir les délais légaux, quoiqu'elle ne soit faite qu'en une seule copie, et la cour de Poitiers a jugé, le 24 août 1844 (Av., t. 69, 469), que dans ce cas une seule copie doit passer en taxe, les autres étant frustatoires. Cette règle, dit M. CHAUVEAU (Suppl. lois de la proc., nº 606 *ter*), peut être acceptée quand la signification à avoué doit être complétée par celle à partie; encore semble-t-il qu'il faille distinguer entre le cas où l'avoué représente des parties ayant un intérêt commun et le cas où il représente des parties ayant un intérêt distinct; mais elle ne saurait être appliquée lorsque la signification à avoué a pour effet de faire courir les délais de l'appel comme en matière de saisie immobilière, d'ordre, etc. Voir *suprà*, observation nº 35, pour ce qui concerne l'émolument de copies de pièces et la vacation ou le bénéfice de signification du jugement en cas de règlement amiable.
94	Requête afin de commission de nouvel huissier pour signifier le jugement par défaut. (*Art. 76 du tarif.*) *Ressort* / *Cours* / *Paris* Dressé de la requête.......... 1 50 / 1 80 / 2 » Timbre — .... » 60 / » 60 / » 6[illegible] Enregistremt de l'ordonnance. 5 63 / 5 63 / 5 63 7 73 / 8 03 / 8 2[illegible]	6 23	1 50	1 30	2 »	Tous jugements par défaut contre une partie qui n'a pas constitué avoué sont signifiés par un huissier commis, soit par le tribunal, soit par le jugement de domicile du défaillant que le tribunal a désigné. (Art. 156, C. p. c.) Lorsque le jugement a omis de commettre un huissier ou de désigner un magistrat, la commission de l'huissier est faite, par le président du tribunal, sur simple requête et sans qu'il soit besoin d'un nouveau jugement. (Poitiers, 11 août 1819; Av., t. 21, 284. — Bourges, 19 avril 1829; PAL. chron., Av., t. 37, 194. — CASSATION, 31 mai 1858. PAL., 58, 805; SIR., 58, 1, 821; DAL., 58, 1, 407.)

Nos d'ordre	NATURE DES ACTES	Déboursés	EMOLUMENTS Ressort	Cours	Paris
95	Signification de jugement à domicile .... (*Art.* 29, 72 *et* 89 *du tarif.*)				
	§ 1er. A 1 personne :	R 5 58 C 5 95 P 6 20	» 35	» 41	» 45
	§ 2. A 2 personnes :	R 9 05 C 9 50 P 9 80	» 35	» 41	» 45
	§ 3. A 3 personnes :	R 12 53 C 13 05 P 13 40	» 35	» 41	» 45
	§ 4. A 4 personnes :	R 16 » C 16 60 P 17 »	» 35	» 41	» 45

§ 1er. A 1 personne :

	Ressort	Cours	Paris
Original	1 50	1 80	2 »
Copie	» 38	» 45	» 50
Timbre	1 20	1 20	1 20
Enregistrement, décimes compris	2 50	2 50	2 50
	5 58	5 95	6 20
A l'avoué, copie par chaque rôle	» 35	» 41	» 45

§ 2. A 2 personnes :

	Ressort	Cours	Paris
Original	1 50	1 80	2 »
2 copies	» 75	» 90	1 »
Timbre	1 80	1 80	1 80
Enregistrement	5 »	5 »	5 »
	9 05	9 50	9 80

§ 3. A 3 personnes :

	Ressort	Cours	Paris
Original	1 50	1 80	2 »
3 copies	1 13	1 35	1 50
Timbre	2 40	2 40	2 40
Enregistrement	7 50	7 50	7 50
	12 53	13 05	13 40

§ 4. A 4 personnes :

	Ressort	Cours	Paris
Original	1 50	1 80	2 »
4 copies	1 50	1 80	2 »
Timbre	3 »	3 »	3 »
Enregistrement	10 »	10 »	10 »
	16 »	16 60	17 »

Pour le transport de l'huissier et le visa, voir *suprà*, observation n° 14.

En ce qui concerne le nombre de copies à signifier et les droits d'enregistrement, se reporter à l'Introduction, pages 5 et suivantes.

Voir le nota du n° 93.

OBSERVATIONS

Bien que l'article 147 C. p. c. ne prescrive la signification à domicile, comme préliminaire de l'exécution, que des jugements provisoires et défintifs qui prononcent des condamnations, il faut également signifier à partie les jugements ordonnant une mesure qui nécessite sa présence, tels que les jugements ordonnant une comparution ou un serment. (MM. DALLOZ, V. Jugem. n° 496. — DUTRUC, id., n° 167. — ROUSSEAU et LAISNEY, id., n° 364.)

Il y a lieu aussi de signifier à partie, pour faire courir les délais de l'opposition et de l'appel, les jugements sur le fond qui sont susceptibles d'être attaqués par l'une ou l'autre de ces voies de recours, ainsi que les jugements interlocutoires. (Voir art. 156, 443 et 451 C. p. c. — CASSATION, 15 avril 1850; PAL., 50, 1, 694. — M. BOUCHER D'ARGIS, p. 615.)

La règle qui précède souffre exception dans les cas où la signification à avoué fait courir les délais des voies de recours. (Voir en matière de contribution, d'incidents de saisie et d'ordre, les articles 669, 731, 762, 767 et 773 du C. p. c.)

Le délai d'appel ne court contre le mineur non émancipé que du jour où le jugement a été signifié tant au tuteur qu'au subrogé-tuteur, encore que ce dernier n'ait pas été en cause. (Art. 444 C. p. c.)

La cour de Paris, par arrêt du 25 juin 1859 (PAL., 60, 64; SIR., 59, 2, 560; DAL., 60, 5, 211.), a jugé que la partie qui a gagné son procès a intérêt et droit de lever et de signifier l'arrêt par elle obtenu ; qu'en effet, ce mode de procéder met entre ses mains un titre authentique et exécutoire, et fait courir contre son adversaire les délais du pourvoi en cassation ; que l'acquiescement de la partie adverse, alors même qu'il est donné par acte notarié, ne constitue qu'un acte unilatéral, et ne saurait avoir pour celui qui a gagné son procès le même caractère de certitude et de puissance qu'un arrêt levé et signifié. (Voir aussi Paris, 18 janvier 1847; PAL., 47, 1, 136; SIR., 50, 2, 473; DAL., 47, 4, 279. — Paris, 3 février 1854; PAL., 54, 2, 238; SIR., 54, 2, 149; DAL., 54, 2, 63.)

Si la partie gagnante n'a pas le droit absolu de lever et signifier le jugement, elle peut du moins faire cette levée et cette signification lorsqu'elle y a intérêt.

Ainsi, il a été jugé que malgré l'acquiescement de la partie condamnée, le jugement peut être levé et signifié :

1° Lorsqu'il est intervenu en matière réelle, la partie gagnante ayant intérêt à avoir un titre qui consacre son droit à la propriété en litige. (Nancy, 25 mai 1848; PAL., 50, 1, 233; SIR., 50, 2, 471; DAL., 50, 2, 48.)

2° Lorsque la copie de l'acte d'acquiescement qui a été remise à la partie gagnante ne porte pas la signature de l'autre partie. (Orléans, 11 juin 1850; PAL., 50, 1, 500; SIR., 50, 2, 527; DAL., 50, 5, 5.)

3° Lorsque l'acquiescement est seulement sous seing privé et ne pourrait servir à retirer de la caisse d'un comptable public les fonds destinés à acquitter les condamnations prononcées. (Riom, 10 ou 18 août 1853; PAL., 55, 1, 193; SIR., 54, 2, 361; DAL., 55, 2, 47.)

4° Lorsque l'acquiescement n'a pas été accompagné ou suivi immédiatement d'offres réelles du montant des condamnations. (Orléans, 18 mai 1850; PAL., 50, 1, 278; SIR., 50, 2, 471; DAL., 50, 2, 156. — Riom, 10 ou 18 août 1853; PAL., 55, 1, 193; SIR., 54, 2, 361; DAL., 55, 2, 47. — 15 février 1854; PAL., 55, 1, 193; SIR., 54, 2, 361; DAL., 55, 2, 46.)

5° Lorsque l'acquiescement a été donné en vertu d'un pouvoir insuffisant ou irrégulier. (Paris, 21 janvier 1870; PAL., 70, 420; SIR., 70, 2, 75; DAL., 70, 2, 46.)

6° Lorsque la partie sait que l'offre réelle qu'elle fait d'une certaine somme pour frais non liquidés est très inférieure aux frais mis à sa charge. (Paris, 7 juin 1867, et sur le pourvoi en cassation, 5 avril 1870; PAL., 72, 402.)

Il n'est pas douteux que le jugement doive également être levé et signifié lorsqu'il statue sur une question d'état, ou lorsqu'il prononce une mainlevée, une radiation d'inscription hypothécaire, un paiement ou quelque chose à faire par un tiers ou à sa charge. (Voir art. 548 C. p. c.)

L'émolument de la copie du jugement appartient à l'avoué qui l'a préparée et non à l'huissier, encore bien qu'elle soit signifiée avec un commandement. (Voir observation n° 36.)

N°s d'ordre	NATURE DES ACTES	Déboursés	ÉMOLUMENTS Ressort	Cours	Paris	OBSERVATIONS
96	Certificat de signification donné par l'avoué (*Art. 90 du tarif.*) *Ressort — Cours — Paris* Timbre du certificat.......... » 60 — » 60 — » 60 Enregistrement.............. 1 88 — 1 88 — 1 88 Dressé........................ 1 15 — 1 35 — 1 50 3 63 — 3 83 — 3 98	2 48	1 15	1 35	1 50	Les jugements qui prononcent une mainlevée, une radiation d'inscription hypothécaire, un paiement ou quelque chose à faire par un tiers ou à sa charge, ne sont exécutoires par les tiers ou contre eux, même après les délais de l'opposition ou de l'appel, que sur le certificat de l'avoué poursuivant, contenant la date de la signification du jugement faite au domicile de la partie condamnée et sur l'attestation du greffier constatant qu'il n'existe contre le jugement ni opposition, ni appel. (Art. 548, C. p. c.)
97	Vacation à requérir du greffier le certificat de non opposition ni appel. (*Art. 90 du tarif.*)	»	1 15	1 35	1 50	
98	Coût de ce certificat..................... Droits du Trésor et remise du greffier.... 2 01 Timbre du certificat....................... » 60 Émolument du greffier..................... 1 50 Timbre et mention répertoire.............. » 35 4 46	4 46	»	»	»	Le droit d'enregistrement du certificat est de... 1 50 Ajoutant 2 décimes et demi..................... » 38 Et la remise du greffier........................ » 13 Le total est de.................................. 2 01
99	Timbre et rédaction du bordereau pour faire mentionner au bureau des hypothèques les jugements prononçant la résolution, nullité ou rescision d'un acte transcrit. (*Art. 92 du tarif par analogie.*)	» 60	4 50	5 40	6 »	D'après l'art. 4 de la loi du 23 mars 1855, l'avoué qui a obtenu jugement prononçant la résolution, nullité ou rescision d'un acte transcrit, est tenu, sous peine de 100 francs d'amende, d'en faire opérer mention en marge de la transcription, dans le mois à dater du jour où il a acquis l'autorité de la chose jugée, en remettant au Conservateur un bordereau rédigé et signé par lui. Ce bordereau étant ainsi prescrit par une disposition de la loi postérieure au tarif, on alloue par analogie l'émolument de 4 fr. 50 et de 6 francs de l'art. 92 du tarif. (M. BONNESŒUR, p. 168.)
100	Vacation à déposer les pièces au bureau des hypothèques et à requérir la mention ci-dessus. (*Art. 92 du tarif par analogie.*)	»	4 50	5 40	6 »	Voir l'observation qui précède.
101	Coût de cette mention................	1 »	»	»	»	Voir l'art. 12 de la loi du 23 mars 1855.
102	Droit de correspondance lorsque les parties sont domiciliées hors de l'arrondissement. — Par chaque jugement définitif. (*Art. 145 du tarif.*)	»	7 50	9 »	10 »	Le droit de correspondance est dû : 1° Pour chaque partie ayant des intérêts distincts. (Grenoble, 15 mars 1861; PAL., 62, 1,086. — Douai, 6 mars 1877; PAL., 77, 1,088. — MM. SOREL et BOUCHER D'ARGIS, p. 179. — BONNESŒUR, p. 210. — CHAUVEAU et GODOFFRE, n° 879. — Voir la note (n° 41) qui suit le chapitre Ier pour la signification de ces mots : Intérêts distincts. — Le tribunal de Niort, observation n° 76, est même d'avis qu'il doit être accordé autant de droits qu'il y a de parties hors de l'arrondissement, quoiqu'elles aient le même intérêt, pourvu qu'elles n'habitent pas la même ville ou commune.) 2° Par chaque jugement définitif intervenu dans le cours de l'instance, y compris les jugements qui statuent sur une provision ou sur un moyen d'incompétence. (MM. RIVOIRE, p. 118. — FONS, p. 261. — BOUCHER D'ARGIS et SOREL, p. 181. — DALLOZ, V° frais et dépens, n° 219. — Voir aussi *suprà*, observation n° 26, § 1er.) 3° Sur les jugements par défaut, à moins qu'ils ne soient frappés d'opposition dans le délai légal. (Orléans, 22 février 1845; PAL., 45, 1, 439. — Nîmes, 3 janvier 1855; PAL., 55, 1, 559; SIR., 55, 2, 71; DAL., 55, 2, 82. — MM. CHAUVEAU et GODOFFRE, n° 879. — Voir aussi observation n° 26, § 2.) 4° Quand il y a désistement. (MM. RIVOIRE, p. 118. — FONS, p. 262. — BOUCHER D'ARGIS et SOREL, p. 183. — CHAUVEAU et GODOFFRE, n° 879. — DALLOZ, V° frais et dépens, n° 222.)

Nos d'ordre	NATURE DES ACTES	Débour-sés	ÉMOLUMENTS Ressort	Cours	Paris	OBSERVATIONS
103	Demi-droit de correspondance par chaque jugement interlocutoire. *(Art. 145 du tarif.)*	»	3 75	4 50	5 »	Le demi-droit de correspondance, alloué par chaqu jugement interlocutoire, est dû sans qu'il y ait à distin guer entre les jugements contradictoires et les jugement par défaut. (MM. Chauveau et Godoffre, n° 879.) Les déboursés sont dus en plus des droits ci-dessus. doit surtout être décidé ainsi si on admet que le droit d correspondance est alloué à titre d'émoluments et ne pass pas en taxe en matière sommaire.
104	Ports de pièces, lettres et dépêches, faux frais, timbres, quittances et décharges.	Mém.	»	»	»	Voir *suprà*, observation n° 40. L'avoué qui a déboursé des frais de port de lettres e pièces peut en exiger le remboursement, encore bien qu les parties soient domiciliées dans l'arrondissement d tribunal. (Cassation, 23 mars 1875; Pal., 75, 3, 69; Sir., 75 1, 155.)
105	Droit d'articles et timbre de l'Etat...... *(Art. 9 du 2e décret de 1807.)*	» 60	» 10	» 10	» 10	Dû 10 centimes par chaque article. Il ne doit être fa qu'un seul article pour chaque pièce de la procédure. L timbre et le dressé de l'état figurent ensemble. (Voir *supr* dans l'Introduction ce qui concerne le dressé des états d frais et le droit d'articles.)

106 Voir les observations nos 41 et 42, pour le cas où l'avoué représente plusieurs parties ayant des intérêts distincts, et pour les honoraires qui peuvent être réclamés.

OBSERVATIONS CONCERNANT LES CHAPITRES III A XVIII

107 Les procédures qui font l'objet de ces seize chapitres, se rattachant à des instances déjà commencées, il ne sera parlé ci-après que de ce qui leur est spécial. Il est renvoyé, tant pour le commencement que pour la fin de l'instance, soit au chapitre des **Matières sommaires**, soit à celui des **Matières ordinaires**, selon la nature des affaires.

108 Il convient d'indiquer ici que les instructions par écrit ne s'ordonnent jamais que dans les affaires ordinaires, et que les vérifications d'écriture, le faux incident civil et le désaveu constituent des procédures ordinaires, bien qu'ils soient incidents à des procès sommaires. (MM. Chauveau et Godoffre, nos 1,008, 2,075, 2,075 bis, 2,084, 2,208. — Délibération du tribunal de la Seine, rapportée au *Journal des Avoués*, t. 42, p. 231. — Victor Fons, p. 30 et 91.)

CHAPITRE III

Délibérés et Instructions par écrit (Art. 93 à 115 C. proc. civ.)

109 Ce qui concerne les délibérés sur rapport est indiqué au chapitre des Matières ordinaires, nos 79 et 80.

110 Les instructions par écrit étant très peu usitées et les dispositions du tarif qui s'y appliquent ne présentant aucune difficulté, il ne paraît pas nécessaire de donner ici la formule d'un état de frais de ces procédures. Il suffit de renvoyer aux articles ci-après du décret du 16 février 1807 : Art. 70, § 4, 5 et 6. — Art. 71, § 1. — Art. 73, § 2, 3 et 4. — Art. 74. — Art. 76, § 1. — Art. 84. — Art. 85. — Art. 87, § 3. — Art. 90, § 4, 5 et 6. — Art. 91, § 2, 3 et 4. — Voir aussi *suprà* les numéros 64, 70, 79, 80, 85, 88, 90, 91, 92, 93, 95, 102, 104 et 105 du chapitre II, Matières ordinaires.

111 Remarquer que l'assistance de l'avoué au jugement qui ordonne l'instruction par écrit est tarifée 4 francs dans le ressort et 5 francs à Paris, et que le dressé des qualités du jugement en instruction par écrit est de 7 fr. 50 dans le ressort et de 10 francs à Paris. Les autres droits sont les mêmes que dans les matières ordinaires.

Nos d'ordre	NATURE DES ACTES	Débour-sés	ÉMOLUMENTS Ressort	Cours	Paris	OBSERVATIONS

CHAPITRE IV

Exceptions (Art. 166 à 192 C. proc. civ.)

112 Les exceptions participent de la nature de l'instance principale et doivent être taxées comme elle, selon qu'elle est ordinaire ou sommaire. (Limoges, 9 mai 1819, arrêt de règlement. — Paris, 12 décembre 1848; Pal., 49, t. 219. — Bastia, 19 mai 1857; Pal., 57, 861. — Répertoire du Journal du Palais, V° Matières sommaires, n° 87. — MM. Rivoire, p. 285. Boucher d'Argis et Sorel, p. 29. Dutruc, *Bulletin de la Taxe,* année 1885, p. 83.)

113 On doit présenter les exceptions dans l'ordre suivant, qui est celui indiqué par le Code de procédure civile : 1° La caution à fournir par les étrangers; 2° les renvois et déclinatoires; 3° les nullités; 4° les exceptions dilatoires; 5° les communications de pièces. (MM. Bioche, V° Exceptions, n° 14. Palais rép., V° Exceptions, n° 118. — Rousseau et Laisney, V° caution judicatum solvi, n° 52.)

114 Il a été jugé que l'exception d'incompétence relative est non recevable si elle est invoquée subsidiairement à une demande en nullité d'exploit. (Cassation, 10 février 1863; Pal., 63, 717. — Cassation, 22 janvier 1877; Pal., 77, 888.)

115 Et que les nullités d'exploit sont couvertes par une demande en communication de pièces. (Paris, 5 juillet 1880; Pal., 80, 681. — MM. Rousseau et Laisney, V° Exceptions, n° 161. — Dutruc, Suppl. aux lois de procédure, Exceptions, n° 178.)

116 Il en serait autrement si la demande en communication de pièces ne portait que sur des documents relatifs à la nullité. (Cassation, 28 janvier 1878; Pal., 78, 645.)

§ 1er. — Caution à fournir par les Etrangers

Nos d'ordre	NATURE DES ACTES	Débour-sés	Ressort	Cours	Paris	OBSERVATIONS
117	Requête grossoyée (2 rôles) .... *(Art. 75 du tarif.)* *Ressort Cours Paris* Dressé, 2 rôles .... 3 » 3 60 4 » Copie, id. .... » 75 » 90 1 » A l'huissier audiencier .... » 25 » 27 » 30 4 » 4 77 5 30	R » 25 C » 27 P » 30	3 75	4 50	5 »	La requête ne peut excéder deux rôles non plus que celle en défense. (Art. 75 du tarif.) Lorsqu'il y a plusieurs parties en cause, on ne compte pas dans les deux rôles l'espace nécessaire pour désigner les qualités. (Chambre des Avoués de Paris, observation sous le n° 75. — MM. Chauveau et Godoffre, n° 1,301.)
118	Pour la suite de la procédure, voir chapitre XI des Incidents.	R » 25 C » 27 P » 30	»	»	»	Les frais d'exception sont les mêmes que ceux d'incident. (Voir ci-après chapitre XI.) En dehors de la requête et de l'avenir, ils consistent, dans les matières ordinaires, en vacations aux remises de cause, droit de plaidoirie, assistance à la plaidoirie, qualités, minute du jugement, et, s'il y a lieu, expédition et signification du jugement. (MM. Chauveau et Godoffre, nos 1,280 et 1,790.) La caution fournie au commencement du procès peut être augmentée au cours de l'instance suivant les circonstances et les nécessités de la procédure. (Metz, 13 mars 1821. — MM. Rousseau et Laisney, V° Caution judicatum solvi, n° 46.) La caution peut être demandée en cause d'appel, pour les frais et condamnations d'appel contre l'étranger demandeur et appelant, bien qu'elle n'ait pas été demandée en 1re instance. (Lyon, 26 janvier 1873; Pal., 73, 852; Sir., 73, 2, 197; Dal., 74, 2, 120. — Paris, 9 janvier 1883; Pal., 84, 1, 633; Sir., 84, 2, 125.)

N^os d'ordre	NATURE DES ACTES	Débour-sés	ÉMOLUMENTS Ressort	Cours	Paris	OBSERVATIONS

§ 2. — Renvois ou Déclinatoires

N^os d'ordre	NATURE DES ACTES	Débour-sés	Ressort	Cours	Paris	OBSERVATIONS
119	Requête grossoyée (6 rôles) .... *(Art. 75 du tarif.)* Ressort / Cours / Paris Dressé, 6 rôles............. 9 » / 10 80 / 12 » Copie, id. .... 2 25 / 2 70 / 3 » A l'huissier audiencier..... » 25 / » 27 / » 30 12 » / 13 77 / 15 30	R » 25 C » 27 P » 30	11 25	13 50	15 »	La requête ne peut excéder six rôles, non plus que cel en défense. (Art. 75 du tarif.) Voir observation n° 99 po le cas où il y a plusieurs parties en cause. Bien que l'article 172 du Code p. c. porte que toute d mande en renvoi sera jugée *sommairement*, il n'en fa pas moins, dans les matières ordinaires, appliquer le ta de ces matières. (Limoges, 9 février 1819. Arrêt de règl ment. — Amiens, 9 juin 1864; PAL., 64, 1,169. — MM. R voire, p. 285. — FONS, p. 115. — CHAUVEAU et GODOFFR n°s 1.291 et 2,042. — BOUCHER D'ARGIS et SOREL p. 29. BONNESOEUR, p. 104. — DUTRUC, *Bulletin de la Taxe*, ann 1885, p. 83. — Observation du tribunal de Niort, n° 3. *Contrà*, CASSATION, 25 juin 1866; PAL., 66, 1,160; DA 1, 317; SIR., 1, 421.) Lorsque la taxe a lieu d'après le tarif des matières som maires, il est dû à l'avoué un droit entier d'obtention po le jugement contradictoire. (MM. CHAUVEAU et GODOFFRE n° 2,207.) Il ne peut y avoir aucun doute sur ce point lorsque l exceptions proposées, telles qu'incompétence ou nullité étant admises, l'instance se trouve terminée. Le tribunal peut, à l'effet d'éclairer sa religion sur déclinatoire, ordonner telle mesure d'instruction qu'il ju à propos. (CASSATION, 7 janvier 1829. — Colmar, 24 décemb 1844; PAL., 45, 1, 783. — MM. CARRÉ et CHAUVEAU, q^on 734 En rejetant le déclinatoire, le tribunal ne peut statu sur le fond par le même jugement, mais il peut ordonn qu'il sera plaidé de suite au fond. (CASSATION, 19 avril 185 AV., t. 78, p. 299. — CASSATION, 24 août 1852; PAL., 54, 20 — CASSATION, 27 novembre 1872; AV., t. 98, p. 196.)

§ 3. — Nullités

N^os d'ordre	NATURE DES ACTES	Débour-sés	Ressort	Cours	Paris	OBSERVATIONS
120	Comme au paragraphe 2°.............					Toute nullité d'exploit ou d'acte de procédure est cou verte, si elle n'est proposée avant toute défense ou excep tion autres que les exceptions d'incompétence. (Art. 17 C. p. c.)

§ 4. — Exception dilatoire pour faire inventaire et délibérer

N^os d'ordre	NATURE DES ACTES	Débour-sés	Ressort	Cours	Paris	OBSERVATIONS
121	Comme au paragraphe 2°.............					Les exceptions dilatoires doivent être proposées conjoin tement et avant toutes défenses au fond. (Art. 186 C. p. c

§ 4 *bis*. — Deuxième exception dilatoire pour appeler en Garantie

N^os d'ordre	NATURE DES ACTES	Débour-sés	Ressort	Cours	Paris	OBSERVATIONS
122	Déclaration au demandeur originaire, de la part du défendeur, qu'il a formé une demande en garantie. *(Art. 70 du tarif. — Détail n° 58.)*	R » 25 C » 27 P » 30	» 94	1 13	1 25	Lorsque les délais de l'assignation en garantie ne doi vent expirer qu'après les délais de l'assignation principale l'avoué de la partie qui a mis garant en cause doit décla rer, par un simple acte, à l'avoué du demandeur originaire qu'il a formé une demande en garantie. (Arg^t de l'art. 17 C. proc. civ.)
123	Requête grossoyée pour soutenir qu'il n'y a lieu d'appeler en garantie (6 rôles). *(Art. 75 du tarif. — Détail n° 119.)*	R » 25 C » 27 P » 30	11 25	13 50	15 »	La requête ne doit pas excéder six rôles, non plus que celle en réponse. (Art. 75 du tarif.)

Nos d'ordre	NATURE DES ACTES	Déboursés	ÉMOLUMENTS Ressort	Cours	Paris	OBSERVATIONS
124	Demande en garantie contenant ajournement. (*Détail n° 14.*)	R 5 58 C 5 95 P 6 20	» 25	» 27	» 30	L'appelé en garantie a intérêt à connaître, non seulement la demande principale, mais encore les pièces sur lesquelles elle est fondée ; il faut donc lui donner copie de cette demande et des pièces telles que le demandeur principal les a lui-même signifiées en tête de son exploit introductif d'instance. (MM. CHAUVEAU et GODOFFRE, n° 1,313. — BOUCHER D'ARGIS, p. 305.) Si l'appelé en garantie ne se présente pas, il faut prendre contre lui un jugement de défaut profit joint. (Poitiers, 4 mars 1828. — Limoges, 16 février 1842; PAL., 42, 2, 723. — Rennes, 6 juillet 1851; DAL., 52, 2-191. — Nîmes, 26 juillet 1852; DAL., 52, 2, 192. — M. BOUCHER D'ARGIS, p. 305.)
125	Dénonciation au demandeur originaire de cette demande en garantie. (*Art. 70 du tarif. — Détail n° 50.*)	R » 25 C » 27 P » 30	1 19	1 40	1 55	

§ 5. — Communication de Pièces

Nos d'ordre	NATURE DES ACTES	Déboursés	Ressort	Cours	Paris	OBSERVATIONS
126	Pour la sommation de communiquer, les récépissés et les vacations, voir *suprà*, nos 66, 67 et 69.	»	»	»	»	Les parties peuvent respectivement demander, par un simple acte, communication des pièces employées contre elles, dans les trois jours où ces pièces ont été signifiées ou employées. (Art. 188 C. proc. civ.)
127	Requête grossoyée tendant à ce que la partie qui refuse de communiquer les pièces demandées soit tenue d'en faire la communication. (*Détail n° 70.*)	R » 25 C » 27 P » 30	1 88	2 25	2 50	Il est d'usage de signifier une requête en six rôles comme pour les exceptions prévues aux §§ 2, 3 et 4. La requête en réponse est également limitée à six rôles.
128	Sommation à l'avoué de restituer les pièces qui lui ont été communiquées à l'amiable. (*Art. 70 du tarif. — Détail n° 58.*)	R » 25 C » 27 P » 30	» 94	1 13	1 25	Si la communication avait été faite par la voie du greffe, on requerrait du greffier un certificat constatant le non rétablissement des pièces. La vacation à requérir ce certificat est de 1 fr. 15, 1 fr. 35 et 1 fr. 50. (Art. 90 du tarif.)
129	Requête pour faire contraindre l'avoué à restituer les pièces communiquées (Timbre et dressé). (*Art. 76 du tarif.*)	» 60	1 50	1 80	2 »	C'est une question controversée que celle de savoir si la requête est présentée au tribunal ou au président. L'avoué qui ne restitue pas les pièces peut être condamné à 3 francs de dommages-intérêts par chaque jour de retard et aux frais. (Art. 191 du C. p. c.)
130	Coût de l'ordonnance..................	Mém.	»	»	»	L'enregistrement de l'ordonnance est de 5 fr. 63. Ajouter les droits du greffier si l'ordonnance est rendue par le tribunal. (Voir le numéro qui précède.)
131	Signification de cette ordonnance....... (*Détail n° 59.*)	R » 25 C » 27 P » 30	1 19	1 40	1 55	
132	Requête grossoyée contenant opposition (2 rôles). (*Art. 75 du tarif.*) Ressort / Cours / Paris Dressé, 2 rôles .... 3 » / 3 60 / 4 » Copies, id. .... » 75 / » 90 / 1 » A l'huissier audiencier....... » 25 / » 27 / » 30 4 » / 4 77 / 5 30	R » 25 C » 27 P » 30	3 75	4 50	5 »	La requête en réponse est aussi limitée à deux rôles. (Art. 75 du tarif.) L'incident sur l'opposition est jugé sommairement. (Art. 192 C. proc. civ. — V. *suprà*, n° 6.) Pour la suite de la procédure des exceptions dont il est parlé aux §§ 2, 3, 4 et 5, et les frais auxquels elles donnent lieu, voir n° 118 et le chapitre XI.

Nos d'ordre	NATURE DES ACTES	Débour-sés	ÉMOLUMENTS			OBSERVATIONS
			Ressort	Cours	Paris	

CHAPITRE V

Vérification d'écritures (Art. 193 à 213 C. proc. civ.)

133 La demande principale en reconnaissance d'écritures est formée par assignation à trois jours francs, sans préliminaire de conciliation. (Art. 193 c. p. c.) Elle peut aussi être intentée à un plus bref délai, en vertu d'une ordonnance du Président. (MM. Chauveau sur Carré, q. 795 *bis*. — Bioche, V° Vérification d'écritures, n° 13. — Rousseau et Laisney, id., n° 11. — Sorel sur Boucher d'Argis, p. 699, not. A.)

134 La demande incidente est formée par simple acte de conclusions. (MM. Chauveau et Godoffre, n° 1,385. — Voir ci-après chapitre XI des incidents.)

135 Les frais relatifs au jugement de vérification ne peuvent être répétés contre le débiteur que dans le cas où il a dénié sa signature. (Art. 193 C. p. c. et 2, loi du 3 septembre 1807.) Les frais d'enregistrement sont à la charge du débiteur, tant dans le cas dont il vient d'être parlé que lorsqu'il a refusé de se libérer après l'échéance ou l'exigibilité de la dette. (Art 2, loi du 3 septembre 1807.)

136 Il ne peut être pris inscription en vertu du jugement de reconnaissance qu'à défaut de paiement de l'obligation après son échéance, à moins de stipulation contraire. (Art. 1, loi du 3 septembre 1807.)

137 Dans la pratique, on assigne tout à la fois, par le même exploit, en reconnaissance d'écritures, à trois jours francs, et en condamnation, à huitaine franche. On attend l'expiration du plus long délai et on prend jugement sur les deux chefs. Le défendeur est alors condamné en tous les frais.

138	Acte contenant dénégation ou reconnaissance d'écritures. (*Art. 71 du tarif par analogie.*) Ressort / Cours / Paris Original........................ 3 75 / 4 50 / 5 » Copie........................ » 95 / 1 13 / 1 25 A l'huissier........................ » 25 / » 27 / » 30 Total: 4 94 / 5 90 / 6 65	R » 25 C » 27 P » 30	4 69	5 63	6 25	L'acte ci-contre est taxé conformément à l'article 71 du tarif, par analogie. (MM. Boucher d'Argis, p. 699. — Chauveau et Godoffre, 1,383. — Rousseau et Laisney, V° Vérification d'écritures, n° 84.)
139	Acte par lequel le demandeur requiert acte de la reconnaissance ou de la dénégation d'écritures. (*Art. 71 du tarif par analogie. — Détail au numéro qui précède.*)	R » 25 C » 27 P » 30	4 69	5 63	6 25	Même observation qu'au numéro précédent. Si l'écrit est reconnu, il intervient un jugement qui donne acte de la reconnaissance. S'il est méconnu, le tribunal ordonne le dépôt de la pièce au greffe et la vérification par experts. En cas de dénégation d'écritures, la vérification est obligatoire pour les tribunaux, même lorsque les parties n'y ont pas conclu ; mais le mode à employer pour cette vérification est facultatif ; les juges peuvent y procéder eux-mêmes. (Cassation, 1er mai 1871; Pal., 71, 558. — Cassation, 23 mars 1874; Pal., 74, 665.)
140	Pour la suite de la procédure, voir chapitre II, Matières ordinaires, nos 49, 60, 61, 62, 63, 64, 65, 66, 67, 68, 69, 70, 71, 73, 74, 77, 78, 79, 80, 85, 88, 89, 90, 91, 92, 93, 95, 102, 103, 104 et 105.	»	»	»	»	La procédure en vérification est toujours taxée comme matière ordinaire, encore bien que l'instance primitive ait été sommaire. Cette procédure qui est compliquée est, en effet, incompatible avec l'essence des matières sommaires qui est de ne comporter qu'une instruction simple et rapide. (Délibération du tribunal de la Seine, rapportée au *Journal des Avoués*, t. 43, p. 231. — MM. Chauveau et Godoffre, n° 2075. — Dutruc, V° Vérification d'écritures, n° 192.)

Nos d'ordre	NATURE DES ACTES	Débour-sés	ÉMOLUMENTS Ressort	Cours	Paris	OBSERVATIONS
141	Vacation au dépôt au greffe de la pièce à vérifier. *(Art. 92 du tarif.)*	»	4 50	5 40	6 »	
142	Coût du procès-verbal de dépôt et de constatation (Minute et expédition).	Mém.	»	»	»	Le procès-verbal ci-contre devant être signifié, l'expédition doit passer en taxe. (MM. CHAUVEAU et GODOFFRE, n° 1392. — BOUCHER D'ARGIS, p. 696.)
143	Signification de ce procès-verbal par acte du palais, avec sommation de prendre communication. *(Art. 70 du tarif. — Détail n° 59.)*	R » 25 C » 27 P » 30	1 29	1 54	1 70	La signification du procès-verbal est indispensable pour que le défendeur soit averti du dépôt et prenne communication. (CHAMBRE DES AVOUÉS DE PARIS. n° 416.) Au reste, si le Code de procédure civile ne parle pas de cette signification, elle est autorisée par le tarif. (Art. 70, § 14.) Les significations et sommations, dont il est parlé au présent chapitre V, sont faites par exploit d'huissier à la partie défenderesse qui n'a pas constitué avoué.
144	Vacation de l'avoué défendeur à prendre communication de la pièce déposée. *(Art. 92 du tarif.)*	»	4 50	5 40	6 »	
145	Requête au juge-commissaire à fin de fixation des jour et heure pour convenir des pièces de comparaison. *(Art. 76 du tarif.)*	6 23	1 50	1 80	2 »	
146	Sommation d'avoué à avoué de comparaître aux jour et heure indiqués. *(Art. 70 du tarif. — Détail n° 59.)*	R » 25 C » 27 P » 30	1 19	1 40	1 55	Signifier en tête de la sommation, copie de la requête au juge-commissaire et de l'ordonnance de ce magistrat. (CHAMBRE DES AVOUÉS DE PARIS, n° 151.—MM. ROUSSEAU et LAISNEY, V° Vérif. d'écritures, p. 93. — BOUCHER D'ARGIS, p. 697. — CHAUVEAU et GODOFFRE, p. 1399.)
147	Vacation devant le juge-commissaire pour convenir des pièces de comparaison... *(Art. 92 du tarif.)*	»	4 50	5 40	6 »	
148	Coût du procès-verbal du greffier.......	Mém.	»	»	»	Il n'est pas nécessaire de lever et signifier le procès-verbal. (MM. CHAUVEAU et GODOFFRE, n° 1407.)
149	Requête au juge-commissaire pour sommer les experts de venir prêter serment et les dépositaires de représenter les pièces de comparaison. *(Art. 76 du tarif.)*	6 23	1 50	1 80	2 »	
150	Sommation aux dépositaires des pièces de comparaison. *(Art. 29 du tarif. — Détail n° 14.)*	R 5 58 C 5 95 P 6 20	» 25	» 27	» 30	Signifier copie des requête et ordonnance, ainsi que de l'extrait du jugement. (Voir la partie finale de l'art. 214 du C. p. c. — MM. CARRÉ et CHAUVEAU, p. 842. — PIGEAU, t. 1er, p. 311. — FAVARD DE LANGLADE, t. 5, p. 921. — THOMINES DESMAZURES, t. 1er, p, 371. — DUTRUC, V° Vérif. d'écritures, p. 149. — DALLOZ, C. p. c., annoté art. 201, n° 4.) Il n'est dû qu'un droit d'enregistrement sur la sommation aux dépositaires quel qu'en soit le nombre. (Voir *suprà*, observation n° 14.)
151	Pareille sommation aux experts........	R 5 58 C 5 95 P 6 20	» 25	» 27	» 30	Signifier copie des requête et ordonnance. La signification du jugement aux experts est inutile, puisque l'expédition doit leur être remise. La sommation aux experts ne donne lieu qu'à un seul droit d'enregistrement comme celle aux dépositaires.

Nos d'ordre	NATURE DES ACTES	Débour-sés	ÉMOLUMENTS Ressort	Cours	Paris	OBSERVATIONS
152	Sommation au défendeur, par acte du palais, d'être présent au serment des experts et à la représentation des pièces de comparaison.	R » 25 C » 27 P » 30	1 19	1 40	1 55	Signifier copie des requête et ordonnance.
153	Vacation à assister au serment des experts, à la représentation des pièces de comparaison et à faire les réquisitions et observations nécessaires.	»	4 50	5 40	6 »	Une vacation est due par chaque trois heures. (Art. 92 du tarif.)
154	Sommation, par acte du palais, d'être présent à la confection du corps d'écriture.	R » 25 C » 27 P » 30	» 94	1 13	1 25	
155	Vacation à la confection du corps d'écriture. (*Art. 92 du tarif.*)	»	4 50	5 40	6 »	Une vacation est due par chaque trois heures. (MM. CHAUVEAU et GODOFFRE, n° 1431.)
156	Actes de retrait de la pièce vérifiée et des pièces de comparaison.	Mém.	»	»	»	
157	Taxe des experts et des dépositaires.....	Mém.	»	»	»	Appliquer les articles 163 à 166 du tarif. La vacation de l'avoué dépositaire est de 6 francs dans le ressort et de 8 francs à Paris.
158	Pour l'expédition, la signification du rapport des experts et suite, voir chapitre IX. Si une enquête a été ordonnée, voir chapitre VII.	»	»	»	»	Sur la nature de l'instance en vérification, voir *suprà*, observation n° 140.)

CHAPITRE VI

Faux incident civil (Art. 214 à 251 C. proc. civ.)

Nos d'ordre	NATURE DES ACTES	Débour-sés	Ressort	Cours	Paris	OBSERVATIONS
159	Sommation à la partie, par acte du palais, de déclarer si elle entend ou non se servir d'une pièce produite. (*Art. 71 du tarif. — Détail n° 138.*)	R » 25 C » 27 P » 30	4 69	5 63	6 25	
160	Déclaration de la partie sommée qu'elle entend, ou non, se servir de la pièce et contenant copie de la procuration.	R » 25 C » 27 P » 30	4 69	5 63	6 25	La déclaration doit être signée de la partie ou de son fondé de procuration spéciale et authentique.
161	Vacation au greffe pour former l'inscription de faux incident. (*Art. 92 du tarif.*)	»	4 50	5 40	6 »	
162	Minute et expédition de la déclaration ..	Mém.	»	»	»	

Nos d'ordre	NATURE DES ACTES	Déboursés	ÉMOLUMENTS Ressort	Cours	Paris	OBSERVATIONS
163	Signification de cette déclaration....... (*Détail n° 59.*)	R » 25 C » 27 P » 30	1 29	1 54	1 70	Le rôle d'expédition du greffe comprenant 12 à 14 syllabes donne lieu, au profit de l'avoué, à un droit de copie de 35, 41 et 45 centimes, par application du décret du 26 décembre 1898. (Voir la note du n° 35.)
164	Pour le dépôt au greffe de la pièce arguée de faux et les actes qui en sont la suite et la sommation aux dépositaires de pièces, voir au chapitre V, nos 141 et suivants. Pour la fin de l'instance, se reporter aux articles suivants du tarif : art. 70, §§ 2, 18, 19 ; art. 76, § 6 ; art. 78, § 3 ; art. 92, §§ 7, 8 et 9.	»	»	»	»	La procédure de faux, comme celle en vérification, est toujours ordinaire, même lorsqu'elle est provoquée à l'occasion d'une affaire sommaire. (CASSATION, 10 avril 1827. PAL., Chron. — MM. CHAUVEAU et GODOFFRE, n° 2075 *bis*. — FONS, n° 38. — BOUCHER D'ARGIS, p. 170.)

CHAPITRE VII

Enquêtes (Art. 252 à 294 C. proc. civ.)

165 Les formalités tracées par le Code de procédure civile dans les articles qui viennent d'être indiqués s'appliquent seulement aux enquêtes en matière ordinaire. (MM. BOUCHER D'ARGIS, p. 16. — FONS, n° 132. — CHAUVEAU et GODOFFRE, n° 2076.)

Pour ce qui concerne les enquêtes en matière sommaire, voir l'art. 413 C. p. c., *suprà* n° 18 et *infrà* observation n° 188.

Nos d'ordre	NATURE DES ACTES	Déboursés	Ressort	Cours	Paris	OBSERVATIONS
166	Acte contenant articulation des faits..... (Ressort / Cours / Paris) Original, art. 71 du tarif..... 3 75 / 4 50 / 5 » Copie.................. » 94 / 1 13 / 1 25 A l'huissier.............. » 25 / » 27 / » 30 Total : 4 94 / 5 90 / 6 55	R » 25 C » 27 P » 30	4 69	5 63	6 25	L'articulation des faits peut être comprise dans la requête contenant les moyens signifiés par le demandeur ou le défendeur. (MM. CHAUVEAU et GLANDAZ, formulaire de procédure, t. 1, p. 58.)
167	Acte contenant reconnaissance ou dénégation des faits. (*Art. 71 du tarif. — Détail au n° qui précède.*)	R » 25 C » 27 P » 30	4 69	5 63	6 25	Si dans le délai de trois jours, imparti par l'article 252 du C. p. c. pour répondre à l'articulat, l'avoué n'a pu obtenir d'instruction de son client, il signifie un acte pour réserver les droits de celui-ci et cet acte doit être taxé comme celui ci-contre. (MM. CHAUVEAU et GLANDAZ, form. proc., t. 1, p. 86; CHAUVEAU et GODOFFRE, n° 1542. — ROUSSEAU et LAISNEY, V° enquête, n° 47.)
168	Pour l'obtention du jugement ordonnant l'enquête et suites, appliquer les nos 77, 78, 79, 80, 88, 89, 90, 91, 92, 93, 95, 103, 104 et 105.	»	»	»	»	Si les témoins sont trop éloignés, il peut être ordonné que l'enquête sera faite devant un juge commis par un tribunal désigné à cet effet. (Art. 255 C. p. c.) L'enquête peut aussi avoir lieu devant un juge de paix ou son suppléant. (CASSATION, 17 janvier 1826. — CASSATION, 8 mars 1852. — CASSATION, 13 mars 1866; DAL. 66, 1. 184. — MM. ROUSSEAU et LAISNEY, V° enquête, p. 86.) Lorsqu'une Cour d'appel, avant faire droit, ordonne une enquête, elle peut commettre, pour y procéder, soit l'un de ses membres, soit le président du tribunal du lieu, ou le juge de paix. Dans ces deux derniers cas, les avoués de première instance ont capacité pour assister les parties dans l'enquête devant le président ou le juge du tribunal auquel ils sont attachés ou devant le juge de paix de leur ressort. Dès lors, il y a lieu de passer en taxe leurs vacations et leurs frais de voyages. (Douai, 24 mars 1852; PAL., 53, 2, 530; SIR., 52, 2, 574; DAL., 55, 2. 141. — CASSATION, 7 décembre 1852. Le DROIT du 8 décembre. — Orléans, 19 mars 1853. PAL., 55, 1, 40; SIR., 53. 2, 503; DAL., 54, 2. 8. — Rennes, 26 décembre 1859. PAL., 60. 11; SIR., 60, 2, 150; DAL., 60. 2, 103. — MM. BOUCHER D'ARGIS, p. 248. — ROUSSEAU et LAISNEY, V° enquête, n° 341. — CHAUVEAU et GODOFFRE, n° 1604.) Les avoués de première instance ont même seuls qualité pour présenter la requête aux magistrats de leur tribunal, commis dans les enquêtes renvoyées par la Cour. (Rouen, 26 décembre 1859; PAL., 60, 11. — MM. ROUSSEAU et LAISNEY, V° enquête, n° 161.)

Nos d'ordre	NATURE DES ACTES	Déboursés	ÉMOLUMENTS Ressort	Cours	Paris	OBSERVATIONS
169	Requête au tribunal du lieu où l'enquête a été renvoyée à fin de nomination du juge-commissaire. *(Art. 78 du tarif par analogie.)*	» 60	5 50	6 75	7 50	Cette requête, qui est implicitement exigée par l'art. 255 du C. p. c., a été omise dans le tarif. Comme elle a le même objet que celle portée dans le § 6 de l'article 78 du tarif, c'est-à-dire la confection d'une enquête, elle doit être taxée de même. (MM. BOUCHER D'ARGIS et SOREL, p. 245. — CHAUVEAU et GODOFFRE, nº 1546.)
170	Coût du jugement qui nomme le juge-commissaire.	Mém.	»	»	»	
171	Requête au juge-commissaire à fin de fixation des jour et heure de l'enquête. *(Art. 76 du tarif.)* Ressort / Cours / Paris Dressé de la requête.......... 1 50 / 1 80 / 2 » Timbre id. .... » 60 / » 60 / » 60 Enregistrem[t] de l'ordonnance. 4 50 / 4 50 / 4 50 Id. 2 décimes et demi. 1 13 / 1 13 / 1 13 7 83 / 8 03 / 8 23	6 23	1 50	1 80	2 »	Dans le cas d'empêchement du juge-commissaire, il ne peut être pourvu à son remplacement que par jugement du tribunal, et non par une ordonnance du président, à moins que le jugement ne lui en ait conféré le droit par une disposition expresse. (CASSATION, 4 janvier 1881; PAL., 81, 1, 506; SIR., 81, 1, 207; DAL., 81, 1, 123. — Dijon, 20 mai 1881; PAL., 82, 1, 447; SIR., 82, 2, 80; DAL., 83, 2, 58.)
172	Vacation pour requérir l'ordonnance du juge-commissaire et signer le procès-verbal d'ouverture d'enquête. *(Art. 91 du tarif.)*	»	2 25	2 70	3 »	
173	Assignation aux témoins.............. *(Art. 29 du tarif. — Détail nº 14.)*	R 5 58 C 5 95 P 6 20	» 35	» 41	» 45	L'assignation doit contenir copie : 1º du dispositif du jugement; 2º de la requête et de l'ordonnance du juge-commissaire. Quel que soit le nombre de témoins, il n'est dû qu'un seul droit d'enregistrement. (Art. 68, § 1er, nº 30, loi du 22 frimaire an VII, rapporté *suprà*, observation nº 14.)
174	Dénonciation des noms des témoins avec assignation à comparaître à l'enquête. Ressort / Cours / Paris Original...................... 1 50 / 1 80 / » » Copie........................ » 38 / » 45 / » 50 Timbre....................... 1 20 / 1 20 / 1 20 Enregistrem[t], décimes compris 2 50 / 2 50 / 2 50 5 58 / 5 95 / 6 20 Plus copie des requête et ordonnance, par chaque rôle. » 25 / » 27 / » 30	R 5 58 C 5 95 P 6 20	» 35	» 41	» 45	L'exploit ci-contre qui est signifié à la partie, au domicile de l'avoué, doit contenir la copie des requête et ordonnance, ainsi que celle du jugement, si elle n'a déjà été précédemment signifiée à partie. Il faut signifier autant de copies que l'avoué représente de parties, encore bien qu'elles aient le même intérêt. (CASSATION, 28 janvier 1826. — Rouen, 6 mars 1828. — Bordeaux, 17 mai 1831. — Observations du Tribunal de Niort, nº 80. — MM. BOUCHER D'ARGIS et SOREL, p. 247.)
175	Assistance des avoués à l'audition des témoins.	»	4 50	5 40	6 »	Une vacation est due par chaque trois heures. (Art. 92 du tarif.) Elle est due pour la contr'enquête comme pour l'enquête.
176	Transport :					Il est taxé aux avoués par chaque journée de campagne, à raison de 5 myriamètres pour un jour, lorsque leur présence est autorisée par la loi ou requise par leurs parties, y compris leurs frais de transport et nourriture, 22 fr. 50, 27 francs et 30 francs. (Art. 144 du tarif.) Le droit alloué par cet article n'est pas un maximum et l'indemnité de voyage des avoués doit être calculée sur toute la distance parcourue tant pour l'aller que pour le retour. (CONFÉRENCE DES AVOUÉS DES DÉPARTEMENTS, 8 octobre 1893. — MM. CHAUVEAU et GODOFFRE, nº 1658. — BONNESŒUR, p. 201.) Dans la pratique, l'indemnité de voyage est calculée proportionnellement à la distance parcourue, et quelle que soit cette distance, à raison de 45, 54 et 60 centimes par kilomètre ou 4 fr. 50, 5 fr. 40 et 6 francs par myriamètre, tant sur l'aller que sur le retour. Les frais de transport pour assistance à l'enquête, ainsi que les vacations, entrent en taxe et sont à la charge de la partie qui succombe. (Douai, 24 mars 1852; PAL. 53, 2, 530. — CASSATION, 7 décembre 1852 (le DROIT, 8 décembre). — MM. BOUCHER D'ARGIS, p. 248. — CHAUVEAU et GODOFFRE, nº 1604. — ROUSSEAU et LAISNEY, Vº enquête, nº 341.)
	Par journée de campagne, de 5 myriamètres...	R 22 50 C 28 » P 30 »	»	»	»	
	Ou par chaque myriamètre, tant à l'aller qu'au retour. *(Art. 144 du tarif.)* NOTA. — L'indemnité de voyage est considérée comme un déboursé.	R 4 50 C 5 40 P 6 »	»	»	»	

Nos d'ordre	NATURE DES ACTES	Débour-sés	ÉMOLUMENTS Ressort	Cours	Paris	OBSERVATIONS
177	Avenir, avec conclusions, à l'avoué non présent à l'enquête, pour faire statuer sur une demande en prorogation d'enquête. (*Art.* 71 *du tarif par analogie.* — *Détail nos* 138 *et* 166.)	R » 25 C » 27 P » 30	4 69	5 63	6 25	L'avenir, avec conclusions, est nécessaire lorsque la partie et son avoué n'assistaient pas à l'enquête. (MM. CHAUVEAU et GODOFFRE, n° 1611.) La procédure sur la prorogation d'enquête est tarifée comme en matière d'incidents. (V. ci-après chapitre XI. — MM. CHAUVEAU et GODOFFRE, n° 1612.) Le jugement qui proroge une enquête ne peut, pas plus que les autres jugements, être exécuté avant d'avoir été signifié à avoué. V. ci-dessus observation n° 76. (CASSATION, 3 juillet 1837; PAL., 2, 37, 51. — Limoges, 13 mars 1850; PAL., 50, 2, 254; DAL., 54, 5, 334. — Bastia, 2 avril 1855; DAL., 55, 2, 323; PAL., 55, 2, 284. — MM. ROUSSEAU et LAISNEY, V° enquête, n° 406.)
178	Assignation à même fin à la partie défaillante. (*Détail n°* 14.)	R 5 58 C 5 95 P 6 20	»	»	»	
179	Taxe des témoins....................	Mém.	»	»	»	Il est taxé au témoin, à raison de son état et de sa profession, une somme de 2 à 10 francs pour sa déposition. Il a droit, en outre, lorsqu'il demeure à plus de 2 myriamètres, à des frais de voyage calculés à 3 francs par myriamètre (sur l'aller seulement). (Art. 167 du tarif.) La partie qui a fait entendre plus de cinq témoins sur un même fait ne peut répéter les frais des autres dépositions. (Art. 281, C. p. c.)
180	Acte contenant la justification par écrit des reproches proposés contre les témoins. (*Art.* 71 *du tarif.*— *Détail nos* 138 *et* 166.)	R » 25 C » 27 P » 30	4 69	5 63	6 25	Aucun reproche ne peut être proposé après la déposition que s'il est justifié par écrit. (Art. 282, C. p. c.)
181	Acte en réponse....................	R » 25 C » 27 P » 30	4 69	5 63	6 25	
182	Acte contenant offre de prouver les reproches contre les témoins, non justifiés par écrit, et désignation des témoins à entendre. (*Art.* 71 *du tarif.*— *Détail nos* 138 *et* 166.)	R » 25 C » 27 P » 30	4 69	5 63	6 25	Si les reproches proposés avant la déposition ne sont pas justifiés par écrit, la partie est tenue d'en offrir la preuve et de désigner les témoins. (Art. 289, C. p. c.)
183	Acte en réponse..................... (*Art.* 71 *du tarif.*)	R » 25 C » 27 P » 30	4 69	5 63	6 25	
184	Avenir à l'audience pour faire statuer sur l'incident. (*Détail n°* 58.)	R » 25 C » 27 P » 30	» 94	1 13	1 25	S'il est statué sur les reproches par un jugement spécial, les frais sont taxés comme sur un incident. V. chapitre XI. (MM. CHAUVEAU et GODOFFRE, n° 1620.)
185	Minute et expédition du procès-verbal de l'enquête ou de la contr'enquête.	Mém.	»	»	»	En matière sommaire, lorsque le jugement n'est pas susceptible d'appel, il n'est pas dressé procès-verbal de l'enquête; il est seulement fait mention dans le jugement des noms des témoins et du résultat de leur déposition. (Art. 410, C. p. c.) En outre, le jugement doit, à peine de nullité, mentionner la prestation de serment des témoins. (CASSATION, 26 juillet 1876; DAL., 76, 1, 358.) Lorsque l'affaire est sujette à deux degrés de juridiction, le procès-verbal d'enquête est une formalité substantielle dont l'omission entraîne la nullité du jugement. (Aix, 20 juin 1873; DAL., 74, 5, 191; AV., t. 99, 108. — MM. CARRÉ et CHAUVEAU, quest. 1484 quinq.)

Nos d'ordre	NATURE DES ACTES	Déboursés	ÉMOLUMENTS Ressort	Cours	Paris	OBSERVATIONS
186	Dénonciation de ce procès-verbal par acte du palais. *(Art. 71 du tarif. — Détail n° 59.)*	R » 25 C » 27 P » 30	1 29	1 54	1 70	Le droit de copie du procès-verbal d'enquête, en matière sommaire, avait été fixé, par l'article 67, § 9 du tarif, à 12 centimes, 13 c. 1/2 et 15 centimes par rôle ; il doit, par suite de l'augmentation du rôle d'expédition du greffe, être porté à 18, 20 et 23 centimes. (V. *suprà*, n° 35.)
187	Conclusions motivées, grossoyées ...... (Ressort / Cours / Paris) Dressé, par chaque rôle ...... 1 50 / 1 80 / 2 » Copie, — ...... » 38 / » 45 / » 50 A l'huissier .... » 25 / » 27 / » 30 2 13 / 2 52 / 2 80 Le nombre de rôles est généralement limité à six.	R » 25 C » 27 P » 30	1 88	2 25	2 50	Des conclusions sont indispensables pour mettre le tribunal à même de statuer au fond après les enquête et contr'enquête ou les rapports d'experts. Dans l'usage, on alloue six rôles de conclusions grossoyées. (Notes imprimées du Tribunal civil de Beauvais sur le tarif.— Dissertation de M. Bazan, membre honoraire de la Commission de la Conférence des avoués des départements, insérée au Journal des Avoués, t. 78, p. 105. — M. Rivoire, p. 214. — V. chapitre IX, rapport d'experts n° 214.
188	Pour la fin de l'instance, se reporter aux nos 65, 71, 73, 77, 78, 79, 80, 85, 88, 89, 90, 91, 92, 93, 95, 102, 103 et 104.	»	»	»	»	Sont observées en la confection des enquêtes sommaires les formalités relatives : à la copie, aux témoins, des dispositifs du jugement par lequel ils sont appelés, à la copie à la partie des noms des témoins, aux reproches par la partie présente, à la manière de les juger, aux interpellations aux témoins, à la taxe, au nombre des témoins dont les voyages passent en taxe. (Art. 413, C. p. c.) Il a été jugé que la signification du jugement contradictoire ordonnant une enquête en matière sommaire, n'est pas exigée par la loi. (Cassation, 22 décembre 1840; Pal., 41, 1, 62. — Bordeaux, 11 février 1859; Pal., 59, 1032.) La plupart des auteurs sont d'avis que si le jugement est par défaut, il doit être signifié. (V. notamment MM. Carré et Chauveau, quest. 1481 bis.) Les enquêtes sommaires se font à l'audience, devant le tribunal; elles ne peuvent, à peine de nullité, être renvoyées devant un juge-commissaire. (Cassation, 23 juin 1863; Pal., 63, 1, 102; Dal., 63, 1, 310. — Cassation, 25 avril 1876; Sir., 76, 606. — Cassation, 7 avril 1880; Pal., 80, 1045.) Appliquer, pour ces enquêtes, les nos 27, 31, 33, 34, 35 36, 173, 174, 179, et pour la fin de l'instance, appliquer les nos 21, 22, 24, 26 et suivants.

CHAPITRE VIII

Descentes sur les lieux (Art. 295 à 301 C. proc. civ.)

Nos d'ordre	NATURE DES ACTES	Déboursés	Ressort	Cours	Paris	OBSERVATIONS
189	Requête au juge-commissaire à fin d'indication des jour et heure du transport. *(Art. 76 du tarif. — Détail n° 171.)*	6 23	1 50	1 80	2 »	
190	Sommation, par acte du palais, de comparaître aux jour et heure indiqués. *(Art. 70 du tarif. — Détail n° 59.)*	R » 25 C » 27 P » 30	1 29	1 54	1 70	Signifier copie de la requête et de l'ordonnance du juge-commissaire; signifier aussi le jugement, s'il ne l'a pas été précédemment. (Voir ci-dessus nos 93 et 95. Voir notamment Cassation, 30 décembre 1885, *Gazette des Tribunaux*.)
191	Frais de voyage, de nourriture, de séjour du juge-commissaire, du ministère public s'il y a lieu, et du greffier.	Mém.	»	»	»	Le décret du 11 juin 1811, art. 88 et 89, alloue au magistrat 9 francs par jour s'il se transporte à plus de 5 kilomètres du lieu de sa résidence, et 12 francs par jour s'il se transporte à plus de 2 myriamètres. L'indemnité du greffier, dans le premier cas, est de 8 francs par jour, et de 10 francs dans le second cas. (Art. 2 du décret du 24 mars 1854.) La présence du ministère public n'est nécessaire que lorsqu'il est partie au procès, Il a droit à la même indemnité que le juge-commissaire.

Nos d'ordre	NATURE DES ACTES	Débour-sés	ÉMOLUMENTS Ressort	Cours	Paris	OBSERVATIONS
192	Vacation des avoués aux opérations du juge, par vacation de trois heures. (*Art. 92 du tarif.*)	»	4 50	5 40	6 »	Les vacations et transport des avoués sont à la charge de la partie qui succombe. (V. observation nº 176, chapitre VII des enquêtes, et les autorités qui y sont citées.)
193	Frais de transport de l'avoué s'il y a lieu. (*Art. 144 du tarif. — Détail nº 176.*)	Mém.	»	»	»	Les frais de voyage, étant considérés comme déboursés, passent en taxe dans les affaires sommaires aussi bien que dans les affaires ordinaires, lorsque la présence des avoués est autorisée par la loi ou requise par les parties. (MM. Rivoire, p. 328. — Fons, p. 260.)
194	Minute et expédition du procès-verbal de descente sur les lieux.	Mém.	»	»	»	
195	Dénonciation à avoué de ce procès-verbal. (*Art. 70 du tarif. — Détail nº 59.*)	R » 25 C » 27 P » 30	1 29	1 54	1 70	
196	Pour la fin de l'instance, appliquer nos 64 et suivants, et voir *infrà*, observation nº 214.	»	»	»	»	En matière sommaire, se reporter pour la fin de l'instance aux nos 21, 22, 24, 26 et suivants.

CHAPITRE IX

Rapports d'Experts (Art. 302 à 323 C. proc. civ.)

Nos d'ordre	NATURE DES ACTES	Débour-sés	Ressort	Cours	Paris	OBSERVATIONS
197	Vacation pour faire au greffe la déclaration des experts convenus entre les parties. (*Art. 91 du tarif.*)	»	2 25	2 70	3 »	L'expertise ne peut se faire que par trois experts, à moins que les parties ne consentent qu'il soit procédé par un seul. (Art. 303 du C. p. c.) Toutefois, lorsque les juges ordonnent l'expertise *d'office* pour obtenir les renseignements dont ils ont besoin, ils peuvent ne nommer qu'un seul expert. (Cassation, 16 avril 1855. — 25 mai 1859. — 15 juillet 1861. — 11 août 1868. — 8 novembre 1869 et 14 mai 1872; Pal., 57, 820; 60, 201; 62, 1022; 68, 1102 et 72, 558.)
198	Coût de l'acte de déclaration, minute et expédition.	Mém.	»	»	»	L'expédition est nécessaire pour justifier au juge-commissaire de la nomination des experts, et à ceux-ci des pouvoirs que leur ont conférés les parties. Elle ne doit pas être signifiée. (MM. Boucher d'Argis, p. 260. — Chauveau et Godoffre, nº 1679.)
199	Acte de récusation des experts nommés d'office contenant les moyens. (*Art. 71 du tarif. — Détail nº 166.*)	R » 25 C » 27 P » 30	4 69	5 63	6 25	La récusation doit être faite, dans les trois jours de la nomination des experts, par un simple acte signé de la partie ou de son mandataire spécial. (Art. 309, C. p. c.)
200	Acte en réponse	R » 25 C » 27 P » 30	4 69	5 63	6 25	
201	Pour la suite de la procédure de récusation, voir chapitre XI, Incidents.	»	»	»	»	Les juges peuvent admettre la preuve par témoins des causes de la récusation, et l'enquête se fait dans la forme prescrite pour les enquêtes sommaires. (Art. 311, C. p. c.) Les frais du jugement sur la récusation sont taxés comme ceux d'un incident. (Chambre des Avoués de Paris, nº 219. — MM. Chauveau et Godoffre, nº 1696. — Rousseau et Laisney, Vº Expertise, nº 160.)

Nos d'ordre	NATURE DES ACTES	Déboursés	EMOLUMENTS Ressort	Cours	Paris	OBSERVATIONS
202	Requête à fin d'indication de jour pour le serment des experts.	6 23	1 50	1 80	2 »	Les experts commis par justice ne peuvent être dispensés du serment que du consentement des parties. (Paris, 28 novembre 1868; Pal., 69, 327. — Nimes, 30 mars 1871; Droit, du 15 juillet 1871.)
203	Sommation aux experts de venir prêter serment.	R 5 58 C 5 95 P 6 20	» 25	» 27	» 30	La requête et l'ordonnance sont signifiées aux experts. L'expédition du jugement, devant leur être remise, ne doit pas leur être signifiée.
204	Conclusions à fin de remplacement d'expert. *(Art. 71 du tarif par analogie. — Détail n° 161.)*	R » 25 C » 27 P » 30	4 69	5 63	6 25	Si l'un des experts n'accepte point la nomination ou ne se présente point, il en est nommé un autre d'office par le tribunal. (Art. 316, C. p. c.) Il est admis dans la pratique que, lorsque le jugement délègue le Président à l'effet de procéder au remplacement des experts, la nomination peut être faite par ordonnance de ce magistrat, rendue sur requête. (M. Boucher d'Argis, p. 262.)
205	Pour la suite de la procédure de remplacement d'expert, voir chapitre XI des Incidents.	»	»	»	»	La procédure de remplacement d'expert doit être taxée comme un incident. (Chambre des Avoués de Paris, n° 223. — MM. Chauveau et Godoffre, n° 1726. — Rousseau et Laisney, V° Expertise, n° 164.)
206	Vacation des avoués à la prestation de serment des experts. *(Art. 91 du tarif.)*	»	2 25	2 70	3 »	Il n'est pas nécessaire d'appeler l'avoué du défendeur à la prestation du serment, mais si, néanmoins, il y est présent, il a droit à la vacation ci-contre. (M. Boucher d'Argis, p. 262.) Dans ce cas, il devient inutile de lui faire sommation d'assister à l'expertise, le procès-verbal de prestation de serment contenant indication du jour de l'opération. (Art. 315 C. p. c.)
207	Minute et expédition du procès-verbal de prestation de serment.	Mém.	»	»	»	
208	Sommation d'assister à l'expertise, par acte du palais. *(Art. 70 du tarif. — Détail n° 59.)*	R » 25 C » 27 P » 30	1 29	1 54	1 70	La sommation est faite, par exploit d'huissier, à la partie qui n'a pas constitué avoué. — Signifier en tête de l'acte du palais ou de l'exploit copie du procès-verbal de prestation de serment. (Chambre des Avoués de Paris, n° 223.) La sommation n'a pas besoin d'être réitérée, quoique l'expertise soit continuée à un autre jour. (Art. 1034 C. p. c.)
209	Vacation des avoués à l'expertise par chaque trois heures. *(Art. 92 du tarif.)*	»	4 50	5 40	6 »	Les vacations à l'expertise ne sont allouées que lorsque les avoués ont été expressément requis par leurs parties pour ne les répéter que contre celles-ci. (Art. 92 du tarif.) Les avoués qui assistent à une expertise en matière sommaire, par suite de la réquisition de leurs clients, ont droit de leur réclamer les mêmes vacations qu'en matière ordinaire. (MM. Chauveau et Godoffre, n° 2222.)
210	Voyage à l'expertise s'il y a lieu....... *(Art. 144 du tarif.)*	Mém.	»	»	»	Même observation qu'au numéro précédent. V. aussi observation n° 157.
211	Taxe des experts..................... *(Art. 159 et 160 du tarif.)*	Mém.	»	»	»	Il est taxé aux experts, d'après les articles 159 et 160 du tarif, par chaque vacation de trois heures, quand ils opèrent dans les lieux où ils sont domiciliés ou dans la distance de 2 myriamètres, savoir : Dans le département de la Seine : Pour les artisans et laboureurs, 4 francs. Pour les architectes et les autres artistes, 8 francs. Dans les autres départements : Aux artisans et laboureurs, 3 francs. Aux architectes et autres artistes, 6 francs. Au delà de 2 myriamètres, il est alloué, par chaque myriamètre, pour frais de voyage et nourriture, soit pour aller, soit pour revenir : A ceux de Paris, 6 francs. A ceux des départements, 4 fr. 50. Il est alloué aux laboureurs, 3 francs. Les dispositions du décret du 16 février 1807, relatives au mode de recours contre la taxe, s'appliquent à la taxe des frais d'expertise. (Cassation, 19 janvier 1886; Pal., 86, 1, 125; Sir., 86, 1, 56.)

Nos d'ordre	NATURE DES ACTES	Débour-sés	EMOLUMENTS Ressort	Cours	Paris	OBSERVATIONS
212	Acte de dépôt au greffe et expédition du rapport des experts.	Mém.	»	»	»	
213	Signification du rapport par acte du palais.	R » 25 C » 27 P » 30	1 29	1 54	1 70	La signification est faite par exploit au défendeur qui n'a pas d'avoué. En matière sommaire, il n'est dû que le droit de copie de pièces qui est de 12, 13 1/2 et 15 centimes par rôle.
214	Conclusions motivées grossoyées .... (Ressort / Cours / Paris) Dressé, par chaque rôle...... 1 50 / 1 80 / 2 » Copie, id. ...... » 38 / » 45 / » 50 A l'huissier .... » 25 / » 27 / » 30 Total : 2 13 / 2 52 / 2 80 Le nombre de rôles est généralement limité à six.	R » 25 C » 27 P » 30	1 88	2 25	2 50	Le tribunal civil de Beauvais, dans des notes imprimées sur le tarif, s'exprime ainsi : « L'allocation de conclusions motivées se fonde sur l'article 70 du décret du 30 mars 1808, qui porte que les avoués seront tenus, dans leurs affaires portées aux affiches, de signifier leurs conclusions trois jours au moins avant de se présenter à l'audience. On considère d'ailleurs que ces conclusions sont absolument indispensables pour l'intelligence de la cause, puisque ce n'est qu'après l'expertise que les prétentions des parties peuvent être appréciées et que, par ces motifs mêmes, les requêtes qui précèdent les rapports d'experts doivent avoir généralement peu d'étendue. Enfin, il est certain que les parties ont toujours le droit et éprouvent presque toujours le besoin de prendre des conclusions après un rapport d'experts, et comme les lois sur le timbre et l'enregistrement ne permettent pas de prendre en matière ordinaire des conclusions qui ne soient pas grossoyées, il en résulte la nécessité de passer en taxe des conclusions motivées sur le rapport d'experts. » Voir les autorités citées au n° 187.
215	Sur la procédure à suivre jusqu'à la fin de l'instance, se reporter aux nos 64, 65, 70, 73, 77, 78, 79, 80, 85, 88, 89, 90, 91, 92, 93, 95, 102, 104, 105.	»	»	»	»	En matière sommaire, voir pour la procédure antérieure à l'expertise nos 27, 29, 31, 34, et après l'expertise, nos 21 22, 26, 31. Voir aussi ci-dessus nos 201, 202, 205, 209, 210. Remarquer que le droit de copie des qualités et du jugement est dû selon la règle en matière ordinaire (V. *suprà*, nos 32 et 35 et les autorités qui y sont indiquées, en outre CASSATION, 1er mars 1854; PAL., 54, 1, 306

CHAPITRE X

Interrogatoire sur faits et articles (Art. 324 à 336 C. proc. civ.)

Nos d'ordre	NATURE DES ACTES	Débour-sés	Ressort	Cours	Paris	OBSERVATIONS
216	Requête pour faire interroger sur faits et articles contenant les faits. (*Art. 79 du tarif.*) (Ressort / Cours / Paris) Dressé........................ 12 » / 13 50 / 15 » Timbre (évalué).. .... 1 20 / 1 20 / 1 20 Total : 13 20 / 14 70 / 16 20	1 20	12 »	13 50	15 »	Dans un certain nombre de tribunaux on alloue à l'avoué, pour l'obtention du jugement qui ordonne l'interrogatoire et généralement pour tout jugement rendu sur requête, le droit fixé par l'article 86, § 2 du tarif : 6 francs, 9 francs et 10 francs. (CHAMBRE DES AVOUÉS DE PARIS, n° 231. — M. RIVOIRE, p. 262.) Dans d'autres tribunaux, on alloue une vacation de 2 fr. 25, 2 fr. 70 et 3 francs, par application du § 1er de l'article 86 du tarif. (M. CARRÉ, p. 267 et 448. — COUR D'APPEL DE PARIS, tableau des frais et dépens, n° 303.) Voir *infrà*, nos 217 et 562. En matière sommaire, l'émolument de la procédure d'interrogatoire consiste en un demi-droit de jugement définitif, plus le droit de copie de pièces. (Art. 67, § 12 du tarif. — MM. CHAUVEAU et GODOFFRE, n° 2191. — Voir *suprà*, n° 28.)
217	Minute et expédition du jugement qui ordonne l'interrogatoire.	Mém.	»	»	»	Au lieu d'un interrogatoire sur faits et articles, on peut demander et les tribunaux peuvent ordonner la comparution des parties à l'audience. (Art. 119, C. p. c.) Le jugement ordonnant cette comparution doit être signifié conformément à l'article 147, C. p. c. (Voir *suprà*, observation n° 47.— Voir aussi CASSATION, 8 décembre 1857 : DAL., 58, 1, 88; PAL., 58, 359.)

Nos d'ordre	NATURE DES ACTES	Déboursés	ÉMOLUMENTS			OBSERVATIONS
			Ressort	Cours	Paris	
218	Requête au président à fin de commission de juge ou de fixation des jour et heure de l'interrogatoire. *(Art. 76 du tarif.)*	6 23	2 25	2 70	3 »	Il n'est besoin que d'une requête : le juge commis par le Président fixe au bas de la requête les jour et heure de l'interrogatoire.
219	Assignation à la partie qui doit être interrogée.	R 5 58 C 5 95 P 6 20	» 35	» 41	» 45	Signifier en tête de l'exploit la copie du jugement, de la requête et de l'ordonnance. (Voir art. 329, C. p. c.) En matière sommaire, le droit de copie des pièces ci-dessus est dû selon la règle en matière ordinaire. (Voir *suprà*, nos 33 et 35, et les autorités qui y sont indiquées.)
220	Voyage de la partie interrogée......... *(Art. 146 et 147 du tarif.)*	Mém.	»	»	»	La partie est taxée comme un témoin. (Voir nos 38 et 84.)
221	Minute et expédition du procès-verbal d'interrogatoire.	Mém.	»	»	»	Voir observation n° 34.
222	Signification de ce procès-verbal par acte d'avoué à avoué. *(Art. 70 du tarif.)*	R » 25 C » 27 P » 20	1 29	1 54	1 70	Dans les causes sommaires, il n'est rien dû pour le dressé de l'acte de signification, et le droit de copie du procès-verbal n'est que de 18 centimes par rôle dans le ressort et de 23 centimes à Paris. (Art. 67, § 12 du tarif.) Voir *infrà*, n° 186.
223	Sur la mise à fin de l'instance, voir nos 64 et suivants.	»	»	»	»	En ce qui concerne la copie du jugement, voir *suprà*, n° 35.

CHAPITRE X

Incidents (Art. 337 à 341 C. proc. civ.)

§ 1er. — **Demandes incidentes**

Nos d'ordre	NATURE DES ACTES	Déboursés	Ressort	Cours	Paris	OBSERVATIONS
224	Acte contenant les moyens et conclusions des demandes incidentes. *(Art. 71 du tarif. — Détail n° 166.)*	R » 25 C » 27 P » 30	4 69	5 63	6 25	Les demandes incidentes sont formées par un simple acte contenant les moyens et conclusions avec offre de communiquer les pièces justificatives sur récépissé ou par dépôt au greffe. (Art. 317, C. p. c.) Il y a lieu d'allouer en matière sommaire les émoluments ci-contre, car le décret du 30 mars 1808, qui exige *qu'en toutes causes* des conclusions soient signifiées et déposées, comprend, dans la généralité de ses termes, le cas de demandes incidentes. Voir les autorités citées aux observations nos 22 et 71.
225	Acte en réponse.................... *(Art. 71 du tarif.)*	R » 25 C » 27 P » 30	4 69	5 53	6 25	
226	Conclusions déposées................	»	2 25	2 70	3 »	
227	Vacation de chaque avoué à la communication des pièces et timbre des récépissés. *(Art. 91 du tarif.)*	1 20	2 25	2 70	3 »	Le droit de communication est dû puisque c'est la loi elle-même qui prescrit la communication. (MM. CHAUVEAU et GODOFFRE, n° 1788. — CHAMBRE DES AVOUÉS DE PARIS, n° 240. — COUR D'APPEL DE PARIS, tableau des frais et dépens, n° 210.) On fait quelquefois les récépissés sur papier ordinaire, revêtu d'un timbre de 10 centimes. Si le dépôt des pièces est fait au greffe, voir 68.
228	Avenir à l'audience.................	R » 25 C » 27 P » 30	» 94	1 13	1 25	Voir observation n° 64.
229	Droit d'assistance à la remise de cause et bulletin. *(Art. 83 du tarif.)*	» 10	2 25	2 70	3 »	Voir observation n° 65 sur le nombre de vacations aux remises de cause.

Nos d'ordre	NATURE DES ACTES	Déboursés	ÉMOLUMENTS Ressort	Cours	Paris	OBSERVATIONS
230	Appel de cause de l'huissier...........	R » 25 C » 27 P » 30	»	»	»	Voir nos 24 et 73.
231	Droit de plaidoirie : Par l'avoué.................................. Par l'avocat.................................. (*Art. 80 du tarif.*)	 » R10 » C13 50 P15 »	 6 »	 9 »	 10 »	Si le jugement est par défaut, appliquer les nos 58 et 59. En matière sommaire, il est dû un demi-droit d'obtention si le jugement est par defaut, et un droit entier s'il est contradictoire. Toutefois, la quotité de ce demi-droit ou de ce droit ne doit être calculée que sur le chiffre de la demande incidente et non sur celui de la demande principale; (Bastia, 15 mai 1857; PAL., 57, 861. — MM. CHAUVEAU et GODOFFRE, n° 2207.)
232	Assistance de l'avoué dans ce dernier cas. (*Art. 85 du tarif.*)	»	2 25	2 70	3 »	
233	Qualités.............................. (*Art. 87 et 88 du tarif. — Détail n° 88.*)	R » 25 C » 27 P » 30	6 88	8 45	9 38	En cas d'opposition aux qualités, voir nos 89, 90 et 91.
234	Minute et expédition du jugement	Mém.	»	»	»	Voir nos 31, 34, 85 et 92.
235	Signification du jugement à avoué	R » 25 C » 27 P » 30	» 35	» 41	» 45	Voir nos 35 et 93.
236	Signification du jugement à domicile....	R 5 58 C 5 95 P 6 20	» 35	» 41	» 45	Voir observations nos 36 et 95.
237	Ports de lettres et pièces.............	Mém.	»	»	»	Si le jugement sur un incident est un préparatoire, il n'est pas dû de droit de correspondance, mais si c'est un interlocutoire, l'avoué peut porter en taxe un demi-droit de correspondance quand sa partie est domiciliée hors de l'arrondissement du tribunal. (MM. CHAUVEAU et GODOFFRE, n° 1790.)

§ 2. — Intervention

Nos d'ordre	NATURE DES ACTES	Déboursés	Ressort	Cours	Paris	OBSERVATIONS
238	Droit de conseil sur l'intervention....... (*Art. 68 du tarif.*)	»	7 50	9 »	10 »	L'article 68 du tarif alloue le droit ci-contre pour la consultation sur toute demande principale, intervention, etc., tant en demandant qu'en défendant. Ce droit est-il dû à l'avoué de la partie qui a assigné en intervention lorsqu'il l'a déjà obtenu sur la demande principale? (Pour l'affirmative : MM. RIVOIRE, V° Consultation n° 3. — CHAUVEAU et GODOFFRE, n° 1799.) Mais la plupart des auteurs sont d'un avis opposé. Les frais de l'intervention suivent le sort du procès et sont à la charge de la partie qui succombe. (CASSATION, 10 novembre 1858; PAL., 58, 1188.)
239	Requête grossoyée d'intervention....... (*Art. 72 et 75 du tarif. — Détail n° 70.*) (Compter le droit de copie des pièces qui sont signifiées.)	R » 25 C » 27 P » 30	1 88	2 25	2 50	L'intervention est formée par requête qui contient les moyens et conclusions dont il est donné copie, ainsi que des pièces justificatives, (Art. 339, C. p. c.) Elle ne peut être faite par simples conclusions prises sur la barre. (Amiens, 21 mai 1872; DAL., 73, 5, 291. — M. DUTRUC, V. Intervention, n° 18.) Si l'une des parties n'a pas d'avoué, il faut lui signifier la requête d'intervention par exploit d'huissier; il faut aussi prendre contre elle un jugement de défaut profit joint. (MM. DALLOZ, V° frais et dépens, n° 472. — BOUCHER D'ARGIS, p. 349.)

Nos d'ordre	NATURE DES ACTES	Débour-sés	ÉMOLUMENTS			OBSERVATIONS
			Ressort	Cours	Paris	
240	Requête grossoyée en réponse .... *Art. 72 et 75 du tarif. — Détail n° 70.*)	R » 25 C » 27 P » 30	1 88	2 25	2 50	Le nombre de rôles de la requête n'est limité ni en demandant ni en défendant.
241	Pour la suite de la procédure, appliquer les nos 64 et suivants.	»	»	»	»	S'il s'agit d'une intervention forcée ou demande en déclaration de jugement commun, on procède par voie d'ajournement selon les règles ordinaires de la procédure.

CHAPITRE XII

Reprises d'Instances et Constitution de nouvel Avoué (Art. 342 à 351 C. proc. civ.)

Nos d'ordre	NATURE DES ACTES	Déboursés	Ressort	Cours	Paris	OBSERVATIONS
242	Notification du décès de l'une des parties par acte d'avoué. (*Art. 70 du tarif.*)	R » 25 C » 27 P » 30	» 94	1 13	1 25	C'est seulement le décès qui doit être notifié et non l'acte qui le constate. (MM. CARRÉ, p. 141. — BOUCHER D'ARGIS, p. 509. — CHAUVEAU et GODOFFRE, n° 1824.)
243	Assignation en reprise d'instance .... Ressort / Cours / Paris Original .... 1 50 / 1 80 / 1 » Copie .... » 38 / » 45 / » 50 Timbre .... 1 20 / 1 20 / 1 20 Enregistrement, décimes compris .... 2 50 / 2 50 / 2 50 Total: 5 58 / 5 95 / 6 20 Voir au surplus n° 14.	R 5 58 C 5 95 P 6 20	»	»	»	L'assignation ne doit conclure qu'à la reprise de l'instance et non pas au fond. Si la partie assignée fait défaut, le tribunal rend un premier jugement qui doit être levé et signifié, et ce n'est que par un second jugement qu'il doit statuer au fond. (Toulouse, 8 mars 1827. — Bordeaux, 7 août 1848; AV., t. 76, 400. — Besançon, 30 juin 1854; PAL., 54, 2, 572. — Riom, 10 novembre 1859; AV., t. 86, 85. — MM. BOUCHER D'ARGIS, p. 509. — CHAUVEAU sur CARRÉ, t. 2, art. 349. — DUTRUC, V° reprise d'instance, n° 72.) Lorsque plusieurs parties sont assignées en reprise d'instance et que l'une fait défaut, il est nécessaire de faire rendre un jugement de défaut profit joint. (Montpellier, 20 avril 1842; DAL., 42, 2, 245. — Besançon, 11 juillet 1864; AV., t. 90, 318. — Bordeaux, 7 mars 1870; SIR., 70, 2, 152. — MM. BOUCHER D'ARGIS, p. 510. — DUTRUC, V° reprise d'instance, n° 70.)
244	Acte de reprise d'instance............. (*Art. 71 du tarif. — Détail n° 166.*)	R » 25 C » 27 P » 30	4 69	5 63	6 25	
245	Requête grossoyée de contestation sur la reprise d'instance (ou en réponse). (*Art. 75 du tarif. — Détail n° 70.*)	R » 25 C » 27 P » 30	1 88	2 25	2 50	Cette requête ne peut excéder six rôles. (Art. 75 du tarif.)
246	Pour le complément de la procédure, se reporter aux nos 64 et suivants.	»	»	»	»	En matière sommaire, appliquer les nos 21, 22 et suivants.

CHAPITRE XIII

Désaveu (Art. 352 à 362 C. proc. civ.)

247 Appliquer les articles 29, § 13 ; 70, § 28 ; 75, §§ 21 et 22, et 92, § 13, du décret du 16 février 1807.
Se reporter aux nos 49, 55, 60, 62, 63, 64, 65, 66, 67, 68, 69, 73, 74, 77, 85, 88, 89, 90, 91, 92, 93, 95, 102, 104 et 105 du chapitre II des Matières ordinaires.

248 La procédure de désaveu est rangée dans les Matières ordinaires. (MM. CHAUVEAU et GODOFFRE, n° 2208.)

Nos d'ordre	NATURE DES ACTES	Débour-sés	ÉMOLUMENTS Ressort	Cours	Paris	OBSERVATIONS

CHAPITRE XIV

Règlement de Juges (Art. 363 à 367 C. proc. civ.)

249 Appliquer les articles 29, § 14, et 78, §§ 1er et 19 du décret du 16 février 1807.

Appliquer aussi les nos 49, 55, 62, 63, 64, 65, 73, 74, 77, 85, 88, 89, 90, 91, 92, 93, 95, 102, 104 et 105 du chapitre II des Matières ordinaires.

CHAPITRE XV

Renvoi à un autre Tribunal pour parenté ou alliance (Art. 368 à 377 C. proc. civ.)

250 Appliquer les articles 70, § 29 ; 75, §§ 23 et 24 ; et 92, §§ 14 et 16 du décret du 16 février 1807.

Appliquer aussi les nos 49, 60, 63, 64, 65, 73, 74, 77, 85, 88, 89, 90, 91, 92, 93, 95, 102, 104 et 105 du chapitre II des Matières ordinaires.

CHAPITRE XVI

Récusation de Juges (Art. 378 à 396 C. proc. civ.)

251 Appliquer les articles 70, §§ 2 et 30 ; 90, §§ 6 et 16 par analogie, et 92, §§ 15 et 16 du décret du 16 février 1807.

Appliquer aussi les nos 49, 60, 63, 64, 65, 73, 74, 77, 85, 88, 89, 90, 91, 92, 93, 95, 102, 104 et 105 du chapitre II des Matières ordinaires.

CHAPITRE XVII

Péremption (Art. 397 à 401 C. proc. civ.)

Nos d'ordre	NATURE DES ACTES	Débours	ÉMOLUMENTS Ressort	Cours	Paris	OBSERVATIONS
252	Droit de consultation.................	»	7 50	9 »	10 »	Le droit de consultation étant dû à l'avoué sur *toute demande principale* doit être alloué sur la demande en péremption. Cette demande, en effet, a pour objet l'extinction de l'exercice de l'action et ne se lie en aucune manière au fond du procès; elle n'en est pas un incident elle constitue donc une demande principale. (Lyon 7 février 1829; SIR., chron.; AV., t., 37, 5. — *Répertoire général alphabétique du Droit français*, v° avoué, n° 735. — V. par analogie CASSATION, 25 novembre 1823; AV. t. 25, 367.)
253	Requête grossoyée.................. (*Art. 75 du tarif.*) Dressé, par chaque rôle...... 1 50 1 80 2 » Copie, id. ...... » 38 » 45 » 50 A l'huissier................. » 25 » 27 » 30 2 13 2 52 2 80	R » 25 C » 27 P » 30	1 88	2 25	2 50	La requête ne peut excéder 6 rôles. (Art. 75 du tarif.) Si l'avoué du demandeur originaire n'est plus en exercice, la péremption est demandée par assignation. En dehors de ce cas, elle doit être, à peine de nullité, demandée par requête d'avoué à avoué. (Lyon. 20 décembre 1827. — Toulouse, 13 juin 1832. — Bastia, 3 août 1854; PAL., 55, 2, 176. — M. BOUCHER D'ARGIS, p. 451.) Il a été jugé que la demande en péremption était valablement formée par requête signifiée à l'avoué d'une partie décédée si le décès de cette dernière n'avait pas été notifié. (Caen, 16 avril 1849; PAL., 50, p. 119.)
254	Requête grossoyée en réponse......... (*Art. 75 du tarif.*)	R » 25 C » 27 P » 30	1 88	2 25	2 50	La requête ne peut excéder 6 rôles. (Art. 75 du tarif.) Compter les conclusions déposées. (V. nos 22, 71 et 226.)
255	Pour la suite de la procédure, se reporter aux nos 64, 65, 71, 73, 77, 78, 85, 88, 89, 90, 91, 92, 93, 95, 102, 104 et 105.	»	»	»	»	En matière sommaire, appliquer les nos 21, 22, 26, 31, 33, 34, 35, 36 et 40.

CHAPITRE XVIII

Désistement (Art. 402 et 403 C. proc. civ.)

Nos d'ordre	NATURE DES ACTES	Débours	ÉMOLUMENTS Ressort	Cours	Paris	OBSERVATIONS
256	Acte de désistement.................. (*Art. 71 du tarif.*) Original et copie............ 4 69 5 63 6 25 Enregistrement du désistement...................... 3 75 3 75 3 75 A l'huissier.................. » 25 » 27 » 30 8 69 9 65 10 30	R 4 » C 4 02 P 4 05	4 69	5 63	6 25	Le désistement doit, à peine de nullité, être signé de la partie sur la copie aussi bien que sur l'original; il ne suffirait pas que la signature de l'original fût mentionnée dans l'acte de signification. (CASSATION, 7 août 1877; PAL., 79, 49. — *Répertoire général du Droit français*, v° acquiescement, n° 206.) Le désistement doit être fait par acte distinct de l'acte du palais par lequel il est signifié, et il doit être enregistré avant sa dénonciation. (Instruction de l'administration de l'enregistrement du 24 février 1854, n° 1988. — Conférence des avoués des départements 1880, p. 11.)
257	Acte d'acceptation de désistement....... (*Art. 71 du tarif. — Même détail qu'au numéro précédent.*)	R 4 » C 4 02 P 4 05	4 69	5 63	6 25	L'acceptation se fait dans les mêmes formes que le désistement. Elle est nécessaire pour former contrat et empêcher que le désistement soit rétracté. Si la partie qui s'est désistée ne paie pas les frais, l'autre partie fait présenter requête au président à fin de permission de citer devant lui pour voir rendre la taxe exécutoire. (Art. 403, C. p. c., et 76 § 10 du tarif.) La requête et l'ordonnance sont dénoncées par acte du palais avec sommation de comparaître au jour indiqué. (Art. 70, § 31 du tarif.) Pour le coût de la requête et celui de l'acte du palais, appliquer les nos 94 et 58. Pour la suite de la procédure, V. chapitre XXVI, Liquidation des dépens et frais.

Numéros d'ordre	NATURE DES ACTES	Déboursés	ÉMOLUMENTS Paris, Rouen, Bordeaux, Lyon et Toulouse	ÉMOLUMENTS Autres Cours	OBSERVATIONS

TITRE II

Instruction sur l'Appel (Art. 443 à 473 C. proc civ.)

258 Les émoluments des avoués des cours d'appel de Paris, Lyon, Bordeaux, Rouen et Toulouse sont taxés au même prix et dans la même forme que ceux des avoués du tribunal de première instance de Paris, avec une augmentation sur chaque espèce de droits, savoir : dans les matières sommaires du double, et dans les matières ordinaires aussi du double pour le droit de consultation, ainsi que pour le port des pièces lorsque les parties sont domiciliées hors de l'arrondissement ; d'une moitié pour les autres droits. (Art. 147 du tarif et art. 1er du troisième décret du 16 février 1807.)

Néanmoins dans les demandes de condamnation de frais d'un avoué contre sa partie, il n'est alloué que moitié du droit ci-dessus fixé pour les matières sommaires. (Art. 147, § 2 du tarif.)

Les émoluments des avoués des autres Cours d'appel sont au même taux, sauf réduction d'un dixième. (Art. 1er du troisième décret du 16 février 1807.)

259 Pour la classification des matières sommaires et des matières ordinaires, voir *suprà*, nos 1 à 8 et 43 et 48.

CHAPITRE XIX

Matières sommaires en Cours d'Appel.

Numéros d'ordre	NATURE DES ACTES	Déboursés	Paris, Rouen, Bordeaux, Lyon et Toulouse	Autres Cours	OBSERVATIONS
260	Requête contenant demande d'abréviation de délai. (*Art. 77 et 147 du tarif.*) Paris / Autres Cours Dressé........................ 4 50 / 4 05 Timbre........................ » 60 / » 60 Enregistrement : droit principal 7 50 / 7 50 Id. 2 décimes et demi 1 88 / 1 88 14 48 / 14 03	9 98	4 50	4 05	Le dressé de la requête est dû en matière sommaire comme en matière ordinaire. (V. les autorités citées en l'observation n° 13.) Lorsqu'il est donné acte à l'avoué de sa constitution à l'audience sur un appel interjeté à bref délai, la Cour de Paris alloue une vacation de 2 fr. 25. (V. sa délibération du 25 novembre 1822, et le Tableau des frais et dépens approuvé par M. le premier Président, en 1884, n° 5.)
261	Acte d'appel........................ Pour le détail du coût de l'exploit, se reporter au n° 14. Le droit d'enregistrement est, en principal, de........................ 10 » Plus 2 décimes et demi............... 2 50	Mémoire	»	»	Le droit d'enregistrement de l'acte d'appel qui, avant la loi du 26 janvier 1892, était de 15 francs en principal, a été réduit par l'article 7 de cette loi à 10 francs, outre les decimes. Si les copies de pièces signifiées en tête de cet acte ont été faites par l'avoué d'appel, il lui est dû, par rôle, 45 centimes à Paris, Lyon, Bordeaux, Rouen et Toulouse, et 41 centimes dans les autres Cours. (MM. CHAUVEAU et GODOFFRE, n° 2375. — Tableau des frais et dépens en la Cour d'appel de Paris, n° 3.)
262	Constitution........................ Paris / Autres Cours Huissier, signification ordinaire » 75 / » 68 Id. signification à l'extra-ordinaire.................... 1 50 / 1 35	P » 75 A.C » 68	»	»	Les actes de procédure d'avoué à avoué devant les Cours d'appel, ainsi que les exploits de signification de ces mêmes actes, sont dispensés de la formalité du timbre et de l'enregistrement. (Art. 5, loi du 26 janvier 1892. — V. *suprà*, observation n° 19.) Il est alloué aux huissiers audienciers de la Cour de Paris et des Cours assimilées pour signification de toute espèce, d'avoué à avoué, sans aucune distinction, à l'ordinaire, 75 centimes ; à l'extraordinaire, ou à heure datée, 1 fr. 50 par chaque copie. (Art. 158 du tarif.) Dans les autres Cours, les droits des huissiers, réduits d'un dixième, sont de 68 centimes et 1 fr. 35.

Nos d'ordre	NATURE DES ACTES	Déboursés	ÉMOLUMENTS Paris, etc.	Autres Cours	OBSERVATIONS
263	Amende consignée et timbre de la quittance.	12 75	»	»	L'amende de fol appel doit être consignée avant de poursuivre l'audience, en matière sommaire comme en toute autre matière, sous peine d'amende, aujourd'hui réduite de 500 francs à 50 francs contre l'avoué qui n'a pas fait cette consignation préalable. (Art. 3, arr. 27 Nivôse, an X, et 10 floréal an XI. — CASSATION, 10 janvier 1838; PAL., 38, 1, 206; SIR., 38, 1, 149.)
264	Avenir	P » 75 A.C » 68	»	»	
265	Notice à la mise au rôle	» 60	»	»	
266	Mise au rôle .... Remise au greffier .... » 50 Etat .... » 10 » 60	» 60	»	»	Par application de l'article 4, loi du 26 janvier 1892, les droits de greffe sur la mise au rôle ne subsistent plus que pour le dixième formant la remise du greffier. (V. *suprà*, observation n° 17.)
267	Sommation de communiquer	P » 75 A.C » 68	»	»	
268	Dispositif du jugement dont est appel....	Mémoire	»	»	A Paris, il est alloué, pour le dispositif du jugement frappé d'appel, 3 francs, et en outre, pour l'autographie des exemplaires de ce jugement qui sont distribués à la Cour, 2 fr. 50 par chaque page. (Délibération du 2 novembre 1883, et Tableau des frais et dépens, nos 21, 37 et 46.)
269	Conclusions signifiées .... I. — *Si elles sont grossoyées :* (Paris / Autres Cours) Dressé, par chaque rôle .... 3 » / 2 70 Copie, id. .... » 75 / » 68 Huissier .... » 75 / » 68 4 50 / 4 06	P » 75 A.C » 68	3 75	3 38	Sur la question de savoir si les conclusions en matière sommaire doivent être grossoyées ou par simple acte, V. observation n° 21. Sur le nombre de significations de conclusions au cas d'arrêts interlocutoires et sur le nombre de copies, V. observation n° 70. En ce qui concerne le visa des conclusions par le receveur d'enregistrement, se reporter à l'observation n° 21. Lorsque les conclusions ou autres actes du palais sont signifiés à heure datée, il faut compter pour l'huissier 1 fr. 50 ou 1 fr. 35. (Art. 158 du tarif.)
	II. — *Si elles sont par simple acte :* Original .... 7 50 / 6 75 Copie .... 1 88 / 1 69 Huissier .... » 75 / » 68 10 13 / 9 12	P » 75 A.C » 68	9 38	8 44	
270	Conclusions déposées	»	3 »	2 70	Sur l'allocation du droit ci-contre, V. observation n° 22. Consulter aussi le Tableau des frais et dépens en la Cour d'appel de Paris, n° 20.
271	Bulletin de distribution ou de remise de cause.	» 20	»	»	Le droit est dû au greffier par chaque bulletin. (Art. 6 du décret du 24 mai 1854.)
272	Appel de cause de l'huissier audiencier... (*Art.* 157 *du tarif.*)	P 1 25 A.C 1 13	»	»	Il est alloué à l'huissier audiencier 1 fr. 25 et 1 fr. 13 pour l'appel des causes sur le rôle, ou lors des arrêts par défaut, interlocutoires et définitifs. Il n'est passé aucun droit d'appel pour les simples remises de causes et les jugements préparatoires. (Art. 157 du tarif.)

Nos d'ordre	NATURE DES ACTES	Déboursés	ÉMOLUMENTS		OBSERVATIONS
			Paris, etc.	Autres Cours	
273	Obtention de l'arrêt par défaut contre partie ou contre avoué :				L'arrêt de défaut profit-joint donne lieu au droit ci-contre. (Comp. les autorités citées en l'observation n° 13, et Tableau des frais et dépens en la Cour d'appel de Paris, n° 38.)
	Lorsque la demande n'excède pas 1,000 francs..	»	15 »	13 50	
	Lorsqu'elle excède 1,000 fr. jusqu'à 5,000 francs.	»	20 »	18 »	
	Et lorsqu'elle excède 5,000 francs	»	30 »	27 »	
	NOTA. — Si la valeur de l'objet de la contestation est indéterminée, le juge alloue l'une des sommes ci-dessus. *(Art. 67 et 147 du tarif.)*				
274	Obtention d'un arrêt contradictoire ou définitif :				V. sous l'observation n° 25 quels sont les arrêts qui donnent lieu au droit entier d'obtention.
	Lorsque la demande n'excède pas 1,000 francs..	»	30 »	27 »	
	Lorsqu'elle excède 1,000 fr. jusqu'à 5,000 francs.	»	40 »	36 »	
	Lorsqu'elle excède 5,000 francs................	»	60 »	54 »	
	Même observation que ci-dessus dans le cas où la valeur de l'objet de la contestation est indéterminée. *(Art. 67 et 147 du tarif.)*				
275	Demi-droit d'obtention de l'arrêt qui ordonne une enquête, une visite de lieux ou une expertise. *(Art. 67 et 147 du tarif.)*	»	15 » 20 » 30 »	13 50 18 » 27 »	Pour l'arrêt d'avant faire droit, les qualités et la signification, V. *infrà*, nos 33 et suivants. Pour les procédures d'enquête, de descente de lieux et d'expertise, V. *suprà*, nos 173 et suivants, 189 et suivants, 198 et suivants.
276	Demi-droit d'obtention de l'arrêt qui ordonne un interrogatoire sur faits et articles. *(Art. 67 et 147 du tarif.)*	»	15 » 20 » 30 »	13 50 18 » 27 »	Le demi-droit ci-contre est dû seulement à l'avoué de la partie à la requête de laquelle l'interrogatoire est demandé. La copie du procès-verbal d'interrogatoire est taxée 30 centimes et 27 centimes par rôle. (Art. 67 du tarif.) Pour la procédure d'interrogatoire sur faits et articles, V. nos 217 et suivants.
277	Un quart des droits ci-dessus s'il y a plus de deux parties en cause et si elles ont des intérêts contraires. *(Art. 67 et 147 du tarif.)*	»	7 50 10 » 15 »	6 75 9 » 13 50	Le quart en sus est dû aussi bien à l'avoué de l'intimé qu'à l'avoué de l'appelant, s'il a conclu contre plusieurs parties ayant des intérêts contraires. (V. les autorités citées en l'observation, n° 29, et le Tableau des frais et dépens en la Cour d'appel de Paris, n° 47.)
278	En cas de révocation ou de retrait des pièces, il est alloué, savoir :				Les droits ci-contre augmentent comme ci-dessus selon l'importance de l'affaire.
	S'il y a eu constitution d'avoué avant l'obtention d'un arrêt par défaut......................	»	7 50	6 75	
	Et s'il a été obtenu un premier arrêt par défaut ou un arrêt interlocutoire, indépendamment de l'émolument pour ces arrêts.............. *(Art. 67 et 147 du tarif.)*	»	15 »	13 50	
279	Frais de voyage de la partie...........	Mémoire	»	»	V. le numéro 37 et l'observation qui l'accompagne.
280	Taxe de la partie en cas de comparution ou d'interrogatoire ordonné.	»	»	»	La taxe est égale à celle d'un témoin. (V. Enquêtes n° 179.)

Nos d'ordre	NATURE DES ACTES	Déboursés	ÉMOLUMENTS Paris, etc.	Autres Cours	OBSERVATIONS
281	Coût de la minute de l'arrêt...........	Mémoire	»	»	A la Cour de Paris, il est alloué à l'avoué une vacation de 2 fr. 25 à l'enregistrement sur minute de tous les arrêts soumis à cette formalité. (Délibération du 25 novembre 1822, et Tableau des frais et dépens, nº 41.) Il est alloué aussi 1 fr. 25 pour bulletin de cause jugée. (Tableau des frais et dépens, nº 49.) D'après les articles 16 et 17 de la loi du 26 janvier 1892, le droit proportionnel d'enregistrement est payé aux taux ci-après : 50 centimes par 100 fr. : 1º les décisions confirmant sur appel un jugement rendu en premier ressort; 2º les décisions infirmatives de jugements de débouté. Le total des droits à percevoir sur ces décisions doit égaler ceux qui eussent été exigibles sur une condamnation de première instance confirmée en appel. 1 fr. 25 par 100 fr., les jugements, arrêts et sentences arbitrales rendus en matière commerciale. 2 fr. par 100 fr., les arrêts de Cours d'appel, en matière civile, sauf l'exception édictée ci-après relativement aux dommages-intérêts. 3 fr. par 100 fr., les dommages-intérêts prononcés par les Cours d'appel en matière civile ou commerciale et les juridictions criminelles ou correctionnelles. Il ne peut être perçu moins de : 7 fr. 50 pour les arrêts interlocutoires ou préparatoires des Cours d'appel; 25 fr. pour les arrêts définitifs; 30 fr. pour les arrêts portant débouté de demande. En ce qui concerne les droits d'enregistrement sur les arrêts rendus en matière de séparation de biens, séparation de corps, divorce et adoption et les arrêts prononçant l'homologation de liquidations ou de partages, se reporter *infrà* aux chapitres 43, 44, 45, 47 et 51.
282	Qualités de l'arrêt par défaut..........	» 60	»	»	Les qualités de l'arrêt par défaut, faute de comparaître ou de conclure, ne doivent pas être signifiées. (Art. 142 du C. p. c. et 88 du tarif.)
283	Qualités de l'arrêt d'avant faire droit .... (*Art. 67 et 147 du tarif.*) Affaires de plus de 1,000 fr. jusqu'à 5,000 fr.: Paris / Autres Cours Dressé........ 5 » / 4 50 Copie........ 1 25 / 1 13 Huissier........ » 75 / » 68 Total: 7 » / 6 31 Au-delà de 5,000 francs, voir l'observation ci-contre.	P » 75 A.C » 68	6 25	5 63	L'émolument de rédaction des qualités des arrêts contradictoires augmente dans la proportion du droit d'obtention : il est toujours du quart de ce droit, y compris, quand il y a lieu, le quart en sus en raison du nombre des parties. (V. les autorités citées en l'observation nº 33.) En plus de l'émolument de rédaction des qualités, l'avoué a droit à un quart par copie. (Jurisprudence consacrée par différents arrêts de la Cour de Cassation, cités en l'observation nº 33.) L'avenir en règlement de qualités ne donne droit qu'aux déboursés.
284	Qualités de l'arrêt contradictoire ou définitif. (*Art. 67 et 147 du tarif.*) Affaires de plus de 1,000 fr. jusqu'à 5,000 fr.: Paris / Autres Cours Dressé........ 10 » / 9 » Copie........ 2 50 / 2 25 Huissier........ » 75 / » 68 Total: 13 25 / 11 93 Au-delà de 5,000 francs, voir l'observation nº 283.	P » 75 A.C » 68	12 50	11 25	Même observation qu'au numéro précédent.
285	Expédition de l'arrêt..................	Mémoire	»	»	Voir observation nº 34. La remise du greffier est de 10 centimes par rôle d'expédition, sans diminution des droits de l'État. (Art. 7 du décret du 24 mai 1854.)
286	Signification de l'arrêt à avoué. .... (*Art. 89 et 147 du tarif.*)	P » 75 A.C » 68	» 68	» 61	L'avoué qui avait un droit de copie de 41 ou de 45 centimes par rôle de 8 à 10 syllabes à la ligne peut réclamer un supplément proportionnel à l'augmentation du rôle actuel, qui a 12 à 14 syllabes.

Nos d'ordre	NATURE DES ACTES	Déboursés	ÉMOLUMENTS Paris, etc.	Autres Cours	OBSERVATIONS
287	Signification à domicile............... (*Art. 89 et 147 du tarif. — Détail n° 14.*)	Mémoire	» 68	» 61	V. observation qui précède et celle n° 95.
288	Certificat de signification .... Timbre .... » 60 Enregistrement 1 88 2 48	2 48	»	»	
289	En cas d'infirmation, extrait du dispositif de l'arrêt pour retirer l'amende et timbre de la quittance de retrait.	1 20	»	»	La Cour de Paris alloue à l'avoué de l'appelant qui a gagné son procès un émolument de 3 francs pour l'extrait du dispositif de l'arrêt, à l'effet de retirer l'amende. (Délibération du 25 novembre 1822 et tableau des frais et dépens n° 60.)
290	Ports de pièces et correspondance......	Mémoire	»	»	La même Cour alloue, comme déboursés, un droit de 20 francs pour ports de pièces et correspondance. (Délibération du 25 novembre 1822 et tableau des frais et dépens nos 23 et 48. — Voir observation n° 40.

CHAPITRE XX

Matières ordinaires en Cours d'Appel.

Nos d'ordre	NATURE DES ACTES	Déboursés	Paris, etc.	Autres Cours	OBSERVATIONS
291	Droit de conseil..................... (*Art. 68 et 147 du tarif.*)	»	20 »	18 »	Voir l'observation n° 49, qui indique les cas où il est dû un ou plusieurs droits de conseil.
292	Requête contenant demande d'abréviation de délai. (*Art. 77 et 147 du tarif. — Détail n° 260.*)	9 98	4 50	4 05	L'enregistrement est de 7 fr. 50 en principal, soit avec les décimes 9 fr. 38.
293	Acte d'appel .... (*Voir le détail sous le n° 14.*)	Mémoire	»	»	Voir observations nos 14 et 261. Lorsqu'il y a dans les jugements des dispositions qui doivent être exécutées par des tiers, l'avoué de première instance fait mentionner l'appel sur un registre tenu au greffe, et il a droit à une vacation de 1 fr. 15, 1 fr. 25 et 1 fr. 50. (Art. 90 du tarif.)
294	Assistance à l'audience à laquelle il est donné acte de la constitution. (*Art. 81 et 147 du tarif.*)	»	2 25	2 03	
295	Coût de l'arrêt qui donne acte de la constitution.	Mémoire	»	»	Se reporter à l'observation n° 281 pour la vacation de 2 fr. 25 à l'enregistrement de la minute de l'arrêt.
296	Constitution .... (*Art. 70, 147 et 158 du tarif.*) Paris / Autres Cours Original .... 1 50 / 1 35 Copie .... » 38 / » 34 Huissier .... » 75 / » 68 2 63 / 2 37	P » 75 A.C » 68	1 88	1 69	Voir *suprà*, observation n° 262, pour la suppression des droits de timbre et d'enregistrement des actes d'avoué à avoué, et pour la signification à l'extraordinaire.
297	Amende consignée et timbre de la quittance.	12 75	»	»	L'amende est de 10 francs en principal, les décimes sont de 2 fr. 50 et le timbre est de 0 fr. 25.

Nos d'ordre	NATURE DES ACTES	Déboursés	ÉMOLUMENTS Paris, etc.	ÉMOLUMENTS Autres Cours	OBSERVATIONS
298	Vacation à consigner à l'amende. *(Art. 90 et 147 du tarif.)*	»	2 25	2 03	
299	Notice à la distribution	» 60	»	»	L'article 10 de la délibération de la Cour de Paris du 25 novembre 1822 est ainsi conçu : « Il sera alloué à titre d'émolument : « 3 francs pour la copie du dispositif du jugement. « 3 francs pour les conclusions déposées sur le bureau. « 2 fr. 50 pour la rédaction de la notice à la distribution. « Seront passés en taxe : « L'avenir à l'appel du rôle bursal ; « Le droit d'assistance audit appel ; « La vacation à la distribution du rôle ; « L'acte déclaratif de la distribution. » Les droits et actes qui précèdent sont aussi portés au tableau des frais et dépens approuvé par M. le premier Président de la Cour de Paris, en 1884.
300	Mise au rôle	» 60	»	»	Voir *suprà*, observations nos 17 et 266.
301	Vacation à la mise au rôle............ *(Art. 90 et 147 du tarif.)*	»	2 25	2 03	
302	Bulletin de distribution...............	» 20	»	»	Voir observation n° 271.
303	Avenir......................... *(Art. 70 et 147 du tarif. — Détail n° 296.)*	P » 75 A.C » 68	1 88	1 69	Voir l'article 10 de la délibération de la Cour de Paris, rapporté ci-dessus n° 299.
304	Assistance à la remise de cause et bulletin. *(Art. 83 et 147 du tarif.)*	» 20	4 50	4 05	Voir observation n° 65. A la Cour de Paris, on alloue trois remises de cause, non compris la vacation à poser qualités et celle à les reprendre. (Tableau des frais et dépens, n° 158.)
305	Sommation de communiquer .... *(Art. 70 et 147 du tarif.— Détail n° 296.)*	P » 75 A.C » 68	1 88	1 69	
306	Vacation à communiquer et timbre des récépissés. *(Art. 91 et 147 du tarif.)*	1 20	4 50	4 05	Voir observation n° 67 pour le cas où il a été fait plusieurs communications. Si la communication se fait par la voie du greffe, compter l'acte du dépôt.
307	Dispositif du jugement dont est appel....	Mémoire	»	»	Se reporter à l'observation n° 268, en ce qui concerne les droits alloués à Paris pour le dispositif du jugement frappé d'appel et l'autographie des exemplaires distribués à la Cour.
308	Requête grossoyée .... *(Art. 72, 73 et 147 du tarif. — Détail au § 1er du n° 269.)*	P » 75 A.C » 68	3 75	3 38	Voir observation n° 70 sur l'étendue des requêtes, le nombre des copies et les conclusions grossoyées qui peuvent être signifiées, dans certains cas, après la requête.
309	Conclusions déposées	»	4 50	4 05	Se reporter à l'observation n° 71.
310	Conclusions par simple acte sur les demandes incidentes. *(Art. 71 du tarif. — Détail au § 2 du n° 269.)*	P » 75 A.C » 68	9 38	8 44	Voir au chapitre XI les demandes incidentes (nos 224 et suivants.
311	Appel de cause de l'huissier audiencier..	P 1 25 A.C 1 13	»	»	Voir observation n° 272.

Nos d'ordre	NATURE DES ACTES	Déboursés	ÉMOLUMENTS Paris, etc.	Autres Cours	OBSERVATIONS
312	Vacation à communiquer au ministère public. (*Art.* 90 *et* 147 *du tarif.*)	»	2 25	2 03	S'il a été fait plusieurs communications, voir observation n° 74.
313	Obtention de l'arrêt par défaut : Pris par l'avoué .... Pris par l'avocat .... (*Art.* 82 *et* 147 *du tarif.*)	P 7 50 A.C 6 75	4 50	4 05	Sur les cas où le premier des droits ci-contre est dû, voir observation n° 75.
314	Assistance de l'avoué dans le dernier cas. (*Mêmes articles.*)	»	1 50	1 35	
315	Plaidoirie de l'avocat à l'arrêt contradictoire. (*Art.* 80 *et* 147 *du tarif.*)	P. 22 50 A.C 20 25	»	»	
316	Assistance de l'avoué................ (*Art.* 86 *et* 147 *du tarif.*)	»	4 50	4 05	Le droit d'assistance est dû pour chacune des audiences auxquelles ont eu lieu les plaidoiries, les conclusions du ministère public et le prononcé de l'arrêt. (Voir les autorités citées en l'observation n° 78, et tableau des frais et dépens n° 162.)
317	Droit d'obtention, par l'avoué, de l'arrêt contradictoire. (*Art.* 86 *et* 147 *du tarif.*)	»	15 »	13 50	Le droit est dû pour les arrêts préparatoires et interlocutoires comme pour les arrêts définitifs. Il est dû autant de fois que l'avoué a de clients ayant des intérêts distincts. (Voir les autorités citées en l'observation n° 77.)
318	Assistance à la prononciation de l'arrêt... (*Art.* 86 *et* 147 *du tarif.*)	»	4 50	4 05	Voir *suprà*, observation n° 316.
319	Vacation de l'avoué au greffe pour assister la partie à l'acte de voyage. (*Art.* 146 *et* 147 *du tarif.*)	»	2 25	2 03	
320	Coût de l'acte de voyage..............	Mémoire	»	»	Voir observation n° 81.
321	Frais de voyage de la partie, séjour et retour.	Mémoire	»	»	Voir observation n° 83.
322	Taxe de la partie en cas de comparution ou d'interrogatoire ordonné.	Mémoire	»	»	Voir observation n° 84.
323	Coût de la minute de l'arrêt	Mémoire	»	»	Pour les droits d'enregistrement, voir *suprà*, n° 281. A la Cour de Paris, il est alloué à l'avoué une vacation de 2 fr. 25 à l'enregistrement sur minute de tous les arrêts soumis à cette formalité. (Délibération du 25 novembre 1822, et tableau des frais et dépens n° 41.) Il est alloué aussi 1 fr. 25 pour bulletin de cause jugée. (Tableau des frais et dépens n° 49.)
324	Sommation de lever l'arrêt........... (*Détail* n° 296.)	P » 75 A.C » 68	1 88	1 69	
325	Qualités de l'arrêt par défaut faute de conclure ou de comparaître. (*Art.* 87 *et* 147 *du tarif.*)	» 60	5 63	5 07	Les qualités ci-contre ne sont pas signifiées. Le dressé est dû pour les qualités de l'arrêt de défaut, profit joint. (Voir les autorités citées sous l'observation n° 87.)

Nos d'ordre	NATURE DES ACTES	Déboursés	ÉMOLUMENTS Paris, etc.	Autres Cours	OBSERVATIONS
326	Qualités de l'arrêt contradictoire........ (*Art.* 87, 88 *et* 147 *du tarif.*) Paris / Autres Cours Dressé........................ 11 25 / 10 13 Copie........................ 2 82 / 2 54 Huissier........................ » 75 / » 68 14 82 / 13 35	P » 75 A.C » 68	14 03	12 67	Il n'y a pas à distinguer si l'arrêt est ou n'est pa définitif.
327	Vacation à former opposition aux qualités. (*Art.* 90 *et* 147 *du tarif.*)	»	2 25	2 03	Lorsque, sur l'opposition, une rectification aux qualité est ordonnée, l'avoué a droit à deux vacations : une pou former l'opposition et une pour faire régler les qualité Dans le cas contraire, il n'a droit qu'à une seule vacatio (Voir observation n° 89.)
328	Avenir en règlement des qualités....... (*Art.* 70 *et* 147 *du tarif.* — *Détail* n° 269.)	A » 75 A.P » 68	1 88	1 69	
329	Vacation au règlement des qualités..... (*Art.* 90 *et* 147 *du tarif.*)	»	2 25	2 03	
330	Expédition de l'arrêt.................	Mémoire	»	»	Voir observations nos 244 et 285.
331	Signification de l'arrêt à avoué........ (*Art.* 89 *et* 147 *du tarif.*)	P » 75 A.C » 68	» 68	» 61	Pour l'indication des arrêts qui doivent être nécessaire ment signifiés à avoué. voir observation n° 93.
332	Requête afin de commission de nouvel huissier pour signifier l'arrêt par défaut. (*Art.* 76 *et* 147 *du tarif.*)	9 98	3 »	2 70	L'enregistrement est de 7 fr. 50 en principal, soit ave les décimes 9 fr. 38.
333	Signification de l'arrêt à domicile	Mémoire	» 68	» 61	Voir l'observation n° 95, qui indique les cas où la sign fication à domicile est indispensable.
334	Extrait du dispositif de l'arrêt pour retirer l'amende et timbre de la quittance.	1 20	»	»	La Cour de Paris alloue à l'avoué de l'appelant, qui gagné son procès, un émolument de 3 francs pour l'extrai du dispositif de l'arrêt, à l'effet de retirer l'amende. (Déli bération du 25 novembre 1822 et tableau des frais e dépens, n° 185.)
335	Vacation au retrait de l'amende .... (*Art.* 90 *et* 147 *du tarif.*)	»	2 25	2 03	
336	Droit de correspondance lorsque les parties sont domiciliées hors de l'arrondissement. Par chaque arrêt définitif. (*Art.* 145 *et* 147 *du tarif.*)	»	20 »	18 »	Sur les différents cas où le droit de correspondance e dû, voir observation n° 102.
337	Demi-droit de correspondance dans le même cas. Par chaque arrêt interlocutoire. (*Mêmes articles.*)	»	10 »	9 »	Voir même indication au n° 103, en ce qui concerne l demi-droit de correspondance.
338	Ports de pièces, lettres et dépêches, faux frais, timbres-quittances et décharges.	Mémoire	»	»	Voir observations nos 40 et 104.
339	Droit d'articles et timbre de l'Etat...... (*Art.* 9 *du deuxième décret de* 1807.)	» 60	» 15	» 14	Le droit ci-contre est dû par chaque article. Il ne doi être fait qu'un seul article par chaque pièce de procédure

Nos d'ordre	NATURE DES ACTES	Déboursés	ÉMOLUMENTS Paris, etc.	ÉMOLUMENTS Autres Cours	OBSERVATIONS

340 Se reporter : pour les délibérés et instructions par écrit, aux numéros 110 et 112.
— pour les exceptions, aux numéros 113 à 130.
— pour la vérification d'écriture, aux numéros 131 à 156.
— pour le faux incident civil, aux numéros 157 à 163.
— pour les enquêtes, aux numéros 166 à 188.
— pour les descentes sur les lieux, aux numéros 188 à 196.
— pour les rapports d'experts, aux numéros 197 à 215.
— pour l'interrogatoire sur faits et articles, aux numéros 216 à 223.
— pour les incidents (demandes incidentes et intervention), aux numéros 224 à 241.
— pour les reprises d'instances et constitution de nouvel avoué, aux numéros 242 à 246.
— pour le désaveu, aux numéros 247 et 248.
— pour les règlements de juges, au numéro 249.
— pour la récusation, au numéro 251.
— pour la péremption, aux numéros 252 à 254.
— pour le désistement, aux numéros 255 et 256.
— pour la tierce opposition, aux numéros 342 à 344.
— pour la requête civile, aux numéros 345 et 346.
— pour la liquidation des dommages-intérêts et des fruits, au numéro 348.
— pour la liquidation des dépens et frais, aux numéros 351 à 355.
— pour le compulsoire, aux numéros 633 à 635.

Les droits portés dans les numéros ci-dessus, concernant les avoués de première instance, devront être augmentés pour les avoués d'appel selon qu'il est dit au numéro 258.

341 Les requêtes en prise à partie et celles de pourvoi contre un jugement qui a statué sur une demande en rectification d'un acte de l'état civil, quand il n'y a d'autres parties que le demandeur en rectification, sont taxées 15 francs à Paris, Lyon, Bordeaux, Rouen et Toulouse, et 13 fr. 50 ailleurs. (Art. 150 du tarif.)

En ce qui concerne le droit d'obtention des arrêts intervenus sur ces requêtes, voir *infrà*, nos 495 et 644.

Nos d'ordre	NATURE DES ACTES	Débour-sés	EMOLUMENTS			OBSERVATIONS
			Ressort	Cours	Paris	

TITRE III

VOIES EXTRAORDINAIRES POUR ATTAQUER LES JUGEMENTS

CHAPITRE XXI

De la Tierce-Opposition (Art. 474 à 479 C. proc. civ.)

342 Appliquer les articles 29 § 2, 68 et 75 §§ 27 et 28 du décret du 16 février 1807.

Voir les nos 50, 60, 63, 64, 65, 66, 67, 68, 69, 73, 74, 77, 85, 88, 89, 90, 91, 92, 93, 95, 102, 104 et 105 du chapitre II des Matières ordinaires.

343 La tierce opposition, soit principale soit incidente, forme une instance particulière qui est rangée dans la classe des matières ordinaires. (Cassation, 16 mars 1830. — MM. Boucher d'Argis, p. 660. — Chauveau et Godoffre, n° 2091.)

344 Elle est toujours dispensée du préliminaire de la conciliation. (Bordeaux, 17 août 1852 ; Pal. 54, 1, 470. — Paris, 24 décembre 1866 ; Av. t. 2, p. 107. — M. Sorel sur Boucher d'Argis, p. 660.)

CHAPITRE XXII

Requête civile (Art. 480 à 504 C. proc. civ.)

345 Appliquer les articles 27 § 2 ; 68, 72, 75 §§ 29 et 30 ; 78 § 2 ; 90 §§ 11 et 12, et 140 du décret 16 février 1807.

Voir les nos 50, 55, 60, 63, 64, 65, 66, 67, 68, 69, 73, 74, 77, 85, 88, 89, 90, 91, 92, 93, 95, 102, 104 et 105 du chapitre II des Matières ordinaires.

346 Quelle que soit la nature du jugement attaqué, la procédure de requête civile doit être taxée comme en matière ordinaire. (Paris, 6 avril 1857 : Sir., 68, 2, 147. — MM. Chauveau et Godoffre, n° 56. — Boucher d'Argis, p. 515.)

Nos d'ordre	NATURE DES ACTES	Débour-sés	EMOLUMENTS Ressort	Cours	Paris	OBSERVATIONS

TITRE IV

EXECUTION DES JUGEMENTS

CHAPITRE XXIII

Réception de Caution (Art. 517 à 523 C. proc. civ.)

347 Appliquer les articles 29 § 25 ; 71 §§ 16, 17 et 18 ; 72, 90 et 91 §§ 11 et 12 du décret du 16 février 1807.
Voir les nos 60, 61, 62, 63, 64, 65, 66, 67, 68, 69, 73, 74, 77, 85, 88, 89, 90, 91, 92, 93, 95, 102, 104 et 105 du chapitre II des Matières ordinaires.

CHAPITRE XXIV

Liquidations de Dommages-Intérêts et Fruits (Art. 523 et 525 C. pro. civ.)

348 Appliquer les articles 71 § 19 ; 90, 91 §§ 13 et 14 ; 141 et 142 du décret du 16 février 1807.
Voir les nos 60, 61, 63, 64, 65, 66, 67, 68, 69, 73, 74, 77, 85, 88, 89, 90, 91, 92, 93, 95, 102, 104 et 105 du chapitre II des Matières ordinaires.

CHAPITRE XXV

Redditions de Comptes (Art. 527 à 544 C. proc. civ.)

349 Appliquer les articles 29 § 26 ; 70 §§ 2 et 32 ; 71, 75 § 33 ; 76 § 11 ; 89, 92 §§ 17, 18, 19, 20, 21, 22, 23, 24 et 25, et 146 du décret 16 février 1807.
Voir les nos 60, 61, 63, 64, 65, 66, 67, 68, 69, 73, 74, 77, 85, 88, 89, 90, 91, 92, 93, 95, 102, 104 et 105 du chapitre II des Matières ordinaires.

350 Les articles 70 § 32 ; 75 § 33, et 92 § 19 du Tarif, qui fixent certains droits en matière de reddition de compte, ne s'appliquent pas seulement aux comptes rendus par les comptables commis en justice ou institués par la loi, mais bien aux comptes présentés par tous les comptables indistinctement. (Cassation, 5 mars 1860 ; Pal., 60, 741 ; Sir., 60, 1, 325 ; Dal., 60, 1, 129.)

Nos d'ordre	NATURE DES ACTES	Déboursés	ÉMOLUMENTS Ressort	Cours	Paris	OBSERVATIONS

CHAPITRE XXVI

Liquidation des Dépens et Frais (Art. 543 et 544 C. proc. civ.)

351 Se reporter à l'Introduction, page 11, pour le mode de liquider et taxer les frais et pour l'obtention de l'exécutoire. S'y reporter aussi pour l'application de la loi du 24 décembre 1897, sur le recouvrement des frais.

Nos d'ordre	NATURE DES ACTES	Déboursés	Ressort	Cours	Paris	OBSERVATIONS
352	Minute et expédition de l'exécutoire de dépens.	Mém.	»	»	»	Il n'y a lieu à exécutoire que lorqu'il y a condamnation aux dépens. En cas de désistement, suivre la procédure indiquée en l'observation n° 257.
353	Dénonciation de l'exécutoire à l'avoué de la partie. (*Détail n° 59.*)	R » 25 C » 27 P » 30	1 29	1 54	1 70	
354	Acte d'opposition à l'exécutoire avec sommation de comparaître en chambre du Conseil pour être statué sur cette opposition. (*Art. 9, § 6 du 2e décret du 16 février 1807.*)	R » 25 C » 27 P » 30	» 94	1 13	1 25	L'exécutoire et le jugement au chef de la liquidation sont susceptibles d'opposition. L'opposition est formée dans les trois jours de la signification à avoué avec citation ; il y est statué sommairement. (Art. 6 du deuxième décret précité). Faute d'avoir usé de la voie de l'opposition dans le délai susdit, la partie condamnée ne peut se pourvoir en cassation contre la liquidation des dépens. (Cassation, 1er décembre 1886 ; Gaz. Palais, 1er janvier 1887.) L'exécutoire ne pourrait, après le délai d'opposition, être critiqué en raison de ce que la taxe émanerait d'un juge qui n'a pas siégé dans le procès, car l'incompétence, même matérielle du juge, ne fait pas obstacle à ce que sa décision acquière l'autorité de la chose jugée. (Cassation, 3 novembre 1886 ; Gaz. Palais, 29 décembre 1886.)
355	Assistance et plaidoirie à la chambre du Conseil. (*Art. 9, § 7 du 2e décret précité.*)	»	5 63	6 75	7 50	Il a été jugé que l'art. 147 du décret du 16 février 1807, portant que les émoluments des avoués d'appel doivent être taxés au même prix que ceux des avoués de 1re instance, avec augmentation du double pour certains droits et de la moitié pour les autres, ne s'applique pas aux droits établis par l'art. 9 du second décret du même jour, notamment au droit d'assistance et de plaidoirie en la chambre du Conseil au cas d'opposition à la taxe des dépens et que ce dernier droit n'est pas susceptible d'augmentation en faveur des avoués d'appel. (Douai, 28 août 1840 ; Pal., 40, 2, 564. — Nancy, 19 mai 1859 ; Pal., 60, 183. — Comp. MM. Chauveau et Godoffre, nos 2683 et suivants. — Bonnesœur, p. 403.)
356	Qualités du jugement................ (*Art. 9, § 8 du 2e décret précité.*)	R » 25 C » 27 P » 30	4 »	4 50	5 »	S'il y a plusieurs avoués, il est alloué en plus de la première copie, qui est comprise dans le coût ci-contre, 0 fr. 75 dans le ressort et 1 franc à Paris pour chacune des autres copies. (Art. 9 du deuxième décret précité.)
357	Pour la minute du jugement, l'expédition, la signification à avoué et à domicile, voir nos 85, 92, 93 et 95.	»	»	»	»	Le jugement rendu sur opposition à l'exécutoire n'est pas susceptible d'appel quel que soit le chiffre des frais contestés. Il ne peut être attaqué que par un pourvoi en cassation.

Nos d'ordre	NATURE DES ACTES	Débours-sés	ÉMOLUMENTS Ressort	Cours	Paris	OBSERVATIONS

CHAPITRE XXVII

Saisies-Arrêts ou Oppositions (Art. 557 à 582 C. proc. civ.)

358 La demande en validité de saisie-arrêt et celle en déclaration affirmative sont sommaires ou ordinaires selon les principes de l'article 404 C. p. c. (MM. CHAUVEAU et GODOFFRE, nos 2099 et 2750. — BOUCHER D'ARGIS, p. 63.)

359 Est en premier ressort comme rendu sur une demande indéterminée le jugement qui statue sur une demande en validité d'une saisie-arrêt formée pour un capital inférieur à 1,500 francs et pour des frais non liquidés, si ces frais, étrangers à l'instance en validité, n'en sont pas un accessoire, mais constituent un capital et forment un chef de demande entrant en ligne de compte pour la fixation du ressort. (CASSATION, 1er juin 1880 ; PAL., 81, 136. — Voir *suprà*, nos 43 à 45.)

§ 1er. — Instance en validité de Saisie-Arrêt.

Nos d'ordre	NATURE DES ACTES	Débours-sés	Ressort	Cours	Paris	OBSERVATIONS
360	Droit de consultation................. (*Art. 68 du tarif.*)	»	7 50	9 »	10 »	Le droit de consultation n'est dû qu'en matière ordinaire.
361	Requête pour obtenir permission de former saisie-arrêt. (*Art. 77 du tarif.*) Ressort / Cours / Paris Dressé de la requête......... 2 25 / 2 70 / 3 » Timbre...................... » 60 / » 60 / » 60 Enregistremt : droit principal. 4 50 / 4 50 / 4 50 Id. décimes....... 1 13 / 1 13 / 1 13 8 48 / 8 93 / 9 23	6 23	2 25	2 70	3 »	Si le président n'avait accordé l'autorisation de former saisie-arrêt qu'à la charge de lui en référer en cas de difficulté, il serait compétent pour statuer sur les contestations qui lui seraient soumises et pourrait rapporter son ordonnance si besoin était. (Paris, 16 juin 1866, 23 mars 1867, 3 et 4 mai 1867 ; PAL., 67, 788 ; SIR., 67, 2, 189 ; DAL., 67, 2, 65. — MM. DE BELLEYME, Ordonnances sur requêtes, t. 1, p. 142. — BOUCHER D'ARGIS et SOREL, p. 522.) Mais si la saisie-arrêt avait été dénoncée avec assignation en validité, le président deviendrait alors incompétent. (CASSATION, 10 novembre 1885 ; PAL., 86, 1. 12 ; SIR., 86, 1, 9 ; DAL., 86, 1, 209. — Aix, 19 novembre 1886 et Paris, 19 janvier 1887 ; PAL., 88, 1, 167 ; SIR., 88, 2, 163 ; DAL., 87, 2. 193. — Paris, 15 février et 3 mars 1889 ; AV., t. 114, p. 280 et 319. — CASSATION, 16 décembre 1889, 5 mars et 1er juillet 1890 ; PAL., 90, 1, 1138.)
362	Saisie-arrêt....................... Ressort / Cours / Paris Original...................... 1 50 / 1 80 / 2 » Copie......................... » 38 / » 45 / » 50 Timbre........................ 1 20 / 1 20 / 1 20 Enregistremt : droit principal. 2 » / 2 » / 2 » Id. décimes....... » 50 / » 50 / » 50 5 58 / 5 95 / 6 20 Plus copie de pièces, par chaque rôle........................ » 25 / » 27 / » 30	R 5 58 C 5 95 P 6 20	» 25	» 27	» 30	Signifier copie de l'ordonnance ainsi que de la requête. (Art 559 du C. p. c.) La présentation de la requête et l'obtention de l'ordonnance sont l'œuvre de l'avoué. Dépositaire de ces actes, l'avoué a qualité pour en certifier la copie et l'émolument de cette copie lui appartient lorsqu'elle a été faite par lui. (Amiens, 24 novembre 1836 ; PAL., 37, 1, 458. — Voir *suprà*. Introduction, p. 6.) La réduction des droits d'enregistrement, opérée par la loi du 26 janvier 1892, ne s'applique qu'aux exploits signifiés au cours de l'instance, depuis l'ajournement jusqu'à la signification du jugement, mais la réduction a été étendue à tous les exploits par l'art. 22 de la loi du 28 avril 1893.
363	Dénonciation à la partie saisie avec assignation en validité et en condamnation. Ressort / Cours / Paris Original...................... 1 50 / 1 80 / 2 » Copie......................... » 38 / » 45 / » 50 Timbre........................ 1 20 / 1 20 / 1 20 Enregistremt : droit principal. 2 » / 2 » / 2 » Id. décimes....... » 50 / » 50 / » 50 5 58 / 5 95 / 6 20 Plus copie de pièces, par chaque rôle........................ » 25 / » 27 / » 30	R 5 58 C 5 95 P 6 20	» 25	» 27	» 30	La partie saisie ayant intérêt à connaître la requête et l'ordonnance, il est nécessaire de lui en signifier copie. (MM. BOUCHER D'ARGIS, p. 513. — CHAUVEAU et GODOFFRE, no 2748.) Le saisissant doit assigner non seulement en validité de la saisie-arrêt, mais aussi en condamnation, à moins qu'il n'ait un titre exécutoire. (MM. BOUCHER D'ARGIS, 523. — CARRÉ et CHAUVEAU, qon 1945 septies. — DUTRUC, Vo *Saisie-arrêt*, no 258.) La demande en condamnation aurait lieu par exploit séparé si l'action n'était pas de la compétence du tribunal civil. L'exploit dont il s'agit ci-contre étant introductif d'instance est enregistré au droit réduit de 2 francs. (Art. 7, loi du 26 janvier 1892).

N°s d'ordre	NATURE DES ACTES	Débour-sés	ÉMOLUMENTS Ressort	Cours	Paris	OBSERVATIONS
364	Contre dénonciation au tiers saisi....... *(Détail n° 362.)*	R 5 58 P 5 95 C 6 20	» 25	» 27	» 30	On assigne par le même exploit en déclaration affir tive, lorsque le créancier a un titre exécutoire contre débiteurs, voir ci-après n° 288. — Il y a lieu de prei jugement de défaut profit joint s'il n'y a de constitu d'avoué que de la part du saisi ou du tiers saisi. (Ca TION, 29 décembre 1834. — Metz, 14 janvier 1858; P 58, 250.
365	Pour la suite de la procédure, voir chapitre II°, n°s 58, 60, 61, 62, 63, 64, 65, 70, 71, 73, 75, 77, 85, 87, 88, 92, 93, 95, 102, 102, 104, 105.	»	»	»	»	En matière sommaire, appliquer les n°s 16, 17, 18, 20, 21, 22, 24, 25, 26, 31, 32, 33, 34, 35, 36 et 40.

§ 2. — Instance en déclaration affirmative.

N°s d'ordre	NATURE DES ACTES	Débour-sés	ÉMOLUMENTS Ressort	Cours	Paris	OBSERVATIONS
366	Assignation en déclaration affirmative.... *(Détail n° 362.)*	R 5 58 C 5 95 P 6 20	» 35	» 41	» 45	Le tiers saisi ne peut être assigné en déclaration s'il a titre authentique ou jugement qui ait déclaré la sai arrêt valable. (Art. 568, C. p. c.) Les fonctionnaires publics dont il est parlé en l'art. ne sont point assignés en déclaration, mais ils délivr un certificat constatant s'il est dû à la partie saisie énonçant la somme, si elle est liquide. (Art. 569, C. p. La vacation allouée pour requérir ce certificat est 2 fr. 25, 2 fr. 70 et 3 francs. (Art. 91 du tarif.)
367	Minute et expédition de l'acte de déclaration affirmative.	Mém.	»	»	»	Voir n°s 34 et 92.
368	Vacation de l'avoué pour faire cet acte... *(Art. 92 du tarif.)*	»	4 50	5 40	6 »	Si la déclaration affirmative est faite au greffe d justice de paix, ainsi que le permet l'art. 571, C. p. c. pièces justificatives doivent être déposées au greff tribunal civil, et il est alloué à l'avoué du tiers saisi p ce dépôt 2 fr. 25, 2 fr. 70 et 3 francs. (MM. CHAUVEAU GODOFFRE, n° 2764. — BOUCHER D'ARGIS, p. 663.) Lorsque le tiers saisi est détenteur d'effets mobilier joint à sa déclaration un état détaillé de ces effets. Qu que cet état soit au nombre des pièces justificativ l'art. 70 § 35 du tarif en permet la signification par a du palais, dont le coût est le même que celui du n° 259.
369	Signification de la déclaration affirmative et du dépôt de pièces. *(Art. 70 du tarif. — Détail n° 59.)*	R » 25 C » 27 P » 30	1 29	1 54	1 70	Compter le nombre de rôles des pièces signifiées.
370	Acte de dénonciation par le tiers saisi des nouvelles saisies-arrêts. *(Art. 70 du tarif.)*	R » 25 C » 27 P » 30	» 94	1 13	1 25	Les oppositions ne sont pas signifiées : il suffit de dénoncer par un simple extrait inséré dans l'acte mê de dénonciation. (MM. PIGEAU, t. 2, p. 69. — CHAUVEAU *Formulaire de procédure*, t. 1er, p. 575.)
371	Vacation de l'avoué du créancier saisissant pour prendre communication au greffe des pièces justificatives de la déclaration affirmative. *(Art. 90 du tarif par analogie.)*	»	2 25	2 70	3 »	L'article 574, C. p. c., exigeant que le tiers saisi dépo au greffe les pièces justificatives de sa déclaration et signifie l'acte, l'avoué du créancier saisissant doit alle en prendre communication et contester s'il y a lieu ; il est dû, pour la vacation à prendre communication, l droit ordinaire fixé par l'article 91 du tarif. (MM. RIVOIRE p. 442. — CARRÉ, p. 203. — CHAUVEAU et GODOFFRE, n° 27 — BOUCHER D'ARGIS, p. 663. — CHAMBRE DES AVOUÉS PARIS, n° 355.)
372	Requête grossoyée du saisissant pour contester la déclaration affirmative. *(Voir détail n° 53.)*	R » 25 P » 27 C » 30	1 88	2 25	2 50	Etablir le coût d'après le nombre de rôles de la requête

Nos d'ordre	NATURE DES ACTES	Déboursés	ÉMOLUMENTS Ressort	Cours	Paris	OBSERVATIONS
373	Pour la suite de la procédure sur la contestation, voir chapitre Ier ou chapitre II, selon la nature de l'affaire.	»	»	»	»	
374	Requête grossoyée du tiers saisi afin de renvoi devant le juge de son domicile en cas de contestation de sa déclaration affirmative. (*Art. 75 du tarif. — Détail n° 70.*)	R » 25 C » 27 P » 30	1 88	2 25	2 50	La requête du tiers saisi ne peut excéder deux rôles, non plus que la requête en réponse. (Art. 75 du tarif.)
375	Sur ce qui suit la requête afin de renvoi, voir chapitre XI, Incidents, nos 227 et suivants.	»	»	»	»	La procédure sur la demande en renvoi est taxée comme un incident. — MM. CHAUVEAU et GODOFFRE, n° 2775.)

CHAPITRE XXVIII

Saisies de Rentes constituées sur particuliers (Art. 636 à 655 C. proc. civ.)

Nos d'ordre	NATURE DES ACTES	Déboursés	Ressort	Cours	Paris	OBSERVATIONS
376	Commandement au débiteur........... (*Art. 29 du tarif.*)	Mém.	»	»	»	Le commandement doit contenir la notification du titre si elle n'a déjà été faite. (Art. 636, C. p. c.) Compter, dans le coût de l'exploit, la copie de pièces. Le commandement profite de la réduction des droits d'enregistrement. (Voir *suprà*, observation n° 362.)
378	Procès-verbal de saisie............... (*Art. 46 du tarif.*)	Mém.	»	»	»	Le dressé du procès-verbal de saisie est, suivant la résidence de l'huissier, de 3 francs, 3 fr. 60 et 4 francs, et la copie le quart. Il y a à ajouter le timbre et l'enregistrement.
378	Dénonciation à la partie saisie du procès-verbal de saisie avec indication du jour de la publication du cahier des charges.	Mém.	»	»	»	Compter la copie de pièces.
379	Pour ce qui concerne la déclaration du tiers saisi, le dépôt et la communication des pièces justificatives, la discussion s'il y a lieu, et enfin la procédure à défaut de déclaration, voir chapitre des saisies-arrêts, nos 367 et suivants. Pour le cahier de charges, le dépôt au greffe, sa publication, l'insertion au journal, les placards, les vacations à l'adjudication, la levée et la signification du jugement, voir le chapitre des saisies immobilières, nos 411, 412, 413, 418, 425 et suivants.	»	»	»	»	L'art. 8 de la loi du 26 janvier 1892 a réduit d'un tiers le droit d'enregistrement des exploits relatifs aux procédures de ventes judiciaires. MM. MANUEL et LOUIS, dans leur Commentaire de cette loi, p. 131, soutiennent que les seules ventes dans lesquelles les exploits subissent la réduction sont les ventes judiciaires d'*immeubles*. Il résulte au contraire des explications fournies à la Chambre des députés par M. Liotart-Vogt, directeur général de l'enregistrement, que le dégrèvement s'applique à toutes les ventes qui peuvent être faites à la barre du tribunal et à celles qui sont renvoyées par ordre de justice devant un notaire commis. La loi du 28 avril 1893 a, du reste, levé toute difficulté sur ce point. Les rentes étant des meubles, les droits d'enregistrement sur le jugement d'adjudication sont, pour la mutation, de 2 francs pour 100, plus 2 décimes et demi. Le jugement doit être signifié au saisi et au débiteur de la rente. (MM. DALLOZ, V. Saisie des rentes, n° 60. — BOUCHER D'ARGIS, p. 585.)
380	Remise proportionnelle : Jusqu'à 10,000 francs.............. 1 p. °/o. Au-delà de 10,000 francs jusqu'à 50,000 francs..................... 1/2 p. °/o. Au-delà de 50,000 francs jusqu'à 100,000 francs.................... 1/4 p. °/o. Au-delà de 100,000 francs, indéfiniment.......... .... 1/8 p. °/o. Il n'est passé que 3/4 de la remise aux avoués des départements.	»	»	»	»	La remise proportionnelle est due sur le prix d'adjudication des rentes constituées, car les articles 113 et 128 du tarif qui allouent cette remise n'ont été abrogés par l'article 20 de l'ordonnance de 1841 qu'en tant qu'ils concernent les ventes d'immeubles. (MM. FOUCHER D'ARGIS, V° Saisie des rentes constituées. — CHAUVEAU et GODOFFRE, n° 2937. — CONFÉRENCE DES AVOUÉS DE 1re INSTANCE DES DÉPARTEMENTS, 1888). La même remise proportionnelle est due pour l'adjudication de créances et de fonds de commerce lorsque le jugement porte que la vente aura lieu comme celle des rentes constituées. (CONFÉRENCE DES AVOUÉS, 1888 et 1890.)

CHAPITRE XXIX

Distribution par contribution (Art. 656 à 672 C. proc. civ.)

Nos d'ordre	NATURE DES ACTES	Déboursés	ÉMOLUMENTS Ressort	Cours	Paris	OBSERVATIONS
381	Coût du certificat des sommes consignées et des oppositions.	4 35	»	»	»	L'article 4 de l'ordonnance du 3 juillet 1816 défen d'ouvrir aucune contribution de deniers en justice san que l'acte de réquisition contienne mention de la date e du numéro de la consignation de la somme à distribuer
382	Vacation à requérir ce certificat	»	4 50	5 40	6 »	On ne peut être surpris de ce que le tarif de 1807 n'ac corde aucune vacation à obtenir le certificat devem nécessaire par suite de la disposition de l'ordonnanc précitée. Par analogie on alloue la vacation indiquée e l'article 131 § 2 du tarif, (CHAMBRE DES AVOUÉS DE PARIS n° 415. — MM RIVOIRE, p. 174. — CHAUVEAU et GODOFFRE n° 2943. — BONNESŒUR, p. 181, 11e question.)
383	Vacation pour requérir la nomination d'un juge-commissaire. *(Art. 95 du tarif.)*	»	3 75	4 50	5 »	S'il se présente deux ou plusieurs requérants en même temps au greffe, ils se retirent devant le président d tribunal, qui décide sur le champ celui dont la réquisitio est reçue. Il n'y a ni appel ni opposition contre la déc sion ; il n'en est point dressé procès-verbal et il n'e alloué aucune vacation aux avoués pour s'être transporté devant le président. (Art. 95 du tarif.) Il est d'usage de régler les concurrences en matière d contribution et d'ordre en se présentant à l'amiable devan la Chambre des avoués. A Paris on alloue une vacation de 5 francs à l'avou poursuivant pour déposer au greffe le certificat dont est parlé au n° 381 et les autres pièces nécessaires, pour requérir l'ouverture de la contribution. (CHAMBRE DES AVOUÉS DE PARIS, n° 419.)
384	Requête afin de permis de sommer ..... *(Art. 90 du tarif.)*	» 60	2 25	2 70	3 »	La requête reste déposée au greffe et ce n'est pas l'avou qui acquitte le droit d'enregistrement de l'ordonnance.
385	Expédition de la requête et de l'ordonnance	Mém.	»	»	»	
386	Sommation aux créanciers inscrits de produire et à la partie saisie de prendre communication.	R 5 58 C 5 95 P 6 20	» 25	» 27	» 30	Il est signifié copie de l'expédition des requête et ordo nance. (CHAMBRE DES AVOUÉS DE PARIS, n° 422. MM. ROUSSEAU et LAISNEY. t. 6, p. 332. — CHAUVEAU GODOFFRE, n° 2950. — BOUCHER D'ARGIS, p. 161.) L'émolument de la copie signifiée appartient l'avoué qui l'a faite. (CASSATION, 22 mai 1838 ; PAL., 38, 246 ; SIR., 38, 1, 643. — Voir *suprà*, Introduction, p. 6.) Le droit d'enregistrement des exploits relatifs aux pro cédures de contribution judiciaire est réduit d'un tiers (Art 3, loi du 26 janvier 1892.) Est abrogé le dernier alinéa de l'art. 68 § 1er, n° 30, de la loi du 22 frimaire an VII, en ce qui concerne les exploits relatifs aux procédures de délaissement par hypothèque, de purge des hypothèques légales ou inscrites, de saisie immobilière, d'ordre judiciaire et de contribution judi ciaire. En conséquence, il n'est dû qu'un seul droit pour ces exploits, quel que soit le nombre des demandeurs et des défendeurs. (Art. 23, loi du 28 avril 1893.)

	Ressort	Cours	Paris
Original........................	1 50	1 80	2 »
Copie	» 38	» 45	» 50
Timbre........................	1 20	1 20	1 20
Enregistremt, droit principal.	2 »	2 »	2 »
Id. décimes	» 50	» 50	» 50
	5 58	5 95	6 20
Plus copie des pièces, par chaque rôle..............	» 25	» 27	» 30

Nos d'ordre	NATURE DES ACTES	Débour-sés	ÉMOLUMENTS Ressort	Cours	Paris	OBSERVATIONS
387	Acte de production des titres contenant demande en collocation. (*Art.* 97, §§ 1er *et* 2 *du tarif.*) *Ressort* / *Cours* / *Paris* Dressé de la production.... 7 50 / 9 » / 10 » Timbre.................... » 60 / » 60 / » 60 Enregistrement, y compris décimes.................. » 63 / » 63 / » 63 8 73 / 10 23 / 11 23	1 23	7 50	9 »	10 »	Les frais de chaque avoué produisant consistent en : *Ressort* / *Cours* / *Paris* Production d'après le détail ci-contre. 8 73 / 10 23 / 11 23 Vacation à la communication du règlement provisoire.............. 3 75 / 4 50 / 5 » Vacation à la délivrance du mandement.............................. 1 50 / 1 80 / 2 » 13 98 / 16 53 / 18 23 Le droit d'enregistrement, qui était de 1 fr. 50 en principal avant la loi du 26 janvier 1892, a été réduit par cette loi à 0 fr. 50, soit avec les décimes à 0 fr. 63. Le coût de la production pour les frais de poursuite et contribution est privilégié. (CONFÉRENCE DES AVOUÉS DE 1re INSTANCE DES DÉPARTEMENTS, 1890 et 1891.)
388	Sommation par acte du palais à la requête du propriétaire en référé devant le juge-commissaire afin de faire statuer préliminairement sur son privilège. (*Art.* 98 *du tarif.*)	R » 25 C » 27 P » 30	» 94	1 13	1 25	La sommation est signifiée à la partie saisie ou à son avoué, si elle en a un, et à l'avoué le plus ancien des créanciers opposants. (Art. 661, C. p. c., et 98 du tarif. Il est généralement décidé que le référé à la requête du propriétaire ne peut être introduit devant le président du tribunal, pas plus avant l'ouverture de la contribution qu'au cours de la poursuite. — CASSATION, 3 août 1847 ; PAL., 47, 2, 265 ; SIR., 47, 1, 729 ; DAL., 47, 1, 306. — Paris, 8 juillet 1853 ; PAL., 53, 1, 387 ; DAL., 76, 2, 69. — Rouen, 16 mai 1862 ; J. d. proc., 1863, 27. — Caen, 6 mai 1864 ; PAL., 64, 796 ; SIR., 64, 2, 291 ; DAL., 76, 2, 69.) Si des contestations sont soulevées contre l'exercice du privilège du propriétaire, le juge-commissaire doit renvoyer les parties à l'audience. (CASSATION, 26 janvier 1875 ; PAL., 75, 271 ; SIR., 75, 1, 115 ; DAL., 75, 1, 306.)
389	Pour la suite du référé, voir chapitre XXXIII.	»	»	»	»	
390	Dénonciation par acte du palais de la clôture du règlement provisoire avec sommation d'en prendre communication. (*Art.* 99 *du tarif.*)	R » 25 C » 27 P » 30	» 94	1 13	1 25	La dénonciation est faite, par exploit d'huissier, à la partie saisie qui n'a pas constitué avoué. A Paris, on alloue à l'avoué poursuivant une vacation de 5 francs pour requérir la clôture du procès-verbal de production. (CHAMBRE DES AVOUÉS DE PARIS, n° 429.) Le règlement provisoire ne doit être ni levé, ni signifié. La clôture en est dénoncée aux avoués des créanciers produisants et à la partie saisie ou à son avoué, si elle en a un. (Art. 663, C. p. c., et 99 du tarif.)
391	Vacation à chaque avoué produisant pour prendre communication du règlement provisoire. (*Art.* 100 *du tarif.*)	»	3 75	4 50	5 »	Il ne doit être fait aucun dire s'il n'y a lieu à contester. (Art. 664, C. p. c.)
392	Demi-droit de vacation à l'avoué poursuivant pour prendre également communication, par chaque créancier produisant. (*Art.* 100 *du tarif.*)	»	1 88	2 25	2 50	Le demi-droit est dû par chaque créancier produisant. (Art. 100 du tarif.)
393	Avenir à l'audience pour faire statuer sur les contestations élevées contre le règlement provisoire. (*Détail n°* 58.)	R » 25 P » 27 C » 30	» 94	1 13	1 25	S'il s'élève des difficultés, le juge-commissaire renvoie à l'audience ; elle est poursuivie par la partie la plus diligente. (Art. 666, C. p. c.) Le créancier contestant, celui contesté, la partie saisie et l'avoué le plus ancien des opposants sont seuls en cause ; le poursuivant ne peut être appelé en cette qualité. (Art 667, C. p. c.)
394	Assignation à la partie saisie qui n'a pas constitué avoué.	R 5 58 C 5 95 P 6 20	»	»	»	La forme de l'acte du palais, prescrite par l'art. 666, C. proc. civ., n'étant pas possible au regard de la partie saisie qui n'a pas constitué avoué, il faut nécessairement procéder par exploit d'huissier. (MM. CARRÉ et CHAUVEAU, qon 2181.)

Nos d'ordre	NATURE DES ACTES	Débour-sés	ÉMOLUMENTS Ressort	Cours	Paris	OBSERVATIONS
395	Pour la suite de la procédure, voir chapitre Ier, nos 21, 22, 23, 24, 26, 31, 33, 34, 35, 36, 40 ; ou chapitre II, nos 49, 50, 65, 66, 67, 68, 69, 70, 71, 73, 74, 77, 78, 85, 88, 89, 90, 91, 92, 93, 95, 96, 97, 98, 102, 104 et 105.	»	»	»	»	Les dépens des contestations sont taxés comme dans les autres matières, suivant leur nature sommaire ou ordinaire. (Art. 101 du tarif.) Les contestations sont jugées en premier ou en dernier ressort, selon l'importance de la somme en litige et non d'après le montant de la somme à distribuer. (Paris, 12 janvier 1874 : PAL., 74, 1007.) Le jugement sur les contestations est rendu sur le rapport du juge-commissaire et les conclusions du ministère public. L'appel de ce jugement est interjeté dans les dix jours de la signification à avoué. (Art. 669 et 670, C. p. c.)
396	Vacation pour requérir la délivrance des mandements. (*Art.* 101 *du tarif.*)	»	1 50	1 80	2 »	Le créancier colloqué affirme au greffe la sincérité de sa créance.
397	Vacation à l'avoué poursuivant pour remettre au préposé de la caisse des consignations l'extrait du règlement définitif.	»	4 50	5 40	6 »	L'ordonnance du 3 juillet 1816 obligeant l'avoué poursuivant à remettre au préposé de la caisse des consignations l'extrait du règlement définitif, la vacation de l'art. 131 § 2 du tarif doit lui être allouée par analogie. (M. BONNESŒUR, p. 179.) A Paris cette vacation est allouée pour requérir la forclusion. (CHAMBRE DES AVOUÉS DE PARIS, no 134.)
398	Frais de greffe et droits d'enregistrement.	Mém.	»	»	»	Un droit proportionnel d'enregistrement de 1 franc par 100 francs est perçu dans les contributions et les ordres judiciaires sur le montant des sommes mises en distribution. (Art. 15, loi du 26 janvier 1892.) Les mandements de collocation délivrés aux créanciers colloqués sont rédigés sur du petit papier au tarif ordinaire de 0 fr. 60 ou de 1 fr. 20. Ils contiennent 35 lignes à la page et de 20 à 25 syllabes à la ligne, compensation faite d'une feuille à l'autre. (Art. 14, loi précitée.)

CHAPITRE XXX

Saisie immobilière (Art. 672 à 717 C. proc. civ.)

PREMIÈRE SECTION — POURSUITE DE LA SAISIE

Nos d'ordre	NATURE DES ACTES	Débour-sés	Ressort	Cours	Paris	OBSERVATIONS
399	Signification du titre pour le rendre exécutoire contre les héritiers du débiteur.	Mém.	»	»	»	La signification du titre étant nécessitée par le décès du débiteur est à la charge des héritiers de celui-ci.
400	Commandement tendant à saisie immobilière.	Mém.	»	»	»	Sur le droit de l'avoué au bénéfice de la copie du jugement signifiée, pour la première fois, avec un commandement au débiteur. (CASSATION, 19 janvier 1863 ; PAL, 63, 570, et *suprà*, Introduction, p. 6.) Le droit d'enregistrement des exploits est réduit à 2 francs en principal et il n'est dû qu'un seul droit en matière de saisie immobilière, quel que soit le nombre des demandeurs et des défendeurs. (Art. 8, loi du 26 janvier 1892 et art. 23, loi du 28 avril 1893.)
401	Sommation au tiers détenteur..........	Mém.	»	»	»	

Nos d'ordre	NATURE DES ACTES	Débour-sés	ÉMOLUMENTS Ressort	Cours	Paris	OBSERVATIONS
402	Requête au président afin de permission de procéder simultanément à la saisie réelle d'immeubles situés dans plusieurs arrondissements. (*Art.* 11 *de l'ordonnance de* 1841, *par analogie.*)	6 23	4 50	5 40	6 »	La requête ci-contre est prescrite par la loi du 14 novembre 1808, qui est postérieure au tarif. Il y a lieu, à raison de la similitude, de la taxer comme la requête énoncée en l'article 127 du tarif et en l'article 7 § 13 de l'ordonnance de 1841, à 4 fr. 50. 5 fr. 40 ou 6 francs. (MM. Chauveau et Godoffre, n° 3001.) La requête doit être communiquée au ministère public.
403	Timbre et enregistrement du pouvoir pour saisir.	4 53	»	»	»	Les frais de pouvoir doivent entrer dans les frais de poursuite comme déboursés. (MM. Chauveau et Godoffre, n° 3002.)
404	Extrait de la matrice cadastrale........	Mém.	»	»	»	
405	Procès-verbal de saisie immobilière....	Mém.	»	»	»	Les droits de l'huissier sont ceux suivants : Première vacation de trois heures, 5 francs, 5 fr. 40 ou 6 francs, selon les résidences ; vacations subséquentes, 4 francs, 4 fr. 50 ou 5 francs ; visa, 0 fr. 75, 0 fr. 90 ou 1 franc.
406	Dénonciation au saisi................	Mém.	»	»	»	L'huissier a droit, pour l'original de la dénonciation, à 2 francs, 2 fr. 70 ou 3 francs, selon sa résidence ; pour la copie, le quart, et pour le visa, 0 fr. 75, 0 fr. 90 ou 1 franc. L'avoué a droit de faire, concurremment avec l'huissier, la copie du procès-verbal à dénoncer à la partie saisie, car l'exploit de dénonciation doit contenir constitution d'avoué. (Cassation, 22 mai 1838; Pal., 38, 2, 246; Sir., 38, 1, 643. — V. *suprà,* Introduction, p. 6.)
407	Transcription au bureau des hypothèques de la saisie et de la dénonciation.	Mém.	»	»	»	Le procès-verbal de saisie et l'exploit de dénonciation doivent être présentés simultanément au bureau des hypothèques. Il est dû au conservateur, par rôle d'écriture contenant 25 lignes à la page et 18 syllabes à la ligne (en tout 900 syllabes), 1 franc plus le timbre de son registre. Si deux saisies sont présentées en même temps, les avoués constitués en réfèrent au président, qui décide, sans frais, quel est celui qui a la préférence.
408	Vacation pour faire transcrire.......... (*Art.* 7 *de l'ordonnance de* 1841.)	»	4 50	5 40	6 »	C'est l'avoué et non l'huissier qui doit faire opérer la transcription. (MM. Chauveau et Godoffre, n° 3039.) En cas de refus de transcription à raison de l'existence d'une précédente saisie, l'avoué n'en a pas moins droit à la vacation. (MM. Chauveau et Godoffre, n° 3040.) La mention du conservateur constatant le refus est tarifié 1 franc.
409	Opposition entre les mains des fermiers ou locataires sur les fermages et loyers.	Mém.	»	»	»	L'opposition n'a pas besoin d'être dénoncée avec assignation en validité. (Art. 685, C. p. c.) MM. Chauveau et Godoffre, nos 3049 et 3061, sont d'avis qu'il est dû à l'avoué une vacation de 4 fr. 50, 5 fr. 40 ou 6 francs, à raison des soins qu'occasionnent cette opposition et ses suites.
410	Sommation aux mêmes de consigner leurs loyers ou fermages.	Mém.	»	»	»	
411	Cahier de charges................... (*Art.* 11 *de l'ordonnance de* 1841.) *Ressort / Cours / Paris* Dressé, par rôle............ 1 50 / 1 80 / 2 » Timbre, id. .... » 60 / » 60 / » 60 Enregistrement............ 1 88 / 1 88 / 1 88 3 98 / 4 28 / 4 18	2 48	1 50	1 80	2 »	Dans certains tribunaux, notamment à Paris, il est d'usage de faire une copie collationnée sur papier libre pour être donnée en communication, soit par le greffier, soit par l'avoué poursuivant, lorsque la mise à prix dépasse 10.000 francs. Cette copie est taxée à raison de 0 fr. 25, 0 fr. 27 ou 0 fr. 30 par rôle. (MM. Rousseau et Laisney, t. 8, p. 703.)
412	Vacation au dépôt au greffe........... (*Art.* 11 *de l'ordonnance de* 1841.)	»	2 45	2 70	3 »	

Nos d'ordre	NATURE DES ACTES	Déboursés	ÉMOLUMENTS Ressort	Cours	Paris	OBSERVATIONS
413	Coût de l'acte de dépôt, minute et expédition. Minute dépôt. (Voir n° 81.) .... 8 31 Droit de communication .... 15 » Expédition .... Mém.	Mém.	»	»	»	Le droit de communication alloué au greffier n'est perçu qu'une seule fois dans une même affaire; ainsi, il n'est pas dû une seconde fois lorsque la saisie immobilière est suivie de surenchère du sixième ou de folle enchère. (M. TONNELLIER, *Manuel du Greffier*, p. 82.)
414	Coût de l'état des inscriptions	Mém.	»	»	»	Il est alloué au conservateur des hypothèques, si l'état est négatif, 1 franc par chaque partie; s'il est affirmatif, 1 franc par chaque extrait d'inscription, plus le timbre. L'état doit être levé, non seulement sur la partie saisie, mais aussi sur les anciens propriétaires sans limitation, et ce serait à tort que le juge taxateur refuserait de passer en taxe une partie du coût de cet état, sous le prétexte qu'il aurait dû être limité. (CONFÉRENCE DES AVOUÉS DE 1re INSTANCE DES DÉPARTEMENTS, 1891). Voir observation n° 455.
415	Vacation à la délivrance de l'état .... *(Art. 7 de l'ordonnance de 1841.)*	»	4 50	5 40	6 »	S'il y a nécessité justifiée de requérir plusieurs états, il est dû autant de vacations. (MM. CHAUVEAU et GODOFFRE, n° 3092.)
416	Vacation à l'examen de l'état et pour préparer la sommation au vendeur de l'immeuble saisi. *(Art. 7 de l'ordonnance de 1841.)*	»	4 50	5 40	6 »	
417	Sommation aux créanciers inscrits de prendre communication du cahier de charges et d'assister à la publication. *(Détail nos 14 et 386.)*	R 5 58 C 5 95 P 6 20	»	»	»	S'il existe plusieurs inscriptions au profit du même créancier, une seule copie suffit lorsque le même domicile est élu dans toutes; au contraire, il doit être signifié autant de copies qu'il y a d'élections de domiciles différents. (MM. CARRÉ et CHAUVEAU, qon 2332.) Il est rappelé que le droit d'enregistrement des exploits est réduit à 2 francs en principal et il n'est dû qu'un seul droit en matière de saisie immobilière, quel que soit le nombre des demandeurs et des défendeurs. (Art. 8, loi du 26 janvier 1892 et art. 23, loi du 28 avril 1893.)
418	Pareille sommation à la partie saisie	R 5 58 C 5 95 P 6 20	»	»	»	
419	Droit pour dépouillement du titre, préparation des sommations et dénonciation ci-après et accomplissement des formalités de purge des hypothèques légales des incapables. *(Art. 143 du tarif, par analogie.)*	»	11 75	13 50	15 »	La loi du 21 mai 1858, en modifiant le texte des art. 692, 696 et 717, C. p. c., a eu pour but de remplacer les formalités de purge des hypothèques légales qui devaient suivre le jugement d'adjudication par des formalités destinées à produire le même résultat légal, mais accomplies au cours même de la procédure de saisie immobilière. La tâche de l'avoué poursuivant s'en est trouvée sensiblement augmentée, ainsi que sa responsabilité. Il est obligé de compulser les titres et pièces pour connaître les incapables pouvant avoir droit à une hypothèque légale, puis de préparer les sommations à leur signifier et la dénonciation à faire au parquet. Il a aussi une déclaration spéciale à faire dans l'insertion et les placards. Par application du principe consacré par la Cour de cassation, dans son arrêt visé *suprà* en l'observation n° 21, il y a lieu d'allouer à l'avoué poursuivant, à raison de cet ensemble de procédure que l'ordonnance de 1841 n'a pu rémunérer, un droit de 11 fr. 75, 13 fr. 50 ou 15 francs, comme en l'article 143 du tarif. (DÉLIBÉRATION DE LA CHAMBRE DES AVOUÉS DE VERSAILLES, 9 décembre 1858.)
420	Sommation à la femme du saisi, aux femmes des anciens propriétaires, au subrogé-tuteur des mineurs ou interdits, ou aux mineurs devenus majeurs, avec avertissement d'avoir à prendre inscription d'hypothèque légale.	R 5 58 C 5 95 P 6 20	»	»	»	

Nos d'ordre	NATURE DES ACTES	Débour-sés	ÉMOLUMENTS Ressort	Cours	Paris	OBSERVATIONS
421	Dénonciation de cette sommation au parquet. *(Détail nos* 14 *et* 386.)	R 5 58 C 5 95 P 6 20	» 25	» 27	» 80	**Les auteurs enseignent généralement que la dénonciation au parquet ne doit pas, à peine de nullité, être faite, comme les sommations, dans la huitaine à partir du dépôt du cahier de charges. Voir dans un sens opposé les motifs d'un arrêt de la cour d'Alger du 16 février 1886.** (PAL., 88, 1, 855; SIR., 88, 2, 156.)
422	Mention aux hypothèques des sommations ci-dessus.	1 »	»	»	»	
423	Vacation à requérir la mention......... *(Art.* 7 *de l'ordonnance de* 1841.)	»	4 50	5 40	6 »	
424	Pour les contestations sur la nullité de la procédure, voir chapitre XXXI, incidents de la saisie immobilière.	»	»	»	»	
425	Vacation à la publication du cahier des charges, compris les dires qui peuvent avoir lieu. *(Art.* 7 *de l'ordonnance de* 1841.)	»	2 45	2 70	3 »	Si le jugement de publication statue en même temps sur des dires de contestations, il y a lieu d'allouer aux avoués le droit d'obtention de jugement en matières sommaires. (MM. CARRÉ et CHAUVEAU, qons 2346 et 2423.) Il y a lieu également d'allouer des conclusions qui sont exigées par les articles 33 et 70 du décret du 30 mars 1808. (MM. CHAUVEAU et GODOFFRE, n° 3126.) Le tribunal doit, à peine de nullité, procéder à la publication au jour fixé par les sommations. Il peut toutefois renvoyer à une audience ultérieure pour indiquer le jour de l'adjudication. (Agen, 28 janvier 1867; PAL., 67, 327, SIR., 67, 2, 67; DAL., 67, 2, 245. CONFÉRENCE DES AVOUÉS DES DÉPARTEMENTS, 1883. — *Contrà,* MM. CHAUVEAU et GODOFFRE, n° 3127.)
426	Vacation de l'huissier................	R » 75 C » 90 P 1 »	»	»	»	
427	Coût du jugement qui donne acte de la publication et fixe le jour de l'adjudication.	Mém.	»	»	»	Lorsque la mise à prix est inférieure à 2,000 francs, le tribunal, par le jugement qui fixe le jour et les conditions de l'adjudication ou pour le jugement qui autorise la vente, peut ordonner : 1° que les placards et insertions ne contiendront qu'une désignation très sommaire des immeubles; le prix des insertions sera de la moitié de celui fixé pour les ventes judiciaires; 2° que les placards seront même manuscrits et apposés sans procès-verbal d'huissier, dans les lieux que le tribunal indiquera, et ce par dérogation à l'art. 699 du Code de proc. civ. (Art. 5 de la loi du 23 octobre 1884). Voir *infrà,* nos 504 à 511.
428	Affiche manuscrite.................... *(Art.* 11 *de l'ordonnance de* 1841.) *Ressort Cours Paris* Dressé........ 4 50 5 40 6 » Timbre........ » 60 » 60 » 60 Enregistrement........ 1 88 1 88 1 88 6 98 7 88 8 48	2 48	4 50	5 40	6 »	**L'avoué poursuivant a droit à l'allocation de 4 fr. 50, 5 fr. 40 ou 6 francs, toutes les fois que de nouvelles appositions de placards sont nécessaires. (Art. 11 de l'Ordonnance de 1841).**
429	Impression d'affiches et placards et timbre des affiches.	Mém.	»	»	»	Selon la nature et l'importance des biens, il peut être passé jusqu'à 500 exemplaires, non compris les placards prescrits par l'art. 699 du Code de proc. civ. (Art. 700 du même Code.) L'avoué n'a pas besoin d'autorisation pour faire faire ces exemplaires.
430	Timbre des placards légaux...........	Mém.	»	»	»	Aux termes d'un décret du 15 janvier 1853, le timbre des placards ne passe en taxe que sur un certificat délivré par le receveur du timbre et de l'enregistrement.
431	Vacation à obtenir le certificat du receveur d'enregistrement constatant le nombre de placards. *(Art.* 11 § 8 *de l'ordonnance de* 1841, *par analogie.*)	»	1 50	1 80	2 »	Pour le droit de l'avoué à la vacation ci-contre, voir MM. CHAUVEAU et GODOFFRE, n° 3177.)

Nos d'ordre	NATURE DES ACTES	Débour-sés	ÉMOLUMENTS Ressort	Cours	Paris	OBSERVATIONS
432	Payé à l'afficheur pour les affiches de couleur.	Mém.	»	»	»	La loi autorisant l'apposition d'affiches sur papier de couleur pour donner plus de publicité à la vente, le salaire de l'afficheur doit être admis en taxe. (CONFÉRENCE DES AVOUÉS, 1884, p. 7.)
433	Procès-verbal d'apposition de placards..	Mém.	»	»	»	Les huissiers ont droit pour le dressé du procès-verbal à 6 francs, 7 fr. 20 ou 8 francs selon leurs résidences, et par chaque visa à 0 fr. 75, 0 fr. 90 ou 1 franc.
434	Insertion au journal, comprenant : (*Art.* 11 *de l'ordonnance de* 1841.) *Ressort — Cours — Paris* Extrait à insérer.......... 1 50 — 1 80 — 2 » Dû à l'imprimeur.......... Mém. — Mém. — Mém. Vacation à la légalisation.. 1 50 — 1 80 — 2 » Timbre et enregistrement de la feuille................ 2 48 — 2 48 — 2 48 5 48 — 6 08 — 6 48	Mém.	3 »	3 60	4 »	Voir l'observation en marge du n° 427 pour les ventes dont la mise à prix est inférieure à 2,000 francs. Les droits ci-contre sont passés autant de fois qu'il y a d'insertions prescrites par le Code. (Art. 11 de l'Ordonnance de 1841.) Lorsque, à raison d'un incident ou pour tout autre motif légal, l'adjudication a été retardée, il est apposé de nouvelles affiches et fait de nouvelles annonces. (Art. 714, C. proc. civ.)
435	Requête afin d'insertions sommaires..... (*Art.* 11 *de l'ordonnance de* 1841.)	6 23	1 50	1 80	2 »	
436	Coût de l'insertion extraordinaire, comprenant : (*Art.* 11 *de l'ordonnance de* 1841.) *Ressort — Cours — Paris* Extrait à insérer.......... 1 50 — 1 80 — 2 » Dû à l'imprimeur.......... Mém. — Mém. — Mém. Vacation à la légalisation. 1 50 — 1 50 — 2 »	Mém.	3 »	3 60	4 »	Lorsque plusieurs insertions ont été autorisées dans le même journal, il est dû autant de droits d'extraits à insérer et autant de vacations à faire légaliser la signature de l'imprimeur qu'il y a eu, en réalité, d'insertions dans ce journal. (MM. PAIGNON, *Journal de procédure*, 1854, p. 296. — CHAUVEAU et GODOFFRE, n° 3157. — CONFÉRENCE DES AVOUÉS DES DÉPARTEMENTS, p. v. d'avril 1875, p. 450 du registre.) — Le juge taxateur ne peut pas exiger la représentation de la quittance de l'imprimeur, en plus de sa facture. (CONFÉRENCE DES AVOUÉS DES DÉPARTEMENTS, 8 octobre 1893.)
437	Vacation au jugement de remise........ (*Art.* 11 *de l'ordonnance de* 1841.)	»	4 90	5 40	6 »	L'adjudication peut être retardée sur la demande du poursuivant, ou de l'un des créanciers inscrits, ou de la partie saisie, mais seulement pour causes graves et dûment justifiées. (Art. 703, C. proc. civ.) Le poursuivant ne peut, de son chef, changer et reculer le jour de l'adjudication fixé par le tribunal. (Limoges, 5 juin 1866; PAL., 66, 1114; SIR., 66, 2, 297.)
438	Appel de cause de l'huissier au jugement de remise.	R » 25 C » 27 P » 30	»	»	»	
439	Coût dudit jugement.................	Mém.	»	»	»	
440	Vacation de l'huissier au jugement d'adjudication, par chaque lot, jusqu'à six....	R 3 75 C 4 50 P 5 »	»	»	»	Le droit ci-contre est alloué à raison de chaque lot adjugé, quelle qu'en soit la composition, sans que ce droit puisse être exigé sur un nombre de lots supérieur à six. — (Art. 6, § 4 et art. 11, § 12 de l'Ordonnance de 1841.) Il est dû dans le cas même où c'est le poursuivant qui reste adjudicataire. (CONFÉR. DES AVOUÉS, 8 octobre 1893.)
441	Vacation de l'avoué à l'adjudication :					Mêmes observations qu'au numéro précédent. Le droit est dû, jusqu'à six lots, dans le cas où le poursuivant est déclaré adjudicataire pour les mises à prix. (MM. CHAUVEAU et GODOFFRE, n° 3239.) Il est alloué aussi jusqu'au même nombre, bien que tous les lots criés partiellement aient été réunis et adjugés en bloc. (CASSATION, 4 novembre 1857; PAL., 58, 351; SIR., 58, 1, 66; DAL., 58, 1, 35. — MM. CHAUVEAU sur CARRÉ, q. n° 2536 ter. — CHAUVEAU et GODOFFRE, nos 3240 et 3235. — BONNESŒUR, p. 305. — PAIGNON, *Journal de procédure*, t. 54, p. 298. — ROUSSEAU et LAISNEY. V° Vente judiciaire d'immeubles, n° 1817.) Dans le cas ci-dessus, si le nombre des lots primitivement adjugés n'excède pas cinq, une vacation est encore due pour l'adjudication générale, qui doit être considérée comme intervenue sur un sixième lot. (MM. DUTRUC, *Bulletin de la Taxe*, t. 2, p. 146. — BONNESŒUR, p. 305. — CHAUVEAU et GODOFFRE, n° 3235.)
	Pour 1 lot..............................	»	12 »	13 50	15 »	
	Pour 2 lots..............................	»	24 »	27 »	30 »	
	Pour 3 lots..............................	»	36 »	40 50	45 »	
	Pour 4 lots..............................	»	48 »	54 »	60 »	
	Pour 5 lots..............................	»	60 »	67 50	75 »	
	Pour 6 lots et au-delà..................	»	72 »	81 »	90 »	
	(*Art.* 11 *de l'ordonnance de* 1841.)					

Nos d'ordre	NATURE DES ACTES	Débour-sés	EMOLUMENTS			OBSERVATIONS
			Ressort	Cours	Paris	
442	Remise proportionnelle de l'avoué sur le montant de l'adjudication, lorsqu'elle dépasse 2,000 francs : Jusqu'à 10,000 francs .... 1 » °/o De 10,001 à 50,000 francs .... » 50 °/o De 50,001 à 100,000 francs .... » 25 °/o Et au-delà .... » 125 °/o Ainsi l'avoué a droit : Pour 10.000 francs, à..................... 100 » De 10,001 à 50,000 francs, à .... 200 » De 50,001 à 100,000 francs, à .... 125 » Total pour une vente de 100,000 francs.. 425 » Au-delà de 100,000 francs, calculer à raison de 12 cent. et demi par 100 francs ou de 1 fr. 25 par 1,000 francs. Le taux de la remise est le même quelle que soit la résidence de l'avoué. *(Art. 11 de l'ordonnance de 1841.)*	»	»	»	»	La remise proportionnelle allouée en matière de vente publique d'immeubles sur le prix de l'adjudication, lorsqu'il dépasse 2,000 francs doit être calculée sur l'intégralité de ce prix, sans distraction des deux premiers mille francs. (CASSATION, 4 novembre 1857; PAL., 58, 351; SIR., 58, 1, 466; DAL., 58, 1, 35. — MM DALLOZ, V° Frais et dépens, n° 841. — CARRÉ ET CHAUVEAU, q°n 2537, *quinquies*. — CHAUVEAU et GODOFFRE, n° 3253. — BONNESŒUR, p. 304. — ROUSSEAU et LAISNEY, V° Vente judiciaire d'immeubles, n° 1833. — CONFÉRENCE DES AVOUÉS DES DÉPARTEMENTS, octobre 1858 et 1875, p. 456 du registre.) La remise proportionnelle se calcule sur tous les éléments qui composent le prix, tels que les rentes, pots-de-vin, épingles, impôts échus, labours, ensemencements et frais autres que ceux qui sont de droit à la charge de l'acquéreur, en un mot sur tout ce qui profite directement ou indirectement au vendeur. (Jugement de Montélimar, 25 mars 1881, rapporté au Bulletin ci-après visé. — MM. DUTRUC, *Bulletin de la Taxe*, t. 1, p. 17 et 139. — — CHAMBRE DES AVOUÉS DE PARIS, en note sous le n° 480.) Voir par analogie les autorités ci-après, qui décident que le chiffre de surenchère doit être calculé sur tout ce qui constitue le prix : CASSATION, 25 novembre 1811 et 3 avril 1815. — Paris, 19 mars 1836. — Riom, 22 août 1842. — M. DALLOZ, V° Surenchère, n° 191. — Paris, 28 décembre 1843 et 3 juillet 1847; PAL., 47, 2, 164. — Grenoble, 19 mai 1852; DAL., 54, p. 151. — CASSATION, 15 mai 1852; Av., t. 98, p. 115. — CASSATION, 13 mai 1872; PAL., 72, 569. — MM. TROPLONG, Priv. et hyp., t. 4, n° 935. — PONT, id., t. 2., p. 1363. — DALLOZ, Surenchère, n° 191. — *Code civil annoté* de DALLOZ, art. 2185, n°s 176 et suivants. — CARRÉ et CHAUVEAU, q°n 2380, et DUTRUC, V° Surenchère, n°s 246 et suivants. Lorsque l'adjudication n'a pas eu lieu et surtout lorsqu'elle n'a été empêchée que par la volonté des parties, l'avoué peut réclamer, en dehors des actes tarifés de la procédure, le prix de ses soins, de ses démarches et des travaux accomplis par lui en vue de la vente qu'il était chargé de mettre à fin. (CASSATION, 23 novembre 1869; PAL., 70, 113; SIR., 70, 1, 49; DAL., 70, 1, 128. — Paris, 16 janvier 1884; PAL., 86, 329. — CASSATION, 12 mai 1885; PAL., 85, 860. — CONFÉRENCE DES AVOUÉS DES DÉPARTEMENTS, 1871 et 1873.) L'avoué qui, par suite de circonstances indépendantes de sa volonté, a été remplacé dans le cours d'une poursuite de vente judiciaire d'immeubles a droit, proportionnellement à la part qu'il a prise dans l'instance, à la remise allouée sur le prix d'adjudication. (Trib. de Marseille, 3 août 1867; DAL., 69, 3, 21. — CONFÉRENCES DES AVOUÉS DES DÉPARTEMENTS, 1871, p. 6, et 1873, p. 310 du registre.)

DEUXIÈME SECTION — ADJUDICATION

Nos d'ordre	NATURE DES ACTES	Débour-sés	Ressort	Cours	Paris	OBSERVATIONS
443	Timbre et enregistrement du pouvoir...	4 35	»	»	»	
444	Vacation pour enchérir, par chaque lot, sans limitation de nombre. *(Art. 11, § 21 de l'ordonnance de 1841.)*	»	5 63	6 75	7 50	Les vacations pour enchérir ou pour les déclarations de command sont à la charge de l'enchérisseur ou de l'adjudicataire. (Art 11, § 24 de l'ordonnance de 1841.)
445	Vacation pour enchérir et se rendre adjudicataire, par chaque lot, sans limitation de nombre. *(Art. 11, § 22 de l'ordonnance de 1841.)*	»	11 25	13 50	15 »	La vacation pour enchérir et se rendre adjudicataire est due autant de fois qu'il y a de lots adjugés et quel qu'en soit le nombre. (Jugem. du trib. de Vesoul, 29 août 1881. — MM. BOUCHER D'ARGIS, p. 542. — RIVOIRE, p. 481. — ROUSSEAU et LAISNEY, V° Vente d'immeubles, n° 1778. — DUTRUC, *Bulletin de la Taxe*, t. 1, p. 145 et 150. — CONFÉRENCE DES AVOUÉS DES DÉPARTEMENTS, 1854, 1870 et 1871.) Lorsque des immeubles, après avoir fait l'objet d'adjudications partielles, ont été réunis et adjugés en bloc à l'acheteur primitif, l'avoué de cet adjudicataire a droit à autant de vacations qu'il y a eu d'adjudications partielles. (M. DUTRUC, *Bulletin de la Taxe*, t. 2, p. 145. — CONFÉRENCE DES AVOUÉS DES DÉPARTEMENTS, 1854 et 1858.)

Nos d'ordre	NATURE DES ACTES	Débour-sés	ÉMOLUMENTS			OBSERVATIONS
			Ressort	Cours	Paris	
446	Vacation à faire la déclaration d'adjudication ou de command. (*Art.* 11 *de l'ordonnance de* 1841.)	»	4 50	5 50	6 »	La déclaration d'adjudication se fait dans les trois jours du jugement. Celle de command se fait dans les vingt-quatre heures, soit du jugement, soit de la déclaration d'adjudication. Elle donne lieu à une vacation distincte de la vacation à déclarer adjudicataire. (MM. Chauveau et Godoffre, n° 3278.)
447	Coût de cette déclaration.............	Mém.	»	»	»	
448	Quittance des frais de la poursuite de saisie.	Mém.	»	»	»	La quittance se fait sur papier ordinaire, revêtue d'un timbre de 0 fr. 10. Elle s'enregistre au droit de 0 fr. 50 p. 100, plus deux décimes et demi. Le greffier ne peut délivrer l'expédition du jugement que lorsque cette quittance lui est rapportée. (Art. 713, C. p. c.)
449	Vacation à la déposer au greffe......... (*Art.* 11 *de l'ordonnance de* 1841, *par analogie.*)	»	2 45	2 70	3 »	Pour constater la remise et l'annexe à la minute du jugement de la quittance des frais, il suffit d'une mention sommaire faite par le greffier sur la pièce elle-même et pour laquelle il n'est dû aucun émolument. (Cassation, 16 février 1863; Pal., 63, 231; Sir., 63, 1, 59; Dal., 63, 1, 57.)
450	Minute de l'adjudication.............. Droit de mutation........ 5 50 p. 100 fr. Deux décimes et demi.... 1 375 id. Droit proportionnel....... 0 25 id. Deux décimes et demi.... 0 0625 id. 7.1875 id. Plus au greffier pour timbre, mention au répertoire, etc... Mém.	Mém.	»	»	»	Il est perçu en plus du droit de mutation, d'après l'art. 16 de la loi du 26 janvier 1892, un droit proportionnel de 0 fr. 25 par 100 francs, outre les décimes, sur le prix augmenté de toutes les charges, dans lesquelles ne sont pas compris les droits dus sur le jugement d'adjudication. Les ventes au-dessous de 20,000 francs en sont exemptes. Le greffier a droit à une remise de 0 fr. 05 par 100 francs jusqu'à 5,000 francs et de 0 fr. 025 au-delà de 5,000 francs.
451	Expédition du jugement d'adjudication...	Mém.	»	»	»	Voir *suprà*, observation n° 34. L'expédition du jugement nécessaire pour la transcription doit reproduire le cahier de charges. (Art. 712, C. proc. civ., et 2181 C. civ.) Il n'est besoin que d'un extrait suffisant pour transcrire lorsque le prix total de l'adjudication ne dépasse 2,000 fr. Voir *infrà*, n° 512.
452	Signification du jugement à la partie saisie.	R 5 58 C 5 95 P 6 20	» 25	» 27	» 30	Le jugement n'est signifié qu'à la personne ou au domicile de la partie saisie. (Art. 716, C. p. c.)
453	Mention du jugement au bureau des hypothèques, en marge de la transcription de la saisie.	1 »	»	»	»	La mention dont il s'agit ci-contre est faite à la diligence de l'adjudicataire et à ses frais. (Art. 716. C. proc. civ.) Cette mention n'a plus l'utilité qu'elle avait avant la loi du 23 mars 1855 qui exige la transcription entière du jugement d'adjudication; aussi elle est maintenant rarement requise.
454	Vacation à la mention................ (*Art.* 7 *de l'ordonnance de* 1841.)	»	4 50	5 40	6 »	
455	Coût de la transcription du jugement d'adjudication.	Mém.	»	»	»	Tous les jugements d'adjudication doivent être transcrits, à l'exception toutefois de ceux rendus sur licitation au profit d'un cohéritier ou d'un copartageant. (V. art. 1er de la loi du 23 mars 1855.)
456	Vacation à faire transcrire............ (*Art.* 131 *du tarif et* 7 *de l'ordonnance de* 1841.)	»	4 50	5 40	6 »	Par assimilation du cas ci-contre à ceux prévus aux art. 131 du tarif et 7 de l'ordonnance de 1841, on alloue à l'avoué qui fait transcrire 4 fr. 50, 5 fr. 40 ou 6 francs. (MM. Chauveau et Godoffre, nos 3336 et 3868.

Nos d'ordre	NATURE DES ACTES	Débour-sés	ÉMOLUMENTS Ressort	Cours	Paris	OBSERVATIONS
457	Coût de l'état sur transcription du jugement d'adjudication. Par chaque inscription.......... 1 franc. Si l'état est négatif, par chaque partie.......... 1 franc. Timbre.......... Mém. (Voir n° 414.)	Mém.	»	»	»	Il est d'usage de ne lever qu'un état faisant suite à l'état sur la transcription de la saisie. Le devoir du conservateur des hypothèques est de se conformer à la réquisition qu'il reçoit, et l'adjudicataire peut tout aussi bien requérir un certificat sur transcription limité à certaines charges qu'un certificat les comprenant toutes. (Cassation, 6 janvier 1891; Gaz. Pal., 91, 198.) Il n'y a aucune distinction à faire, au point de vue de leur légitimité, soit qu'il s'agisse de certificats de transcriptions, soit qu'il s'agisse de certificats d'inscriptions, entre une réquisition limitée à une partie des immeubles compris dans la transcription ou à quelques-uns seulement des anciens possesseurs, et les réquisitions restreintes à une période déterminée de date à date, ou à une période plus longue avec exclusion de telles inscriptions bien précisées. (Même arrêt.) Et lors donc, par exemple, qu'un acquéreur, en requérant la transcription de son contrat, demande la délivrance d'un état d'inscriptions grevant l'immeuble par lui acquis, ne devant comprendre que les inscriptions prises contre le vendeur en dehors de certaines désignées dans la réquisition, d'une façon précise, par date, volume et numéro, le conservateur ne peut se refuser à cette délivrance en prétendant qu'il ne peut délivrer qu'un état complet du chef de la personne désignée dans la réquisition. (Même arrêt.) Les frais qu'occasionne la délivrance des inscriptions autres que celles d'office, prises contre l'adjudicataire, ne sont pas à la charge de celui-ci, et il peut les retenir sur son prix.
458	Vacation à le requérir................ *(Art. 131 du tarif de 1807.)*	»	4 50	5 40	6 »	

459 L'avoué de l'adjudicataire a droit à des honoraires lorsqu'au lieu de se borner à porter des enchères, il éclaire son client de ses conseils, remplit toutes les formalités nécessaires pour rendre incommutable la transmission de propriété, et prend soin de vérifier l'établissement de propriété et d'assurer la parfaite libération du client. Un jugement du tribunal civil de Lyon du 6 août 1887 (*Bull. taxe,* 87, 156), après avoir constaté qu'en matière d'adjudication, la mission stricte de l'avoué, telle qu'elle est déterminée par les art. 705 et 707, C. proc. civ., consiste à enchérir et à déclarer l'adjudicataire, ajoute : Attendu, en fait, que jamais l'avoué ne borne là sa mission; qu'il résulte d'un usage constant et souvent d'un mandat exprès ou tacite de son client, qu'il est chargé de faire avant et après l'adjudication, toutes les démarches nécessaires pour rendre l'adjudication valable et définitive ; que l'ensemble de ces démarches souvent longues, délicates et entraînant une certaine responsabilité, constitue l'accomplissement dudit mandat donné à l'avoué en dehors de ses fonctions, comme il pourrait être donné à tout autre, et qui doit être d'autant mieux rétribué que, par sa position, il offre des garanties de capacité, de probité et de responsabilité qu'on trouve difficilement ailleurs. (Paris, 25 août 1849 ; Dal., 49, 2, 196. — Jugement de Mantes, 11 décembre 1880, rapporté au procès-verbal de la Conférence des avoués des départements, 1880. — Avis conforme de la Conférence, 1880. Voir *suprà,* n° 42.)

TROISIÈME SECTION — SURENCHÈRE DU SIXIÈME

460 Deux modes de procédure sont suivis dans les poursuites de surenchère du sixième :

Devant un certain nombre de Tribunaux, l'adjudication a lieu à la première audience après la quinzaine de la dénonciation de la surenchère.

A Paris et devant d'autres tribunaux, il n'est procédé à l'adjudication qu'après qu'un jugement en a fixé le jour, et la publication et l'affichage ont lieu quarante jours au plus tôt et vingt jours au plus tard avant l'adjudication. (Voir pour ce dernier mode procéder : Dijon, 18 avril 1855 ; Pal., 56, 2, 155. — Cassation, 7 décembre 1868 ; Pal., 69, 181. — Grenoble, 27 mars 1876 ; Pal., 79, 220. — Bordeaux, 29 juillet 1886 ; Journal des Arrêts de cette Cour, 86, 401. — MM. Dalloz, V° surenchère, n° 374. — Rousseau et Laisney, t. 8, p. 627. — Conférences des Avoués des départements, année 1874, p. 401 du registre.)

461 La vente sur surenchère, en toute matière, doit avoir lieu devant le tribunal ; elle ne peut jamais être renvoyée devant notaire. (Douai, 1er mars 1843 ; Dal., 44, 2, 77, — Besançon, 27 avril 1844 ; Dal., 45, 2, 26. — MM. Bioche, Journ. proc., t. 7, 433. — Dutruc, Traité du partage, n° 403.)

Nos d'ordre	NATURE DES ACTES	Déboursés	ÉMOLUMENTS			OBSERVATIONS
			Ressort	Cours	Paris	
462	Pouvoir pour surenchérir.............	4 35	»	»	»	
463	Vacation à faire la déclaration de surenchère. (*Art.* 12 *de l'ordonnance de* 1841.)	»	11 25	13 50	15 »	Si l'avoué surenchérit, au nom du même client, plusieurs lots adjugés séparément a-t-il droit à autant de vacations qu'il y a de lots surenchéris? Pour l'affirmative, voir MM. CHAUVEAU et GODOFFRE, n° 3286. — DUTRUC, V° Surenchères, n° 100. — *Journal des Avoués*, t. 77. — *Bulletin de la Taxe*, t. 5, p. 101. Lorsque la surenchère est faite au nom de plusieurs parties agissant chacune dans un intérêt distinct, il n'est pas douteux qu'il ne soit dû autant de vacations qu'il y a de parties.
464	Acte de surenchère, minute et expédition.	Mém.	»	»	»	L'acte de surenchère doit être fait, à peine de nullité, dans le local même du greffe. (CASSATION, 7 avril 1873; Av., t. 97, n° 2041; PAL., 73, 390.)
465	Dénonciation de la surenchère avec avenir. (*Art.* 12 *de l'ordonnance de* 1841. — *Détail n°* 59.)	R » 25 C » 27 P » 30	1 29	1 54	1 70	La surenchère est dénoncée, dans les trois jours, aux avoués de l'adjudicataire, du poursuivant et de la partie saisie, si elle a constitué avoué, sans qu'il soit nécessaire de faire la dénonciation à la personne ou au domicile de faire la dénonciation à la personne ou au domicile de la partie saisie qui n'a pas d'avoué. (Art. 709, C. p. c.)
466	Pour la suite de la procédure, voir chapitre Ier des matières sommaires.	»	»	»	»	Il a été jugé, par la cour de cassation, contrairement à une pratique consacrée dans beaucoup de tribunaux, qu'il ne doit pas être alloué de droit d'obtention de jugement lorsque la surenchère ne donne pas lieu à contestation. (Arrêt du 20 juillet 1885, rapporté au *Bulletin de la Taxe*, année 1885, p. 7.) Le jugement ne doit être levé et signifié que s'il statue sur des contestations.
467	Pour la publicité de la vente et les vacations à l'adjudication, voir nos 428 et suivants.	»	»	»	»	

468 Lorsque la vente primitive a eu lieu devant notaire, l'avoué poursuivant dépose au greffe une expédition du procès-verbal pour servir de minute d'enchères. Compter dans l'état de frais la vacation au dépôt et le coût du dépôt. (Voir nos 412 et 413.)

469 *Question :* Les avoués des parties appelées à la surenchère peuvent-ils réclamer les droits de lots comme l'avoué poursuivant cette surenchère? Pour l'affirmative : MM. CHAUVEAU et GODOFFRE, n° 3310. — Ach. MORIN, J. av. t. 65, p. 522 et t. 75, p. 579. — PAIGNON, J. de proc., 1854, p. 297. — DUTRUC, supplément aux lois de proc. V° surenchère, n° 146. — Conférence des avoués, 1883, p. 12. — M. BOUCHER D'ARGIS, p. 576, est d'avis que les avoués présents à la vente sur surenchère ont droit aux vacations par lots, mais qu'ils ne peuvent les réclamer qu'à leurs clients. — Pour la négative : CASSATION, 16 novembre 1857, J. av. t. 83, p. 68.

470 La remise proportionnelle est due sur l'excédent du prix produit par la surenchère même lorsqu'il est inférieur à 2,000 francs, pourvu que le prix total dépasse ce chiffre. (MM. PAIGNON, J. de proc., 1855, p. 7. — CHAUVEAU et GODOFFRE, n° 3312. — ROUSSEAU et LAISNEY, t. 8, p. 707. — Conférence des Avoués des départements, 1883, p. 9.)

471 La remise, ainsi calculée, appartient exclusivement à l'avoué surenchérisseur. (Art. 12 de l'ordonnance de 1841. — Conférence des avoués des départements, 1874, p. 406 du registre.)

472 L'avoué qui a poursuivi la vente originaire conserve son droit aux vacations à la première adjudication, malgré la surenchère. (M. BOUCHER D'ARGIS, p. 576.)

473 L'adjudicataire sur surenchère est tenu de payer en sus de son prix tous les frais faits depuis la première adjudication, entr'autres les frais de l'adjudicataire surenchéri. (MM. DUTRUC, Bulletin de la taxe, t. 4, p. 81. — CHAUVEAU et GODOFFRE, n° 3306.)

Nos d'ordre	NATURE DES ACTES	Débour-sés	ÉMOLUMENTS Ressort	Cours	Paris	OBSERVATIONS

CHAPITRE XXXI

Incidents de la Saisie immobilière (Art. 718 à 748 (C. proc. civ.)

474 Tous actes et procédures relatifs aux incidents de ventes judiciaires et qui ne sont pas l'objet de dispositions spéciales dans l'ordonnance du 10 octobre 1841 sont taxés comme actes et procédures en matière sommaire. (Art. 17, § 1er de ladite ordonnance.)

475 Si, à l'occasion d'une procédure de vente judiciaire d'immeubles, il s'élève une contestation qui n'ait pas le caractère d'incident et qui doive être considérée comme matière ordinaire, les actes relatifs à cette contestation sont taxés suivant les règles établies pour les procédures en matière ordinaire. (Art. 17, § 2 de l'ordonnance de 1841.)

476 La demande en résolution de vente formée par un précédent propriétaire non payé est sommaire ou ordinaire, selon qu'elle est susceptible d'être jugée en dernier ressort ou à charge d'appel, d'après les règles ordinaires de la compétence. (Bourges, 1er juillet 1852; Pal., 53, 1, 115. — Bordeaux, 12 avril 1853. — Caen, 6 juin 1854. — Limoges, 18 novembre 1854; Sir., 55, 2, 111. — MM. Chauveau sur Carré, q. 2405 quater. — Boucher d'Argis, p. 565. — Bonnesoeur, p. 317.)

Il en est de même de la demande en nullité des baux consentis par le saisi, encore bien qu'elle soit formée au cours de la poursuite de saisie. (M. Boucher d'Argis, p. 565.)

477 L'opposition au commandement, formée avant la saisie, n'est pas un incident de vente, et elle doit être instruite comme en matière ordinaire lorsque la somme dépasse 1,500 francs. (Trib. de Beauvais, 30 décembre 1853; Av. t. 89, 139. — Cassation, 9 janvier 1854; Pal., 54, 1, 108. — MM. Dalloz, Vo vente d'im., nos 1024 et 1504. — Boucher d'Argis, p. 565. — Chauveau et Godoffre, qons 2412 et suivantes. — Dutruc, Bulletin de la taxe, 5e année, p. 21.)

478 Il n'y a pas lieu à jugement de defaut profit joint en matière d'incident de saisie immobilière. (Jurisprudence constante. Voir notamment, Cassation, 7 décembre 1887; Pal., 88, 1, 163; Sir., 88, 1, 78; Dal., 88, 1, 255.)

§ 1er. — Saisie plus ample.

Nos d'ordre	NATURE DES ACTES	Débour-sés	Ressort	Cours	Paris	OBSERVATIONS
479	Acte du palais contenant dénonciation de la saisie plus ample au premier saisissant, avec sommation de se mettre en état. (*Art.* 7, § 9 *de l'ordonnance de* 1841.)	R » 25 C » 27 P » 30	3 06	3 65	4 05	Le premier saisissant poursuit sur les deux saisies si elles sont au même état, sinon il surseoit à la première et suit sur la deuxième jusqu'à ce qu'elle soit au même degré : elles sont alors réunies en une seule poursuite. (Art. 720, C. p. c.) Faute par le premier saisissant de poursuivre sur la seconde saisie à lui dénoncée, le second saisissant peut, par un simple acte, demander la subrogation. (Art. 720, C. proc. civ. Voir *infrà*, no 502.)

	Ressort	Cours	Paris
Copie de pièces, par rôle......	» 25	» 27	» 30
Dressé de l'acte..............	2 25	2 70	3 »
Copie id.	» 56	» 68	» 75
A l'huissier..................	» 25	» 27	» 30
	3 31	3 92	4 35

§ 2. — Distraction d'immeubles saisis.

Nos d'ordre	NATURE DES ACTES	Débour-sés	Ressort	Cours	Paris	OBSERVATIONS
480	Acte de dépôt au greffe des pièces justificatives.	Mém.	»	»	»	La demande en distraction n'est pas nécessairement précédée d'un dépôt de titres, par exemple dans le cas où le demandeur se fonde sur la prescription. (M. Chauveau sur Carré, quest. 2420.)
481	Vacation du dépôt.................... (*Art.* 7, § 10 *de l'ordonnance de* 1841.)	»	2 45	2 70	3 »	

Nos d'ordre	NATURE DES ACTES	Déboursés	ÉMOLUMENTS Ressort	Cours	Paris	OBSERVATIONS
482	Conclusions (grossoyées ou par simple acte), pour demander la distraction des immeubles saisis. (*Voir* 1er *ou* 2e *détail, n°* 21. — *Ajouter le droit de copie de l'acte de dépôt.*)	R » 25 C » 27 P » 30	1 88 ou 4 69	2 25 ou 5 63	2 50 ou 6 25	Depuis l'arrêt de la cour de cassation du 13 novembre 1861 (PAL., 62, 92), il est incontestable que des émoluments sont dus aux avoués pour le dressé et le dépôt des conclusions sur les incidents de saisie, qui sont taxés comme matière sommaire. (M. BONNESŒUR, p. 319. — V. *suprà*, observation n° 21.)
483	Assignation en distraction aux parties qui n'ont pas constitué avoué.	R 5 58 C 5 95 P 6 20	» 35	» 41	» 45	La demande en distraction est formée tant contre le saisissant que contre la partie saisie et le premier créancier inscrit. Elle contient copie de l'acte de dépôt au greffe des pièces justificatives. (Art. 725 et 726, C. p. c.)
484	Pour le complément de la procédure, voir chapitre Ier, matières sommaires.	»	»	»	»	En matière d'incidents de saisie, le droit entier de jugement est toujours dû, car le jugement n'est pas susceptible d'opposition. (Voir les autorités citées en l'observation du n° 25, § 2.)

§ 3. — Folle-Enchère.

Nos d'ordre	NATURE DES ACTES	Déboursés	Ressort	Cours	Paris	OBSERVATIONS
485	Sommation à l'adjudicataire de justifier de l'acquit des conditions exigibles de l'adjudication.	Mém.	»	»	»	S'il y a opposition à la delivrance du certificat, il est statué à la requête de la partie la plus diligente par le président du tribunal en état de référé. (Art 731, C. p. c.)
486	Vacation à requérir le certificat de folle enchère. (*Art.* 12 *de l'ordonnance de* 1841.)	»	2 45	2 70	3 »	Si la folle enchère est poursuivie avant la delivrance du jugement d'adjudication, le poursuivant se fait délivrer par le greffier ou par le notaire qui a procédé à la vente un certificat constatant que l'adjudicataire n'a point justifié des conditions exigibles de l'adjudication. (Art. 734, C. proc. civ.)
487	Coût du certificat....................	Mém.	»	»	»	
488	Notification de ce certificat à l'avoué de l'acquéreur, avec indication du jour de la nouvelle adjudication.	R » 25 C » 27 P » 30	1 19	1 40	1 55	
489	Semblable notification aux précédents propriétaires.	Mém.	» 25	» 27	» 30	

490 La procédure indiquée ci-dessus a lieu lorsque la folle enchère est poursuivie avant la délivrance du jugement d'adjudication. (Art. 734, C. proc. civ.) — Si elle n'est poursuivie qu'après la délivrance du bordereau de collocation, on signifie à l'adjudicataire ce bordereau avec commandement. (Art. 735, C. proc. civ. — CASSATION, 17 juin 1863 ; PAL., 64, 257 ; SIR., 62, 1, 481 ; DAL., 63, 1, 457.)

491 Pour la publicité de la vente et la suite de la procédure, voir nos 428 et suivants.

492 L'avoué poursuivant la folle enchère a droit aux vacations à l'adjudication jusqu'à concurrence de six lots. (CASSATION, 17 décembre 1851, Av, t. 77, p. 113. — MM. CHAUVEAU et GODOFFRE, n° 3473.)

493 Il a droit en outre à la remise proportionnelle sur l'excédent du prix, s'il y en a, même lorsqu'il est inférieur à 2,000 fr., pourvu que le prix total dépasse ce chiffre. (MM. PAIGNON, J. de procédure. 1855, p. 7. — CHAUVEAU et GODOFFRE, n° 3312. — ROUSSEAU et LAISNEY, t. 8, p. 707. — Conférence des Avoués des départements, 1883 et 1886.)

§ 4. — Conversion de la Saisie en Vente volontaire.

Nos d'ordre	NATURE DES ACTES	Déboursés	Ressort	Cours	Paris	OBSERVATIONS
494	Requête afin de conversion de la saisie immobilière en vente sur publications judiciaires. (*Art.* 7 *de l'ordonnance de* 1841.)	» 60	4 50	5 40	6 »	L'avoué cosignataire de la requête a droit, comme l'avoué poursuivant, aux émoluments indiqués au numéro ci-contre et au numéro suivant, ainsi qu'à ceux alloués aux avoués colicitants dans les licitations.

Nos d'ordre	NATURE DES ACTES	Débours-sés	EMOLUMENTS Ressort	Cours	Paris	OBSERVATIONS
495	Obtention des renseignements pour la fixation des mises à prix. (*Art. 9 de l'ordonnance de* 1841.)	»	25 »	25 »	25 »	Le droit de 25 francs est dû comme en matière de ventes de biens de mineurs, auxquelles l'art. 743 du Code de proc. civ. renvoie pour les ventes sur conversion. (MM. BIOCHE et PAIGNON, *Journal de procédure civile,* 1854, p. 305. — ROUSSEAU et LAISNEY, t. 8, p. 705. — CONFÉRENCE DES AVOUÉS DES DÉPARTEMENTS, 1864, 1874 et 1888.)
496	Droit d'obtention de jugement : Jusqu'à 1,000 francs .... Au-delà de 1,000 francs jusqu'à 5,000 francs. Et au-delà de 5,000 francs................	 » » »	 11 25 15 » 22 50	 13 50 18 » 27 »	 15 » 20 » 30 »	La plupart des auteurs qui ont écrit sur le tarif depuis l'ordonnance de 1841 sont d'avis qu'il doit être alloué aux avoués le droit d'obtention de jugement comme en matière sommaire. En effet, aux termes de l'art. 718 du Code de proc. civ. et de l'art. 12, § 5 de l'ordonnance du 10 octobre 1841, les incidents de la poursuite de saisie sont instruits et taxés comme affaires sommaires. Or, la conversion étant un incident de saisie, l'obtention du jugement qui l'autorise doit être taxée d'après l'art. 67 du tarif de 1807. On ne saurait soutenir que le droit modique de 4 fr. 50 et de 6 francs, alloué par l'art. 7, § 13 de l'ordonnance de 1841 pour la requête afin de conversion, comprend l'obtention du jugement, car cet article ne le dit pas, et ce silence est d'autant plus significatif que dans les art. 76, 77 et 78 du tarif de 1807, il est mentionné que le droit de rédaction des requêtes énoncées auxdits articles comprend l'émolument pour prendre les ordonnances et communiquer au ministère public. D'ailleurs, dans ces articles mêmes, le mot *ordonnances* n'a pas la signification de *jugements :* il ne s'applique qu'aux ordonnances du président qui nomment un rapporteur et prescrivent la communication au ministère public. (MM. PAIGNON, *Journal de procédure,* 1854, p. 152. — BONNESŒUR, p. 318. — FONS, p. 317. — TRIPIER, sur CARRÉ, p. 625. — DALLOZ, V° Frais et dépens, n° 685. — CHAUVEAU et GODOFFRE, n° 3491. — CHAMBRE DES AVOUÉS DE PARIS, nos 498 et 936. — CONFÉRENCE DES AVOUÉS DE 1re INSTANCE DES DÉPARTEMENTS, 1888.)
497	Jugement (minute et expédition)........	Mém.	»	»	»	
498	Coût de la mention du jugement aux hypothèques en marge de la transcription de la saisie.	1 »	»	»	»	
499	Vacation à faire opérer cette mention.... (*Art. 7 de l'ordonnance de* 1841.)	»	4 50	5 40	6 »	Les auteurs qui sont d'avis que les avoués ont seulement droit à une vacation de 2 fr. 25, 2 fr. 70 ou 3 francs, par application de l'art. 83, § 1er du tarif, sont : MM. CARRÉ, p. 267 et 448; SOREL, sur BOUCHER D'ARGIS, p. 557, note A.
500	Sommation, par acte du palais, de prendre communication du cahier des charges.	R » 25 C » 27 P » 30	» 94	1 13	1 25	
501	Pour les formalités de la vente, qui sont les mêmes qu'en matière de ventes de biens de mineurs (chapitre IV), voir, lorsque la vente a lieu devant le tribunal, les nos 411, 412, 413 et 428 et suivants, et lorsqu'elle a lieu devant notaire, voir nos 772 et suivants.	»	»	»	»	La remise proportionnelle est la même que dans les ventes de biens de mineurs. (Jugem. de Castelnaudary, 30 décembre 1875; Av., t. 101, p. 170. — Jugem. de Montélimar, 25 mars 1881, rapporté au *Bulletin de la Taxe,* 1881, p. 140. — M. BIOCHE, V° Saisie immobilière, n° 792. — CONFÉRENCE DES AVOUÉS DES DÉPARTEMENTS, 1883, 1886 et 1890.

§ 5. — Autres Incidents de Saisie immobilière.

Nos d'ordre	NATURE DES ACTES	Débours-sés	EMOLUMENTS Ressort	Cours	Paris	OBSERVATIONS
502	Conclusions (grossoyées ou par simple acte) sur les incidents de saisie immobilière. (1er *ou* 2e *détail, n°* 21.)	R » 25 C » 27 P » 30	1 88 ou 4 69	2 25 5 63	2 50 6 25	Les principaux incidents de saisie, outre ceux dont il vient d'être parlé, ont pour objet : 1° la réunion de deux poursuites de saisies différentes; 2° la subrogation dans la poursuite; 3° la radiation d'une précédente saisie; 4° la nullité de la procédure; 5° la nomination d'un séquestre.
503	Assignation aux parties qui n'ont pas constitué avoué.	R 5 58 C 5 95 P 6 20	»	»	»	Ajouter le droit de copie des pièces à signifier.
504	Pour la suite de la procédure, appliquer le chapitre Ier, Matières sommaires, sauf qu'il n'y a pas lieu à mise au rôle.	»	»	»	»	Voir *suprà*, nos 482 et 484, relativement aux conclusions et au droit d'obtention de jugement. Dans les incidents de saisie, il n'y a pas lieu à jugement de défaut profit-joint. (CASSATION, 31 mai 1858; PAL., 58, 805. — CASSATION, 5 juillet 1859; PAL., 59, 771.)

Nos d'ordre.	NATURE DES ACTES	Déboursés	ÉMOLUMENTS			OBSERVATIONS
			Ressort	Cours	Paris	

CHAPITRE XXXII

Réduction des Frais des Ventes judiciaires d'Immeubles (Loi du 23 Octobre 1884.)

505 Lorsque l'adjudication, devenue définitive, ne dépasse pas 2,000 francs de prix principal, toutes les sommes payées au Trésor public pour droit de timbre, d'enregistrement, de greffe et d'hypothèques applicables aux actes rédigés en exécution de la loi pour parvenir à l'adjudication, sont restituées. (Art. 3, § 1er de la loi du 23 octobre 1884.)

506 Si le prix est seulement de 1,000 francs ou au-dessous, les divers agents de la loi subissent une réduction d'un quart sur les émoluments à eux dus et alloués en taxe, conformément au tarif du 10 octobre 1841. (Art. 3, § 2 de la loi précitée.) Ces agents sont les avoués, huissiers, greffiers et notaires. (Exposé des projets de loi des 17 mai 1876 et 14 janvier 1879. — Instruction du Directeur général de l'enregistrement, du 3 décembre 1884.)

Les émoluments réductibles sont seulement ceux qui résultent du tarif spécial du 10 octobre 1841 ; les droits résultant d'un autre tarif ne sont donc pas soumis à réduction. (Commentaire de la loi précitée par M. Legrand, président de la Conférence des avoués de première instance des départements.)

Les frais qui ne doivent pas subir de réduction sont notamment les indemnités de transport des avoués et des huissiers qui sont alloués par le tarif de 1807 et qui sont la représentation de déboursés, l'impression des placards, l'affichage, le salaire du conservateur, les ports de lettres et pièces. En ce qui concerne les insertions, voir l'article 5 rapporté ci-après, au n° 508.

507 Le bénéfice de la loi précitée s'applique à toutes les ventes judiciaires d'immeubles de la valeur indiquée ci-dessus, ainsi qu'à leurs incidents de subrogation, de surenchère et folle enchère. (Art. 2, § 1er.) Il s'applique aussi à la procédure de baisse de mise à prix. (M. Legrand, p. 14. — M. Bigard, Commentaire de la loi, n° 17.)

Il s'applique également à la licitation d'immeubles qui appartiennent exclusivement à des majeurs. (Cassation, 6 avril 1887 ; Pal., 87, 1, 1066 ; Sir., 87, 1, 434 ; Dal., 87, 1. 503.)

Pour l'application de la loi, il faut retrancher du prix principal les frais stipulés payables en déduction. (Trib. de Dijon, 9 janvier 1888 et d'Epernay, 23 février 1888 ; *Lois nouvelles*, 88, 3, 33. — MM. Legrand, nos 2, 3 et 10. — Carpentier, *Lois nouvelles*, t. 4, 75, nos 17 et 18.)

Par contre, la valeur des lots non adjugés entre dans le calcul du prix principal pour leurs mises à prix. La vente ultérieure de ces lots profite du bénéfice de la loi d'après les mêmes règles. (Art. 1er, § 2 de la loi.)

La vente sur folle enchère doit être envisagée isolément : elle jouit de la réduction si elle est inférieure à 2,000 francs, encore bien que la vente primitive ait dépassé cette somme, mais la vente primitive ne subit aucun changement. (Cassation, 14 janvier 1889 ; Pal., 90, 1, 1147 ; Sir., 90, 1, 486. — MM. Legrand, n° 14. — Bigard, n° 23. — Carpentier, n° 21.)

Au cas d'adjudication faite en plusieurs lots et de surenchère du sixième sur l'un des lots, la nouvelle adjudication du lot qui a fait l'objet de la surenchère ne peut être traitée isolément comme une vente distincte, donnant lieu à l'application de la loi de 1884, quand bien même le prix du lot surenchéri se trouverait inférieur à 2,000 francs, si ce prix réuni à celui des autres lots dépasse ladite somme. (Cassation, 18 mai 1887 ; Pal., 88, 1, 935 ; Sir., 88, 1, 385 ; Dal., 87, 1, 504. — Instruction du Directeur général de l'enregistrement, n° 9. — MM. Bigard, n° 22. — Carpentier, n° 22.)

Dans les procédures où la licitation est incidente aux opérations de liquidation et partage, le bénéfice de la loi n'est acquis aux actes nécessaires pour parvenir à l'adjudication qu'à partir du cahier des charges inclusivement ; les frais antérieurs ne sont pas employés en frais de vente. (Art. 2, § 3 de la loi.)

Les vendeurs restent libres d'ailleurs d'imposer à l'adjudicataire, par une clause spéciale, l'obligation de payer en leur acquit les frais antérieurs au cahier de charges et de déléguer à cet effet une partie du prix. (M. Legrand, p. 28.).

Nos d'ordre	NATURE DES ACTES	Débour-sés	EMOLUMENTS			OBSERVATIONS
			Ressort	Cours	Paris	

508 Le tribunal devant lequel se poursuit une vente d'immeubles dont la mise est inférieure à 2,000 francs peut ordonner : 1° que les placards et les insertions ne contiendront qu'une désignation très sommaire des immeubles ; le prix des insertions est de moitié de celui fixé pour les autres ventes judiciaires ; 2° que les placards seront même manuscrits et apposés, sans procès-verbal d'huissier, dans les lieux que le tribunal indiquera, et ce par dérogation à l'article 699 du Code de procédure civile. (Art. 5 de la loi.)

La réduction à moitié du prix des insertions n'est pas subordonnée à une décision du tribunal ; elle s'impose dans toute vente judiciaire d'immeubles dont la mise à prix est inférieure à 2,000 francs. (Rapport présenté en 1882 à la Chambre des Députés. — M. Legrand, n° 56. — M. Dutruc, *Journal des Avoués*, t. 110, p. 102.)

Cette réduction s'applique aux insertions sommaires comme aux insertions légales. Elle a lieu alors même que l'adjudication porte le prix au-dessus de 2,000 francs. (M. Legrand, p. 48 et 49.)

509 L'état de frais de poursuite est dressé par distinction entre les droits du Trésor et ceux des agents de la loi ; il est taxé et annexé au jugement ou au procès-verbal d'adjudication. (Art. 3, § 3 de la loi.)

Cet état est divisé en trois colonnes, si la vente ne dépasse pas 1,000 francs ; la première indique les droits du Trésor ; la seconde, les émoluments des agents de la loi (avoués, notaires, huissiers et greffiers), et la troisième, les déboursés qui ne sont pas réductibles. Au-delà de 1,000 francs les émoluments des agents de la loi n'étant pas soumis à réduction, on peut les joindre aux autres frais et ne faire que deux colonnes. (Voir *suprà*, Introduction, p. 10.)

510 Le jugement ou le procès-verbal d'adjudication constate que le bénéfice de la loi est acquis à la vente, si le prix d'adjudication ne dépasse pas 2,000 francs. Il ordonne la restitution, par le Trésor public, des sommes à lui payées pour les causes énoncées en l'art. 3, lesquelles doivent être retranchées de l'état taxé, et, de plus, il réduit d'un quart les émoluments des agents de la loi, compris en l'état, si le prix d'adjudication est inférieur ou égal à 1,000 francs. La disposition du jugement ou du procès-verbal d'adjudication relative à la fixation des droits à restituer est susceptible d'opposition pendant trois jours à compter de l'enregistrement de l'acte de vente, de la part des intéressés. Cette opposition est formée et jugée comme en matière d'opposition à taxe. S'il n'y a pas eu d'opposition, il en est justifié par un certificat du greffier ; en cas de jugement rendu sur l'opposition, il est produit un extrait de ce jugement ; le tout a lieu sans frais. (Art. 4, § 1er, de la loi.)

511 Le receveur d'enregistrement qui procède à l'enregistrement du jugement ou du procès-verbal d'adjudication restitue à l'avoué poursuivant, sur sa simple décharge et sur la remise d'un extrait délivré, sans frais, de l'ordre de restitution, le tout dans les vingt-trois jours de cette adjudication, les sommes perçues par le Trésor public et comprises en l'état taxé. (Art. 4, § 2 de la loi.) Remise est faite également au receveur des certificats du greffier constatant qu'il n'y a pas eu de surenchère sur le prix de vente, ni d'opposition à l'ordonnance de restitution.

512 Le greffier du tribunal ou le notaire délégué pour la vente délivre à l'adjudicataire un extrait suffisant pour la transcription de son titre, et au vendeur, mais seulement dans le cas de non paiement du prix ou de non exécution des conditions de l'adjudication, un extrait en forme exécutoire. (Art. 4, § 3 de la loi.)

Par ces mots : « *extrait suffisant* », la loi de 1884 crée une dérogation à l'art. 2181, C. civ., qui exige que le contrat translatif de propriété soit transcrit en entier. L'extrait est suffisant lorsqu'il contient l'énonciation du jugement ou du procès-verbal d'adjudication, les noms des vendeurs et acquéreurs, la désignation des immeubles, l'origine de propriété, le prix et les conditions qui peuvent être considérées comme une augmentation du prix ou une charge de la vente ; en un mot tout ce qui peut intéresser les tiers, mais rien de plus. Les énonciations de procédure et les clauses de style qui se trouvent parfois dans les cahiers de charges peuvent être supprimées. On peut appliquer ici, par analogie, l'article 2183, C. civ., qui indique ce que doit contenir l'extrait de contrat à notifier à la requête de l'acquéreur aux créanciers inscrits.

N°s d'ordre	NATURE DES ACTES	Déboursés	ÉMOLUMENTS Ressort	Cours	Paris	OBSERVATIONS

CHAPITRE XXXIII

Ordres (Art. 749 à 779 C. proc. civ.)

513 La loi du 21 mai 1858 a apporté des modifications importantes à la procédure d'ordre. Il y avait lieu, par suit d'établir un nouveau tarif sur cette matière comme il avait été fait en 1841, après la loi sur les ventes judiciair d'immeubles.

Le rapport de la commission du Corps législatif, à l'occasion de la taxe sommaire appliquée à tous les inciden d'ordre, réclamait un système de tarif qui proportionnât, dans une certaine mesure, l'émolument du travail à la somme e distribution ou à l'intérêt que le travail défend. Cette réclamation a été renouvelée lors de la discussion du projet de lo à la séance du Corps législatif du 14 avril 1858 et n'a rencontré aucune opposition ; mais, malgré le long temps écoul depuis, rien n'a été fait.

Jusqu'à ce que la taxe des frais dans les ordres soit de nouveau réglementée, il est équitable de taxer les formalit nouvelles d'après les dispositions du tarif qui leur sont analogues ou qui présentent avec elle le plus d'analogie. (Voi au procès-verbal de la Conférence des avoués des départements, 1872, un projet de Tarif des ordres amiables.)

514 Lorsque l'aliénation n'a pas lieu par expropriation forcée, l'ordre n'est ouvert qu'après l'accomplissement des formalité prescrites pour la purge des hypothèques. (Art. 772, C. proc. civ. — Voir *infrà*, chapitres 37 et 38.)

515 L'acquéreur est employé par préférence pour le coût de l'extrait des inscriptions et des notifications aux créancier inscrits. (Art. 774, C. proc. civ. — Voir *infrà*, observation n° 595.)

PREMIÈRE SECTION — ORDRES AMIABLES

§ 1er. — Poursuite.

N°s d'ordre	NATURE DES ACTES	Déboursés	Ressort	Cours	Paris	OBSERVATIONS
516	Vacation pour se faire délivrer, par le conservateur des hypothèques, l'état des inscriptions. (*Art. 131 du tarif.*)	»	4 50	5 40	6 »	Voir observation n° 415.
517	Coût de cet état.	Mém.	»	»	»	Voir observations nos 414 et 457.
518	Vacation pour requérir l'ouverture de l'ordre, et, s'il y a lieu, la nomination d'un juge. (*Art. 130 du tarif.*)	»	4 50	5 40	6 »	Les questions de préférence ou de concurrence, entr avoués, dans les poursuites d'ordres et autres doivent êtr soumises à leur chambre de discipline, qui émet son opi nion par forme de simple avis. — (Art. 2 du décret d 13 frimaire an IX.) Le président du tribunal tranche ces questions définiti vement, sans opposition ni appel, lorsqu'elles sont portée devant lui. (Art. 130, § 2 du tarif.)
519	Vacation pour déposer au greffe l'état des inscriptions. (*Art. 91 du tarif, par analogie.*)	»	2 25	2 70	3 »	Le dépôt de l'état des inscriptions, qui n'avait pas lie sous l'empire du code, est exigé par la loi du 21 mai 1858 c'est une formalité nouvelle pour laquelle une vacatio doit être allouée à l'avoué et qui peut être fixée à 2 fr. 25 2 fr. 70 et 3 francs, étant similaire à celles de l'art. 191 d tarif.

Nos d'ordre	NATURE DES ACTES	Débour-sés	EMOLUMENTS Ressort	Cours	Paris	OBSERVATIONS
520	Droit de l'avoué poursuivant pour fournir les renseignements sur les sommes à distribuer et sur la situation hypothécaire, faire l'exposé à la réunion des créanciers et prendre communication des productions : — une demi-vacation par chaque production. *(Art. 135, § 2 du tarif, par analogie.)*	»	3 75	4 50	5 »	L'avoué poursuivant a un rôle aussi utile et indispensable dans les ordres amiables que dans les ordres judiciaires, et il est équitable de lui allouer l'émolument de l'art. 135, § 2 du tarif, qui est gradué à raison du nombre des créanciers produisants. (Consulter le procès-verbal de la CONFÉRENCE DES AVOUÉS DES DÉPARTEMENTS, 1872, p. 512.) Dans un certain nombre de tribunaux, l'émolument dont il s'agit est remplacé par un droit fixe égal à celui du dressé de la production, c'est-à-dire de 15 francs, 18 francs ou 20 francs, selon la résidence de l'avoué
521	Vacation pour faire rayer les inscriptions. *(Art. 137, § 1er du tarif.)*	»	4 50	5 40	6 »	
522	Coût du certificat de radiation.........	Mém.	»	»	»	Il est dû au conservateur 1 franc par chaque inscription rayée, plus le timbre du certificat.
523	Vacation au dépôt au greffe du certificat de radiation. *(Art. 91 du tarif, par analogie.)*	»	2 25	2 70	3 »	Le dépôt du certificat de radiation est une nouvelle formalité prescrite par l'art. 770 du Code de proc. civ. pour laquelle il y a lieu d'allouer, par assimilation avec l'art. 91 du tarif, une vacation de 2 fr. 25, 2 fr. 90 ou 3 francs. (Voir motifs déduits par MM. CHAUVEAU et GODOFFRE, nº 4137).
524	Vacation pour requérir le mandement de collocation des frais de poursuite. *(Art. 137, § 2 du tarif.)*	»	3 75	4 50	6 »	
525	Frais de greffe et droit d'enregistrement.	Mém.	»	»	»	Un droit proportionnel de 0 fr. 75 par 100 francs est perçu dans les ordres amiables sur le montant des sommes mises en distribution (Art. 15, loi du 26 janvier 1892.)

§ 2. — Production.

Nos d'ordre	NATURE DES ACTES	Débour-sés	EMOLUMENTS Ressort	Cours	Paris	OBSERVATIONS
526	Dressé de la production.............. *(Art. 133 du tarif.)*	»	15 »	18 »	20 »	L'avoué du créancier produisant a le même rôle et la même responsabilité dans les ordres amiables que dans les ordres judiciaires. Il a, dans le premier comme dans le second cas, à rédiger la production de son client et à examiner les productions des autres créanciers, pous s'assurer que son client est bien colloqué à son rang et que les collocations qui le priment ne portent que sur des sommes réellement dues, puis il a à requérir le mandement de collocation. Partant, il y a lieu de lui allouer les mêmes émoluments que dans les ordres judiciaires. (Compulser Délibération de la CHAMBRE DES AVOUÉS DE VERSAILLES du 9 décembre 1858. — MM. ULRY, *Code des Règlements d'ordres*, nº 436. — AUDIER, *Code des Distributions*, nº 35.) Il est d'usage d'allouer aux avoués des créanciers qui ne viennent pas en ordre utile, et aux avoués des adjudicataires une vacation de 4 fr. 50, 5 fr. 40 ou 6 francs. (M. FONS, *Formules des ordres amiables*, p. 31.)
527	Vacation pour prendre communication des productions des autres créanciers. *(Art. 135 du tarif.)*	»	7 50	9 »	10 »	
528	Vacation pour requérir le mandement et retirer les titres produits. *(Art. 137, § 2 du tarif.)*	»	3 75	4 50	5 »	
529	Coût de la radiation de l'inscription	1 »	»	»	»	Le coût de la radiation de l'inscription est prélevé sur le prix. On le comprend dans le bordereau, et le créancier colloqué en tient compte à l'acquéreur lors du paiement de la collocation. (MM. CHAUVEAU et GODOFFRE, nº 4150.)

DEUXIÈME SECTION — ORDRES JUDICIAIRES

§ 1er. — Poursuite.

Nos d'ordre	NATURE DES ACTES	Débour-sés	ÉMOLUMENTS Ressort	Cours	Paris	OBSERVATIONS
530	Pour l'état des inscriptions, la vacation à sa délivrance, son dépôt au greffe et la réquisition d'ouverture d'ordre, voir *suprà* nos 515, 516, 517 et 518.	»	»	»	»	
531	Requête au juge-commissaire à l'effet d'obtenir son ordonnance pour sommer les créanciers inscrits de produire (timbre et dressé). (*Art.* 131, § 1er *du tarif.*)	» 60	2 25	2 70	3 »	L'avoué poursuivant a le même travail à faire dans le cas indiqué ci-contre que dans celui visé par l'art. 7 de l'ordonnance de 1841 en matière de saisie immobilière, et il a droit, dès lors, par analogie, à la vacation de 4 fr. 50, 5 fr. 40 ou 6 francs qu'alloue cet article. (Délibération de la CHAMBRE DES AVOUÉS DE VERSAILLES du 9 décembre 1858.) Il importe de faire remarquer que l'avoué est, en plus, obligé à un double déplacement, qui n'avait pas lieu sous l'empire du Code de proc. de 1806 : d'abord pour examiner l'état des inscriptions qui est déposé au greffe, en exécution du nouvel art. 750 du Code de proc. civ., et ensuite pour remettre au juge, en conformité du nouvel art. 753, les originaux des sommations. Plusieurs auteurs allouent la vacation ci-dessus de 4 fr. 50, 5 fr. 40 ou 6 francs, uniquement pour la remise au juge des originaux des sommations. (MM. BOUCHER D'ARGIS, p. 424. — ROUSSEAU et LAISNEY, t. 6, p. 616. — Consulter aussi MM. CHAUVEAU et GODOFFRE, no 3954, et BONNESŒUR, p. 191.)
532	Vacation pour faire l'examen de l'état des inscriptions, du jugement d'adjudication ou de l'acte de vente, et pour préparer les sommations, y compris le dépôt au greffe des originaux régularisés de ces exploits. (*Art.* 7 *de l'ordonnance de* 1841, *par analogie.*)	»	4 50	5 40	6 »	
533	Sommation, par huissier commis, aux créanciers inscrits et au vendeur de produire dans les quarante jours.	R 5 58 C 5 95 P 6 20	»	»	»	Si des créanciers avaient constitué avoués, la sommation leur serait faite par acte du palais. — Art. 132 du tarif. — Pour le coût de cet acte, voir no 535. L'art. 8 de la loi du 26 janvier 1892 a réduit d'un tiers le droit d'enregistrement des exploits relatifs aux procédures d'ordre judiciaire, ainsi que ceux des procédures de contribution et de vente judiciaires. Sur le nombre de droits d'enregistrement, voir *suprà*, Introduction, p. 8, et Observation no 36.) Il n'est dû qu'un droit d'enregistrement, quel que soit le nombre des parties. (Art. 23, loi du 28 avril 1893.)
534	Déclaration d'ouverture de l'ordre à la partie saisie par huissier commis.	R 5 58 C 5 95 P 6 20	»	»	»	
535	Pareille déclaration à l'adjudicataire par acte du palais. (*Art.* 132 *du tarif, par analogie.*)	R » 25 C » 27 P » 30	» 94	1 13	1 25	
536	Acte de production pour les frais de poursuite (timbre, enregistrement et dressé). (*Art.* 133 *du tarif.*)	1 23	15 »	18 »	20 »	Le droit d'enregistrement de l'acte de production est réduit à 0 fr. 50, soit avec les décimes 0 fr. 63. (Art. 9, loi précitée). Le coût de la production pour les frais de poursuite d'ordre est privilégié. (CONFÉRENCE DES AVOUÉS DE 1re INSTANCE DES DÉPARTEMENTS, 1890 et 1891.)
537	Dénonciation, par acte du palais, aux créanciers produisants, de la confection du règlement provisoire avec sommation d'en prendre communication. (*Art.* 134 *du tarif.* — *Détail no* 479.)	R » 25 C » 27 P » 30	2 82	3 38	3 75	Si la partie saisie avait constitué avoué, la dénonciation lui serait faite également par acte du palais. Le règlement provisoire n'est ni levé ni signifié ; il n'est enregistré que lors de la délivrance des mandements. (Art. 134 du tarif.)
538	Pareille dénonciation à la partie saisie par exploit d'huissier, si elle n'a pas constitué avoué.	R 5 58 C 5 95 P 6 20	»	»	»	Bien que l'art 755 du Code de proc. civ. ne parle que de la dénonciation par acte du palais à la partie saisie, il est décidé par tous les auteurs que la dénonciation doit lui être faite, à personne ou à domicile, lorsqu'elle n'a pas constitué avoué.

Nos d'ordre	NATURE DES ACTES	Débour-sés	ÉMOLUMENTS Ressort	Cours	Paris	OBSERVATIONS
539	Demi-vacation de l'avoué poursuivant, par chaque production, pour en prendre communication. (Compter autant de demi-vacations de 3 fr. 75, 4 fr. 50 ou 5 francs qu'il y a de production.) *(Art. 135, § 2 du tarif.)*	»	3 75	4 50	5 »	Si plusieurs créanciers ont fait une production collective, l'émolument dont il s'agit ci-contre est dû autant de fois qu'il y a de créanciers produisants, puisque le travail de l'avoué poursuivant est le même que s'il y avait des productions séparées. (CONFÉRENCE DES AVOUÉS DES DÉPARTEMENTS, 1872.) L'émolument doit être calculé sur toutes les productions, y compris celles faites par l'avoué poursuivant lui-même. (MM. BIOCHE, *Journal de Procédure*, t. 8, 334. — CHAUVEAU et GODOFFRE, n° 3994. — FONS, p. 253.) L'avoué poursuivant y a droit, en cette qualité, et indépendamment de la vacation qui lui est due comme avoué produisant. (MM. RIVOIRE, p. 364. — SUDRAUD-DESISLES, n° 747. — CHAUVEAU et GODOFFRE, n° 3995. — BOUCHER D'ARGIS, p. 435. — BONNESŒUR, p. 200.)
540	Dénonciation à avoué du règlement définitif de l'ordre. *(Art. 134 du tarif.)*	R » 25 C » 27 P » 30	2 81	3 37	3 75	
541	Même dénonciation à la partie saisie par exploit d'huissier, si elle n'a pas constitué avoué.	R 5 58 C 5 95 P 6 20	»	»	»	L'art. 767 du Code de proc. civ., de même que l'art. 755, parle d'une dénonciation par un simple acte d'avoué à avoué. Néanmoins, il est généralement admis en doctrine que la dénonciation au saisi est indispensable et qu'elle doit lui être faite à personne ou à domicile, s'il n'a pas d'avoué constitué.
542	Vacation à faire rayer les inscriptions des créanciers non produisants ou non colloqués. *(Art. 137, § 1er du tarif.)*	»	4 50	5 40	6 »	
543	Coût du certificat de radiation.........	Mém.	»	»	»	Voir observation n° 522.
544	Vacation à déposer au greffe ce certificat.	»	2 25	2 70	4 50	Voir observation n° 523.
545	Vacation à requérir la délivrance du mandement de collocation pour les frais de poursuite. *(Art. 137, § 2 du tarif.)*	»	3 75	4 50	5 »	
546	Frais de greffe et droits d'enregistrement.	Mém.	»	»	»	Pour les droits d'enregistrement et les mandements de collocation, voir *suprà*, observation n° 398.

§ 2. — Production.

Nos d'ordre	NATURE DES ACTES	Débour-sés	ÉMOLUMENTS Ressort	Cours	Paris	OBSERVATIONS
547	Acte de production des titres contenant demande en collocation et constitution d'avoué (dressé, timbre et enregistrement). *(Art. 133 du tarif.)*	1 23	15 »	18 »	20 »	Le droit d'enregistrement de l'acte de production est réduit par l'art. 9 de la loi du 26 janvier 1892 à 0 fr. 50 en principal, soit avec les décimes à 0 fr. 63.
548	Vacation pour prendre communication des productions des autres créanciers et contredire s'il y a lieu. *(Art. 132, § 1er du tarif.)*	»	7 50	9 »	10 »	La défense édictée par l'art. 135 du tarif de passer, dans le même ordre, plus d'une vacation à prendre communication du règlement provisoire, doit être entendue en ce sens que l'avoué qui ne représente qu'un créancier ne peut réclamer qu'une vacation; mais s'il a produit pour plusieurs créanciers ayant des intérêts distincts, il a droit à autant de vacations qu'il a fait de productions. (MM. SUDRAUD-DESISLES, p. 232. — RIVOIRE, p. 363. — FONS, p. 252. BONNESŒUR, p. 200. — CARRÉ, p. 276. — CHAUVEAU et GODOFFRE, n° 3992.)
549	Vacation pour requérir et se faire délivrer le mandement de collocation. *(Art. 137, § 2 du tarif.)*	»	3 75	4 50	5 »	
550	Coût de la radiation de l'inscription.....	1 »	»	»	»	Voir *suprà*, observation n° 529.

TROISIÈME SECTION — INCIDENTS DE LA POURSUITE D'ORDRE

§ 1er. — Contredits du règlement provisoire.

Nos d'ordre	NATURE DES ACTES	Déboursés	EMOLUMENTS Ressort	Cours	Paris	OBSERVATIONS
551	Pour la vacation à faire le dire qui est comprise dans celle de l'art. 135 § 1er du tarif, voir *suprà* nº 548, et pour la suite de la procédure, voir chapitre Ier, matières sommaires.	»	»	»	»	D'après l'art. 761 du Code de proc. civ., modifié par la loi du 21 mai 1838, toutes les contestations dans les ordres s'instruisent et sont jugées comme matières sommaires. La commission du Corps législatif, chargée de l'examen du projet de cette loi, a très justement fait ressortir que la taxe sommaire n'est pas rémunératoire dans beaucoup de cas, et elle a appelé de ses vœux un remaniement du tarif. (V. *suprà*, nº 513.) Il a été jugé depuis, néanmoins, que les conclusions motivées sur les contestations d'ordre ne donnent pas lieu à l'émolument des requêtes grossoyées. (Cassation, 13 janvier 1874; Pal., 74, 638; Sir., 74, 1, 249; Dal., 74, 1, 438.) Les créanciers postérieurs en ordre d'hypothèque aux collocations contestées sont représentés par un avoué commun qu'ils choisissent, sinon par l'avoué du dernier créancier colloqué. (Art. 760, C. p. c.) Le jugement sur le fond est signifié à avoué seulement, mais il l'est en autant de copies que l'avoué a de parties ayant des intérêts distincts. (Trib. de Puy, 4 mars 1863: Av., t. 88, 114. — Chambéry, 26 décembre 1864; Av., t. 90, 363. — MM. Grosse et Rameau, *Procédure d'ordre*, t. 2, 128. — Seligman, *Saisies et ordres*, nº 435. — Houyet, *Ordre*, nº 268.) Il n'y a jamais lieu à jugement ou arrêt de défaut profit joint. (Art. 762 et 764, C. p. c.)

§ 2. — Opposition à l'ordonnance de clôture d'ordre.

Nos d'ordre	NATURE DES ACTES	Déboursés	EMOLUMENTS Ressort	Cours	Paris	OBSERVATIONS
552	Vacation pour prendre communication de l'ordonnance de clôture d'ordre et contredire sur le procès-verbal. *(Art. 135, § 1er du tarif, par analogie.)*	»	7 50	9 »	10 »	L'opposition a l'ordonnance de clôture d'ordre a éét transportée de la jurisprudence dans la loi du 21 mai 1858. Cette opposition étant un véritable contredit, il y a lieu d'appliquer l'art. 135, § 1er du tarif, et d'allouer à l'avoué qui l'a formée la vacation de 7 fr. 50, 9 francs ou 10 francs. (MM. Chauveau et Godoffre, nº 4120.)
553	Pour la procédure, appliquer le chapitre Ier, matières sommaires.	»	»	»	»	Voir observation nº 551.

§ 3. — Ventilation.

Nos d'ordre	NATURE DES ACTES	Déboursés	EMOLUMENTS Ressort	Cours	Paris	OBSERVATIONS
554	Vacation à faire le dire pour demander la ventilation. *(Art. 130, § 1er du tarif, par analogie.)*	»	4 50	5 40	6 »	La procédure dont il est question dans ce § 3e est nouvelle, et c'est par analogie que le tarif de 1807 lui est applicable. Le droit de l'avoué à la vacation ci-contre est reconnu par M. Bonnesœur, p. 195.
555	Minute et expédition de l'ordonnance qui nomme un ou trois experts.	Mém.	»	»	»	L'ordonnance est inscrite sur le procès-verbal d'ordre et elle indique le jour du serment des experts. (Art. 757, C. p. c.) Il est indispensable de lever l'expédition de cette pièce. (M. Chauveau sur M. Carré, qon 2568.)
556	Dénonciation de cette ordonnance aux experts, avec sommation de prêter serment.	R 5 58 C 5 95 P 6 20	» 35	» 41	» 45	La dénonciation de l'ordonnance est prescrite par l'art. 757 précité. (MM. Chauveau et Glandaz, *Formulaire de procédure*, t. 2, p. 272 quater.)
557	Déclaration aux avoués constitués dans l'ordre pour leur faire connaître l'ordonnance d'expertise.	R » 25 C » 27 P » 30	» 94	1 13	1 25	Voir M. Bonnesœur, p. 195.

Nos d'ordre	NATURE DES ACTES	Déboursés	ÉMOLUMENTS Ressort	Cours	Paris	OBSERVATIONS
558	Vacation à la prestation de serment des experts.	»	2 25	2 27	3 »	La prestation de serment est mentionnée sur le procès-verbal. (Art. 757, C. p. c.) Chacun des avoués constitués dans l'ordre a droit à la vacation ci-contre. (M. BONNESŒUR, p. 186.) Si ces avoués n'étaient pas présents à la prestation de serment, il faudrait leur faire sommation d'assister à l'expertise. (M. BONNESŒUR, p. 196. — V. *suprà,* n° 208.) Le rapport des experts est annexé au procès-verbal; il n'est ni levé, ni signifié. En établissant le règlement provisoire, le juge-commissaire prononce sur la ventilation. (Art. 757, C. p. c.)
559	Pour la taxe des experts, voir chapitre IX, n° 209.	»	»	»	»	
	§ 4. — Consignation.					
560	Sommation au vendeur de rapporter mainlevée des inscriptions dans la quinzaine.	Mém.	» 25	» 27	» 30	Il est utile de donner, en tête de la sommation, copie de l'état des inscriptions. (MM. GROSSE et RAMEAU, *Ordre,* n° 513.) Cette sommation n'a pas lieu dans les ventes sur expropriation forcée. (Art. 777, § 5, C. p. c.)
561	Vacation à faire la consignation .... (*Art.* 92 *du tarif, par analogie.*)	»	4 50	5 40	6 »	La vacation est bien due à l'avoué, mais elle est à la charge de l'acquéreur. (MM. BOUCHER D'ARGIS, p. 473 et 466. — ROUSSEAU et LAISNEY, V° Privilèges, n° 312.)
562	Timbre et enregistrement du récépissé de consignation.	4 »	»	»	»	La caisse des consignations ayant besoin de connaître les inscriptions dont les mainlevées devront lui être remises lors du retrait de la consignation, les préposés de la caisse exigent le dépôt d'une copie de l'état. Cette copie donne lieu au droit de 0 fr. 25, 0 fr. 27 ou 0 fr. 30 par rôle.
563	Vacation au dépôt au greffe de ce récépissé et au dire sur le procès-verbal pour demander la validité de la consignation et la radiation des inscriptions. (*Art.* 130 *du tarif, par analogie.*)	»	4 50	5 40	6 »	Voir MM. BOUCHER D'ARGIS, p 473. — ROUSSEAU et LAISNEY, V° Privilèges, n° 312.
564	Sommation aux créanciers produisants et au vendeur s'il a constitué avoué, de prendre communication de la consignation. (*Art.* 134 *du tarif. — Détail n°* 479.)	R » 25 C » 27 P » 30	2 82	3 37	3 75	Si la consignation est contestée, le dire de contestation donne droit à une vacation de 7 fr. 50, 9 francs ou 10 francs, semblable à celle de l'art. 135 du tarif. (MM. ROUSSEAU et LAISNEY, V° Privilèges, n° 316. — BOUCHER D'ARGIS.) La contestation s'instruit comme matière sommaire. (V. *suprà,* n° 551.)
565	Même sommation par exploit au vendeur qui n'a pas constitué avoué.	Mém.	»	»	»	
566	Coût de l'ordonnance qui déclare la consignation valable et prononce la radiation des inscriptions.	Mém.	»	»	»	
567	Vacation à faire opérer la radiation..... (*Art.* 137, § 1er *du tarif.*)	»	4 50	5 40	6 »	
568	Coût du certificat de radiation..........	Mém.	»	»	»	Voir observation n° 522.

Nos d'ordre	NATURE DES ACTES	Débours-sés	ÉMOLUMENTS Ressort	Cours	Paris	OBSERVATIONS
569	En ce qui concerne la production à faire pour les frais de la consignation, voir nos 547, 548 et 549.	»	»	»	»	Les frais de consignation et ceux de la demande en validité sont privilégiés sur le prix, sauf déduction des frais de libération, qui restent à la charge de l'acquéreur. (CASSATION, 14 avril 1854 : Av., 54, 567. — MM. ROUSSEAU et LAISNEY, Vo *Ordres*, nos 667 et suivants. Les frais de la quittance donnée à la caisse des consignations par des créanciers colloqués, sur les prix consignés, sont à la charge de cette caisse et non à celle de l'acquéreur qui, par la consignation, a perdu sa qualité de débiteur et l'a transmise à la caisse. (Metz, 23 janvier 1868 ; PAL., 68, 1. 234 ; SIR., 68, 2, 335. — Trib. de Bayeux, 20 novembre 1890 ; *Bulletin de la Taxe*, 91, 9.)

§ 5. — **Distribution devant le tribunal.**

Nos d'ordre	NATURE DES ACTES	Débours-sés	ÉMOLUMENTS Ressort	Cours	Paris	OBSERVATIONS
570	Assignation aux créanciers inscrits aux vendeurs et aux adjudicataires.	R 5 58 C 5 95 P 6 20	»	»	»	Après le préliminaire d'ordre amiable inutilement tenté, la distribution du prix est réglée par le tribunal lorsqu'il y a moins de quatre créanciers inscrits. (Art. 773, C. p. c.) Compter les frais de la tentative d'ordre amiable indiqués *suprà*, nos 516, 517, 518 et 519.
571	Pour la suite de la procédure, voir chapitre Ier, matières sommaires.	»	»	»	»	Le jugement est signifié à avoué seulement s'il y a avoué constitué, (Art. 773, C. p. c.)

CHAPITRE XXXIV

Référés (Art. 806 à 811 C. proc. civ.)

Nos d'ordre	NATURE DES ACTES	Débours-sés	ÉMOLUMENTS Ressort	Cours	Paris	OBSERVATIONS
572	Requête afin d'assigner extraordinairement en référé. (*Art. 76, § 14 du tarif.*)	6 23	1 50	1 80	2 »	La requête ci-contre n'est nécessaire que lorsque l'urgence est telle qu'elle exige soit une abréviation de délai, soit une audience autre que celle ordinaire des référés.
573	Assignation en référé................. (*Détail no* 362.)	R 5 58 C 5 95 P 6 20	»	»	»	Signifier copie de la requête et de l'ordonnance permettant d'assigner extraordinairement en référé.
574	Placet ou conclusions déposées.........	»	1 50	1 80	2 »	Sur le droit à l'émolument ci-contre, voir CHAMBRE DES AVOUÉS DE PARIS, no 552. — MM. CHAUVEAU et GODOFFRE, no 4357. Les référés ne sont pas soumis à la mise au rôle. (Art. 8, décret du 12 mars 1808.)
575	Vacation en référé :					L'avoué tient de sa qualité le droit de représenter les parties aux référés. Les actes du juge tenant l'audience des référés sont une émanation de la justice ordinaire. Aussi, l'art. 92 du tarif accorde un droit à l'avoué pour vacation en référé. La vacation est due par chaque audience. Lorsque le référé a lieu sur l'apposition ou dans le cours de la levée des scellés, le droit de l'avoué est fixé par l'art 94, § 3, du tarif à 4 fr. 50, 5 fr. 40 ou 6 fr.
	Contradictoire	»	3 75	4 50	5 »	
	Par défaut............................. (*Art. 93 du tarif.*)	»	2 25	2 70	3 »	
576	Minute et expédition de l'ordonnance...	Mém.	»	»	»	C'est une question controversée que celle de savoir si le juge des référés peut statuer sur les dépens. Le dernier état de la jurisprudence est dans le sens de l'affirmative. (Sic., Bourges, 9 novembre 1870 ; PAL., 71, 266 ; SIR., 71, 2, 47 ; DAL., 72, 2, 212. — Amiens, 4 mars 1874 ; PAL., 74, 480 ; SIR., 74, 2, 109 ; DAL., 76, 2, 218. — Bordeaux, 2 janvier 1882, *Gazette du Palais*, 5 juin 1882. — *Traité des référés sur placets*, p. 91, par M. GÉRARD, docteur en droit, avoué à Corbeil.)

Nos d'ordre	NATURE DES ACTES	Débour-sés	EMOLUMENTS Ressort	Cours	Paris	OBSERVATIONS
577	Signification de l'ordonnance..........	R 5 58 C 5 95 P 6 20	» 35	» 41	» 45	L'ordonnance de référé ne peut être exécutée qu'après la signification à la partie. (Riom, 4 mai 1852; PAL., 52, 2, 520; DAL., 52, 2, 229.) L'obtention de l'ordonnance étant un effet facultatif du ministère de l'avoué, il a qualité pour en certifier la copie, et le droit de copie de pièces lui est dû lorsque la copie a été faite par lui. (Amiens, 24 novembre 1836; PAL., 37, 1, 158. — MM. CHAUVEAU et GODOFFRE, n° 4366. — V. *suprà*, Introduction, p. 7.)

TITRE V

PROCÉDURES DIVERSES

CHAPITRE XXXV

Offres de paiement et consignation (Art. 812 à 818 C. proc. civ.)

Nos d'ordre	NATURE DES ACTES	Débour-sés	Ressort	Cours	Paris	OBSERVATIONS
578	Procès-verbal d'offres................ (Ressort / Cours / Paris) Original .... 2 25 / 2 70 / 3 » Copie........................ » 57 / » 68 / » 75 Timbre...................... 1 20 / 1 20 / 1 20 Enregistrement, sauf s'il y a lieu à droit de titre........ 2 50 / 2 50 / 2 50 Total: 6 52 / 7 08 / 7 45	R 6 52 C 7 08 P 7 45	»	»	»	Les offres non acceptées, faites sans énonciation de titres non enregistrés, sont passibles du droit proportionnel. En cas d'acceptation et de paiement de la somme offerte, il est perçu un droit de libération qui est de 0 fr. 50 pour 100 francs, plus 2 décimes et demi, mais on ne perçoit pas alors le droit ordinaire d'enregistrement des exploits, encore bien que le droit de libération soit inférieur à 3 francs. En cours d'instance, les offres ont souvent lieu sur la barre, à l'audience. Il est généralement décidé qu'elles sont régulières étant ainsi faites. (Voir en ce sens : CASSATION, 27 juin 1849: PAL., 49, 2, 157. — MM. BIOCHE, V° Offres réelles, 118. — CHAUVEAU sur CARRÉ, q°n 2783. — LAROMBIÈRE, *Traité des obligations sur l'article 1258*, n° 19. — DEMOLOMBE, t. 28, p. 74.)
579	Sommation d'être présent à la consignation.	R 5 58 C 5 95 P 6 20	»	»	»	La sommation d'être présent à la consignation pourrait être faite dans le procès-verbal d'offres.
580	Procès-verbal de consignation.......... (Ressort / Cours / Paris) Original..................... 4 » / 4 50 / 5 » Copie au dépositaire....... 1 » / 1 13 / 1 25 Visa du dépositaire........ » 75 / » 90 / 1 » Timbre...................... 1 20 / 1 20 / 1 20 Enregistrement.... .... 2 50 / 2 50 / 2 50 Total: 9 45 / 10 23 / 10 95	R 9 45 C 10 23 P 10 95	»	»	»	Si le créancier est présent à la consignation, l'huissier lui remet une copie de son procès-verbal; dans le cas contraire, il la lui signifie à domicile.
581	Vacation de l'avoué, lorsqu'il est présent à la consignation (par trois heures). (*Art. 92 du tarif.*)	»	4 50	5 40	6 »	La vacation est à la charge de la partie qui a requis l'avoué. (MM. CHAUVEAU et GODOFFRE, n° 4394.)
582	Timbre et enregistrement du récépissé de consignation.	Mém.	»	»	»	

Nos d'ordre	NATURE DES ACTES	Déboursés	EMOLUMENTS Ressort	EMOLUMENTS Cours	EMOLUMENTS Paris	OBSERVATIONS
583	Assignation en validité ou en nullité d'offres.	R 5 58 C 5 95 P 6 20	»	»	»	La demande en validité ou en nullité d'offres est dispensée du préliminaire de la conciliation. (Art. 49, C. p. c.) Si cette demande est incidente, elle est formée par requête grossoyée. (Art. 815, C. p. c. et 75, § 37 du tarif.)
584	Pour la suite de la procédure, voir chapitre Ier ou chapitre II, selon la nature de l'affaire.	»	»	»	»	L'instance est sommaire ou ordinaire, selon les règles de l'art. 404 du Code de proc. civ. (CHAMBRE DES AVOUÉS DE PARIS, n° 563. — MM. CHAUVEAU et GODOFFRE, n° 2110 bis. — DUTRUC, V° Matières sommaires, n° 19. — FONS, p. 117.) Les offres non acceptées d'une partie de la somme réclamée ne changent pas le taux de la demande, qui reste en premier ressort si elle dépasse 1,500 francs. (CASSATION, 22 avril 1856; PAL., 57, 318. — CASSATION, 1er juillet 1873; PAL., 73, 810. — CASSATION, 14 juillet 1879; PAL., 79, 1046.)

CHAPITRE XXXVI

Saisie-gagerie, Saisie-foraine et Saisie-revendication (Art. 819 à 831 C. proc. civ.)

Nos d'ordre	NATURE DES ACTES	Déboursés	EMOLUMENTS Ressort	EMOLUMENTS Cours	EMOLUMENTS Paris	OBSERVATIONS
585	Requête afin de saisir gager, sans commandement préalable, les meubles et effets d'un locataire ou fermier ou ceux d'un débiteur forain. *(Art. 76, §§ 15 et 15 du tarif.)*	6 23	1 50	1 80	2 »	D'après l'art. 10 de la loi du 25 mai 1838, l'autorisation de former la saisie-gagerie est accordée par le juge de paix toutes les fois que les causes rentrent dans sa compétence. Ce n'est donc que lorsque le bail dépasse 400 fr. de loyer ou fermage annuel que la requête doit être présentée au président du tribunal.
586	Requête pour demander la permission de saisir revendiquer les objets détournés par un locataire ou fermier. *(Art. 77, § 9 du tarif.)*	6 23	2 25	2 70	3 »	L'ordonnance autorisant la saisie-revendication doit être rendue par le président du tribunal, encore bien que le bail soit inférieur à 400 francs par an. (Argt de l'art 826 C. p. c.)
587	Assignation en validité de la saisie et s'il y a lieu en condamnation.	R 5 58 C 5 95 P 6 20	»	»	»	Il ne peut être procédé à la vente sur les saisies dont il s'agit au présent chapitre qu'après qu'elles ont été déclarées valables. (Art. 823. C. p. c.) Les demandes en validité ou en nullité de ces saisies sont dispensées du préliminaire de la conciliation. (Art. 823 C. p. c.) Le tribunal civil est seul compétent pour connaître des demandes concernant les saisies-revendications. (Nîmes, 8 janvier 1870. *Journal des Huissiers*, t. 52, 71. — Nancy, 20 août 1872; Av., t. 97, 392. — DUTRUC, V° Saisie-revendication, n° 40.) Ces demandes sont sommaires ou ordinaires selon leur importance. (CASSATION, 30 octobre 1888; GAZ. PAL., 88, 2, 500.)

CHAPITRE XXXVII

Purge des hypothèques inscrites ou notification de contrat (Art. 832 C. proc. civ. — Art. 2183 et 2184 C. civ.)

588 La procédure de purge des hypothèques inscrites ne peut être faite que par le ministère d'avoué. (CASSATION, 22 mai 1833. — Orléans, 21 novembre 1844 ; PAL., 44, 2, 683 ; SIR., 45, 2, 45. — CASSATION, 20 août 1845 ; PAL., 45, 2, 332. — MM. BOUCHER D'ARGIS, p. 474. — CHAUVEAU et GODOFFRE, n° 827. — CONFÉRENCE DES AVOUÉS DES DÉPARTEMENTS, 1884.)

589 Il y a lieu de notifier aux créanciers inscrits les ventes qui n'opèrent pas par elles-mêmes la purge des privilèges et hypothèques, telles que les ventes amiables, les licitations, les ventes de biens de mineurs, celles d'immeubles dépendant d'une succession bénéficiaire ou vacante.

Nos d'ordre	NATURE DES ACTES	Déboursés	ÉMOLUMENTS Ressort	ÉMOLUMENTS Cours	ÉMOLUMENTS Paris	OBSERVATIONS

590 Il en est de même : 1° des reventes sur folle enchère ; 2° des adjudications sur conversion de saisie, alors que le jugement sur conversion a été rendu avant la sommation aux créanciers hypothécaires.

La doctrine et la jurisprudence sont d'accord sur les points qui précèdent.

591 C'est, au contraire, une question controversée que de savoir si, après la surenchère du sixième en matière de licitation ou de vente de biens de mineurs, il y a lieu à notification. Dans le sens de l'affirmative : Amiens, 17 mai 1851 ; Pal., 53, 1. 231. — Jug. de Nantua, 23 juillet 1869. — Jug. de Mirecourt, 4 juillet 1873 ; Av., t. 100-465. — MM. Chauveau sur Carré, q. 2403 et 2503. — Colmet-Daage sur Boitard, t. 2, p. 576. — Dutruc, V° Purge, n° 44 ; V° Vente d'immeubles de mineurs, n° 153. — Voir aussi opinion de MM. Persil et Pascalis, rapporteurs de la loi du 2 juin 1841, t. 5 ; de Carré et Chauveau, p. 49 et 360.

592 Contrairement à l'opinion de beaucoup d'auteurs, la Cour de cassation décide qu'il est inutile de notifier aux créanciers inscrits d'un failli la vente de ses biens faite à la requête du syndic, en conformité de l'art. 572, C. comm.; mais, en même temps, elle juge que la notification de cette vente est nécessaire au regard des créanciers inscrits qui tiennent leurs droits des précédents propriétaires. (Arrêt du 9 novembre 1858 ; Pal., 59, 466.)

593 Il est également nécessaire de faire la notification lorsque la vente faite au cours des opérations de la faillite a eu lieu sur conversion de saisie sans que les créanciers hypothécaires y aient été appelés. (Paris, 13 juin 1874 ; Dal., 76, 2, 166. — M. Dutruc, *Bulletin de la Taxe,* t. 2, 201.)

594 La notification de contrat est indispensable pour ouvrir aux créanciers inscrits le droit de former une surenchère du dixième sur le prix de vente. Ces créanciers ne pourraient pas valablement former la surenchère avant cette notification. (Limoges, 24 avril 1863 ; Pal., 64, 198. — Motifs d'un arrêt de cassation du 17 août 1869. — Av., t. 95, 154. — Dijon, 16 mai 1876 ; Pal., 76, 686. — MM. Aubry et Rau, t. 3, p. 523. — Pont. priv. et hypoth., n° 1354. — *Bulletin de la Taxe,* t. 5, 68. — Dutruc, V° surenchère, n° 89.)

595 L'art. 774 du C. proc. civ., qui accorde un privilège à l'acquéreur « pour le coût de l'extrait des inscriptions et des *dénonciations* aux créanciers inscrits », comprend sous le mot *dénonciations* les notifications prescrites par l'art. 2183 Code civil, et le privilège s'étend aux frais que ces notifications rendent nécessaires, tels que ceux de requête et d'ordonnance afin de commission d'huissier, de confection d'extrait du contrat et du tableau des inscriptions. (Cassation, 8 avril 1874 ; Pal., 74, 766. — MM. Grosse et Rameau, *Traité de l'Ordre,* t. 2, n° 491. — Houyvet, id., n° 189. — Seligman, id. p. 593. — Audier, id. sur l'art. 774, n° 10.)

596 Les intérêts des frais de notification sont dus à partir du jour où, ayant été taxés, l'acquéreur a pu les compenser avec son prix. Tout au moins, ils sont dus à partir de la date de la production à l'ordre contenant demande en collocation. (M. Dutruc, *Bulletin de la Taxe,* t. 9, 160.)

Nos d'ordre	NATURE DES ACTES	Déboursés	Ressort	Cours	Paris	OBSERVATIONS
597	État des inscriptions.	Mém.	»	»	»	Si l'avoué est chargé de faire opérer la transcription du contrat à notifier, il lui est dû la vacation de 4 fr. 50, 5 fr. 40 ou 6 francs, allouée par l'art. 108 du tarif ; cette vacation est à la charge de l'acquéreur, ainsi que le coût de la transcription. (MM. Rivoire, p. 402. — Carré, p. 460. — Victor Fons, p. 258. — Chauveau et Godoffre, n° 4469. — Chambre des Avoués de Paris, p. 825. — V. *suprà,* Observation n° 414.)
598	Vacation à la délivrance de l'état. (*Art. 7 de l'ordonnance de 1841.*)	»	4 50	5 40	6 »	
599	Requête afin de commission d'huissier. (*Art. 8 de l'ordonnance de 1841.*)	6 23	1 50	1 80	2 »	
600	Extrait de l'acte de vente et du certificat de transcription et tableau des inscriptions. (*Art. 143 du tarif.*)	2 48	12 50	14 40	16 »	Il est dû autant de droits de composition d'extraits qu'il y a de contrats. (MM. Boucher d'Argis, p. 475. — Paignon, *Journal de procédure de Bioche,* t. 16, 460. — Dutruc, *Bull. de la taxe,* t. 1, p. 137. — Chauveau et Godoffre, n° 4485.) Ces derniers auteurs pensent même que, lorsque des immeubles sont adjugés à des acquéreurs disjoints dont les intérêts n'ont rien de commun, il est dû autant de droits qu'il y a d'acquéreurs. L'extrait à notifier n'est pas soumis à la formalité de l'enregistrement lorsqu'il se trouve en tête de l'original de l'exploit de notification. Les avoués ont seuls, à l'exclusion des huissiers, le droit de composer et signer les extraits de l'acte de vente et du certificat de transcription, ainsi que le tableau des inscriptions qui doivent être notifiés par l'acquéreur aux créanciers inscrits. (V. les autorités citées au n° 587 et l'introduction, p. 6.)

	Ressort	Cours	Paris
Composition de l'extrait...	11 75	13 50	15 »
Dressé du tableau, par chaque inscription ou mention de subrogation.	» 75	» 90	1 »
Timbre et enregistrement.	2 48	2 48	2 48
	14 98	16 88	18 48

N^os d'ordre	NATURE DES ACTES	Déboursés	ÉMOLUMENTS			OBSERVATIONS
			Ressort	Cours	Paris	
601	Notification aux créanciers inscrits des requête, extrait et tableau ci-dessus. Ressort / Cours / Paris Original........ 1 50 / 1 80 / 2 » Copie........ » 38 / » 45 / » 50 Timbre........ 1 20 / 1 20 / 1 20 Enregistrement........ 2 50 / 2 50 / 2 50 Total: 5 58 / 5 95 / 6 20 Copie de pièces, par chaque rôle........ » 25 / » 27 / » 30	R 5 58 C 5 95 P 6 20	» 25	» 27	» 30	La notification doit être faite en autant de copies qu'il y a de créanciers, même en cas d'inscription prise collectivement et avec élection d'un domicile commun. (Bourges, 9 janvier 1857; PAL., 57, 13. — M. DUTRUC, V° *Purge des hypothèques*, n° 32. — *Pont. priv. et hypoth.*, n° 1301.) Lorsqu'un créancier hypothécaire a cédé une partie de sa créance ou l'a donnée en nantissement, il est nécessaire de notifier tant à ce créancier qu'aux cessionnaires et aux gagistes qui ont fait mentionner leurs droits. (MM. CHAUVEAU sur CARRÉ, q^on 2458 bis. — DUTRUC, V° *Purge des hypothèques*, n° 21.) Si la cession avait été faite de l'intégralité de la créance, il serait superflu de notifier au cédant, puisqu'il n'aurait plus aucun droit. Avant la loi du 28 avril 1893, il était perçu un nombre de droits d'enregistrement égal au nombre des acquéreurs multiplié par celui des créanciers, à moins qu'ils ne fussent cointéressés. L'art. 23 de la loi précitée porte qu'en ce qui concerne les exploits relatifs aux procédures de délaissement par hypothèque, de purge des hypothèques légales ou inscrites, de saisie immobilière, d'ordre judiciaire, et de contribution judiciaire, il ne sera dû qu'un seul droit, quel que soit le nombre des demandeurs et des défendeurs. Ce droit est réduit à 2 francs en principal. (Art. 22 de la dite loi.) L'émolument de la copie du tableau, dont la notification est prescrite par l'art. 2183 du Code civ., est fixé par évaluation à raison du nombre de lignes employées. (MM. CHAUVEAU et GODOFFRE, n° 4483. — DUTRUC, *Supplément encycl. des Huissiers*, t. 1er, p. 540. — Voir aussi le *Tarif des Actes d'Huissiers*, par O. RAVIART, n°s 267 à 269.)

CHAPITRE XXXVIII

Purge des hypothèques légales non inscrites (Art. 2193 à 2195 C. civ.)

N^os d'ordre	NATURE DES ACTES	Déboursés	Ressort	Cours	Paris	OBSERVATIONS
602	Copie collationnée du titre d'acquisition.. Ressort / Cours / Paris Copie, par rôle........ » 25 / » 27 / » 30 Timbre........ » 60 / » 60 / » 60 Enregistrement........ 1 88 / 1 88 / 1 88	2 48	» 25	» 27	» 30	La copie collationnée de plusieurs actes de ventes distinctes consenties par un vendeur à plusieurs acquéreurs peut être écrite, sans contravention, sur la même feuille de papier timbré, mais il est perçu un droit d'enregistrement par chaque acte. (Instruction de la Régie du 31 juillet 1854).
603	Vacation au dépôt au greffe de cette copie. (*Art.* 11, § 2 *de l'ordonnance de* 1841, *par analogie.*)	»	2 45	2 70	3 »	Le droit de l'avoué à la vacation ci-contre est reconnu par MM. CARRÉ, p. 462. — RIVOIRE, p. 401. — VICTOR FONS, p. 336. — BIOCHE et GOUJET, V° Purge. — ROLLAND DE VILLARGUES, *Jurisprudence du Notariat*, t. 6, p. 339. — BOUCHER D'ARGIS, p. 449. — CHAUVEAU et GODOFFRE, n° 4574)
604	Coût de l'acte et du certificat de dépôt, y compris affiche dans l'auditoire du tribunal.	Mém.	»	»	»	D'après l'instruction de l'administration de l'Enregistrement du 15 mai 1893, il ne doit être perçu qu'un seul droit fixe d'enregistrement, encore bien que le dépôt soit fait à la requête de plusieurs acquéreurs non conjoints ni solidaires.
605	Vacation à l'examen et au dépouillement du titre de propriété (pour apprécier vis-à-vis de quelles personnes il faut purger.) (*Art.* 143 *du tarif, par analogie.*)	»	11 75	13 50	15 »	La vacation ci-contre est généralement admise dans la pratique. Elle a été allouée par jugement du tribunal de la Seine du 29 novembre 1853. (AV., t. 79, 293.) Voir aussi MM. CHAUVEAU et GODOFFRE, n° 4601.
606	Notification tant aux femmes et aux tuteurs connus qu'au ministère public. (*Détail n°* 600.)	R 5 58 C 5 95 P 6 20	» 25	» 27	» 30	Il faut signifier la copie de l'acte de dépôt. (CASSATION, 22 mai 1838; PAL., 38, 2, 246.) Il n'est dû qu'un droit d'enregistrement, quel que soit le nombre des parties. (Art. 23, loi du 28 avril 1893.)

Nos d'ordre	NATURE DES ACTES	Déboursés	EMOLUMENTS Ressort	Cours	Paris	OBSERVATIONS
607	Rédaction de l'extrait à insérer au journal.	»	1 50	1 80	2 »	Dans certains tribunaux, on alloue le droit de rédaction d'extrait de 4 fr. 50, 5 fr. 40 ou 6 francs, en appliquant, par analogie, l'art. 106 du tarif et l'art. 11, § 9, de l'ordonnance de 1841. En effet, en matière de vente, l'avoué obtient ce droit pour la rédaction de l'original d'affiche, plus une vacation de 1 fr. 50, 1 fr. 80 et 2 francs pour la copie qu'il fait insérer au journal. Ici, l'avoué a à rédiger l'extrait et non pas à faire une simple copie; c'est donc bien le droit de rédaction qui lui est dû. Cependant les auteurs n'indiquent que la vacation de 1 fr. 50, 1 fr. 80 et 2 francs, et s'il n'a été porté ci-contre que cette vacation, c'est pour n'être pas en contradiction avec la doctrine des auteurs.
608	Coût de l'insertion..................	Mém.	»	»	»	
609	Vacation à faire légaliser la signature de l'imprimeur. (*Art.* 11 *de l'ordonnance de* 1841.)	»	1 50	1 80	2 »	
610	Timbre et enregistrement de la feuille...	4 35	»	»	»	Le droit de timbre est perçu selon l'étendue de l'insertion.
611	Vacation à acquérir le certificat du greffier. (*Art.* 90 *du tarif.*)	»	1 15	1 35	1 35	
612	Coût de ce certificat..................	Mém.	»	»	»	
613	Vacation à requérir l'état des inscriptions d'hypothèque légale. (*Art.* 7 *de l'ordonnance de* 1841.)	»	4 50	5 40	6 »	Sur le droit de limiter la réquisition à certains vendeurs ou anciens propriétaires, voir observation n° 415.
614	Coût de cet état....................	Mém.	»	»	»	
615	Honoraires à calculer sur la remise proportionnelle réduite au tiers, au quart ou au cinquième. 1/3 — 1/4 — 1/5 De 1 à 10,000 francs... » 50 — » 37 1/2 — » 30 % De 10,000 à 100,000 fr... » 33 1/2 — » 25 — » 20 % De 100,000 à 300.000 fr.. » 16 2/3 — » 12 1/2 — » 10 % Et au-delà de 300,000 fr. » 08 1/3 — » 06 1/4 — » 05 %	»	»	»	»	La procédure de purge légale pouvant engager la responsabilité de l'avoué pour une somme égale au prix de la vente, il est équitable de lui accorder des honoraires calculés sur l'importance du prix. Le principe de l'allocation des honoraires est généralement admis, mais le quantum varie suivant les tribunaux. Il est rationnel de prendre pour base la remise proportionnelle allouée par l'ordonnance de 1841, en la réduisant au tiers, au quart ou au cinquième, suivant le plus ou le moins de complication de l'origine de la propriété vendue.

CHAPITRE XXXIX

Surenchère sur aliénation volontaire (Art. 832 à 838 C. proc. civ.)

Nos d'ordre	NATURE DES ACTES	Déboursés	Ressort	Cours	Paris	OBSERVATIONS
616	Requête pour faire commettre un huissier. (*Art.* 8 *de l'ordonnance de* 1841.)	6 23	1 50	1 80	2 »	La caution doit joindre à ses titres un certificat du conservateur des hypothèques constatant sa situation hypothécaire.
617	Vacation à faire au greffe la soumission de la caution et déposer les titres justificatifs de sa solvabilité. (*Art.* 8 *de l'ordonnance de* 1841.)	»	2 25	2 70	3 »	La soumission de caution peut ére remplacée par le dépôt à la caisse des consignations d'une somme d'argent ou d'un titre de rente sur l'État. Ce dépôt est constaté par un certificat qui occasionne 4 fr. 35 de droit de timbre et d'enregistrement.

Nos d'ordre	NATURE DES ACTES	Déboursés	ÉMOLUMENTS Ressort	Cours	Paris	OBSERVATIONS
618	Minute et expédition de l'acte de soumission de caution.	Mém.	»	»	»	
619	Acte de réquisition de mise aux enchères, contenant assignation. Ressort — Cours — Paris Dressé........................ 4 » — 4 50 — 5 » Par copie...................... 1 » — 1 13 — 1 25 Timbre.......................... 1 20 — 1 20 — 1 20 Enregistremt, décimes compris 2 50 — 2 50 — 2 50 8 70 — 9 33 — 9 95 Copie de pièces, par chaque rôle » 25 — » 27 — » 30	R 8 70 C 9 33 P 9 95	» 35	» 41	» 45	Signifier en tête de l'exploit copie de la requête, de l'ordonnance contenant commission d'huissier, de l'acte de soumission de caution ou du certificat de dépôt à la caisse des consignations. (Art. 832, C. p. c.) L'acte de réquisition de mise aux enchères doit être signifié par copies distinctes aux acquéreurs conjoints, encore bien qu'ils soient sodidaires et qu'en dénonçant leur contrat d'adjudication ils aient indiqué un domicile commun et constitué le même avoué. (Art. 832, C. p. c. — Rennes, 6 août 1849; DAL., 50, 2, 125; SIR., 52, 3, 285; DAL., 52, 2, 68.) L'art. 8 de la loi du 26 janvier 1892, qui déclare réduit d'un tiers le droit d'enregistrement des exploits relatifs aux procédures de ventes judiciaires, concerne assurément la vente sur surenchère du dixième, qui a lieu devant le tribunal.
620	Vacation à prendre communication des pièces justificatives de la solvabilité de la caution. *(Art. 8 de l'ordonnance de 1814.)*	»	2 25	2 70	3 »	La vacation ci-contre est allouée à l'avoué de l'acquéreur et à celui de l'ancien propriétaire. (MM. CHAUVEAU et GODOFFRE, n° 4503.)
621	Pour la suite de la procédure, appliquer le chapitre Ier, Matières sommaires.	»	»	»	»	Compter l'acte de retrait des pièces deposées par la caution. Il n'y a pas lieu à jugement de défaut-profit joint, en matière de surenchère sur aliénation volontaire. (Bourges, 6 août 1853; PAL., 53, 376.)
622	Vacation de l'avoué de l'acquéreur à déposer l'acte d'aliénation qui doit tenir lieu de cahier de charges. *(Art. 11 de l'ordonnance de 1841.)*	»	2 45	2 70	3 »	
623	Coût de l'acte de dépôt...............	Mém.	»	»	»	Voir n° 413.
624	Vacation à prendre communication de la pièce servant de cahier de charges. *(Art. 10 de l'ordonnance de 1841.)*	»	4 50	5 40	6 »	Sur le droit de l'avoue à la vacation ci-contre, voir MM. PAIGNON et BIOCHE, 1854, p. 80. — CHAUVEAU et GODOFFRE, n° 4531.
625	Pour la suite des formalités de la vente, voir nos 428 et suivants.	»	»	»	»	Après une vente amiable devant notaire, la remise proportionnelle est-elle due sur le prix total ou seulement sur l'excédent du prix produit par la surenchère? En faveur du calcul de la remise sur le prix total, on peut citer un arrêt de la Chambre civile de la Cour de cassation du 19 novembre 1826, rendu sous l'empire du tarif de 1807; on peut citer aussi un jugement du tribunal de Saint-Gaudens du 15 janvier 1851 et un autre jugement du tribunal de Vesoul du 3 juillet 1854. Mais, d'après un arrêt de la Chambre des requêtes du 21 avril 1856, la remise ne serait due, en matière de surenchère du dixième comme dans toutes les autres surenchères, que sur l'excédent du prix. Pour la calculer, en ce cas, il faudrait tenir état du prix primitif, et le taux de la remise sur le surplus subirait les réductions indiquées en l'art. 11 de l'ordonnance de 1841, à mesure que la somme s'élève. (CONFÉRENCE DES AVOUÉS DE 1re INSTANCE DES DÉPARTEMENTS, 1890.)

CHAPITRE XL

Voies à prendre pour avoir expédition ou copie d'un acte ou pour le faire réformer

(Art. 839 à 858 C. proc. civ.)

§ 1er. — Expédition ou copie d'acte.

Nos d'ordre	NATURE DES ACTES	Déboursés	ÉMOLUMENTS Ressort	Cours	Paris	OBSERVATIONS
626	Requête afin d'obtenir permission d'assigner à bref délai le notaire ou autre dépositaire qui refuse de délivrer expédition d'un acte aux parties intéressées. *(Art. 78 du tarif.)*	6 23	5 50	6 75	7 50	Le notaire ou autre dépositaire qui refuse de délivrer expédition ou copie d'un acte aux parties intéressées en nom direct, héritiers ou ayants droit, y est condamné, et par corps, sur une assignation à bref délai donnée en vertu de permission du président du tribunal, sans préliminaire de conciliation. (Art. 839, C. p. c.)
627	Assignation devant le tribunal .... *(Détail n° 14.)*	R 5 58 P 5 95 C 6 20	» 25	» 27	» 30	Dénoncer copie de la requête et de l'ordonnance du président. L'exploit ci-contre étant introductif d'une instance devant le tribunal est enregistré au droit réduit de 2 fr. 50, décimes compris. (Art. 7, loi du 26 janvier 1892.)
628	Pour la suite de la procédure, voir nos 61 et suivants.	»	»	»	»	S'il s'agit d'un acte non enregistré ou resté imparfait, la partie, après avoir présenté requête au président, assigne le notaire en référé en cas de refus de sa part de délivrer l'expédition. (Se reporter au chapitre XXXIV des référés.)

§ 2. — Secondes grosses.

Nos d'ordre	NATURE DES ACTES	Déboursés	ÉMOLUMENTS Ressort	Cours	Paris	OBSERVATIONS
629	Requête au président afin de permission de se faire délivrer une seconde grosse. *(Art. 78 du tarif.)*	6 23	5 50	6 75	7 50	
630	Sommation au notaire pour faire la délivrance à jour et heure déterminés.	R 5 58 C 5 95 P 6 20	» 25	» 27	» 30	Signifier en tête de la sommation copie de la requête et de l'ordonnance du président.
631	Sommation à la partie intéressée pour y être présente.	R 5 58 C 5 9[illegible] P 6 20	» 25	» 27	» 30	Même observation qu'au numéro précédent.
632	Assignation en référé (en cas de contestation).	R 5 58 C 5 95 P 6 20	»	»	»	Les exploits portés aux nos 630, 631 et 632 ne bénéficient pas de la réduction du droit d'enregistrement en vertu de la loi du 26 janvier 1892; mais la réduction leur est applicable par suite de la loi du 28 avril 1893.
633	Pour la suite comp. le chapitre XXXIV des référés, nos 571 à 576.	»	»	»	»	

Nos d'ordre	NATURE DES ACTES	Déboursés	ÉMOLUMENTS Ressort	Cours	Paris	OBSERVATIONS

§ 3. — **Compulsoire.**

Nos d'ordre	NATURE DES ACTES	Déboursés	Ressort	Cours	Paris	OBSERVATIONS
634	Requête grossoyée afin d'être autorisé à compulser un acte. *(Art. 75 du tarif. — Détail n° 70.)*	R » 25 C » 27 P » 30	1 88	2 25	2 50	La requête ne doit pas excéder six rôles, non plus que celle en réponse.
635	Pour la suite de la procédure, appliquer, selon la nature de la demande principale, le chapitre Ier ou le chapitre II.	»	»	»	»	Le compulsoire est un incident qui participe du caractère de l'instance pendant laquelle il se produit. (MM. BOUCHER D'ARGIS, p. 148 — CHAUVEAU et GODOFFRE, n° 2115.) Lorsqu'il est demandé par action principale, il est soumis aux principes généraux de l'art. 404, C. p. c.
636	Assistance des avoués au compulsoire et dires au procès-verbal (par vacation de trois heures). *(Art. 92 du tarif.)*	»	4 50	5 40	6 »	Compter le transport des avoués, s'il y a lieu, le coût du procès-verbal de compulsoire et sa signification. (Voir nos 176 et 193.)

§ 4. — **Rectification d'actes de l'état civil.**

Nos d'ordre	NATURE DES ACTES	Déboursés	Ressort	Cours	Paris	OBSERVATIONS
637	Requête afin de réformation d'un acte de l'état civil (timbre et dressé). *(Art. 78 du tarif.)*	» 60	5 50	6 75	7 50	Pour le droit d'obtention de jugement, voir nos 405 et 644. Le tribunal ordonne, s'il l'estime convenable, que les parties intéressées seront appelées et que le conseil de famille sera préalablement convoqué. (Art. 856, C. p. c.) S'il y a lieu d'appeler les parties intéressées, la demande est formée par exploit, sans préliminaire de conciliation. Elle l'est par acte d'avoué si les parties sont en instance. (Art. 356 précité.) L'émolument de cet acte d'avoué est de 3 fr. 75, 4 fr. 50 ou 5 francs pour l'original. (Art. 71 du tarif.) L'instance en rectification étant indéterminée et concernant l'ordre public est ordinaire. (MM. CHAUVEAU et GODOFFRE, n° 2115 bis. — FONS, p. 119. — BOUCHER D'ARGIS, p. 15.)
638	Minute et expédition de jugement.......	Mém.	»	»	»	
639	Signification du jugement à l'officier public qui doit faire la rectification.	Mém.	» 35	» 41	» 45	

CHAPITRE XLI

Envoi en possession des biens d'un absent, d'une succession irrégulière ou d'un legs universel (Art. 859 et 860 C. proc. civ.)

Nos d'ordre	NATURE DES ACTES	Déboursés	Ressort	Cours	Paris	OBSERVATIONS
640	Requête afin d'envoi en possession (timbre et dressé). *(Art. 78 du tarif.)*	» 60	5 50	6 75	7 50	La requête afin d'envoi en possession d'un legs universel est présentée au président du tribunal. (Art. 1008, C. p. c.) Les requêtes concernant les biens d'un absent ou d'une succession bénéficiaire sont présentées au tribunal, qui statue par jugement. Pour le droit d'obtention de jugement, n° 495 et 644.
641	Minute et expédition du jugement ou de l'ordonnance.	Mém.	»	»	»	

Nos d'ordre	NATURE DES ACTES	Débour-sés	EMOLUMENTS Ressort	Cours	Paris	OBSERVATIONS

CHAPITRE XLII

Autorisation de femme mariée (Art. 861 à 864 C. proc. civ.)

Nos d'ordre	NATURE DES ACTES	Débour-sés	Ressort	Cours	Paris	OBSERVATIONS
642	Sommation au mari...................... (*Détail n° 601.*)	R 5 58 C 5 95 P 6 20	»	»	»	Si le mari est absent, interdit ou mineur, l'autorisation est demandée par une requête qui est tarifée comme il est dit au n° 637.
643	Requête afin de citer le mari en chambre du conseil. (*Art. 78 du tarif.*)	6 23	5 50	6 75	7 50	Le paragraphe final de l'art. 78 du tarif dispose que les requêtes énoncées en cet article ne peuvent être grossoyées et que l'émolument, pour prendre les ordonnances et communiquer au ministère public, est compris dans la taxe. Il résulte de là que les ordonnances du président qui nomment un rapporteur et prescrivent la communication au ministère public ne donnent lieu à aucun émolument, non plus que la communication elle-même. Mais les jugements sont tout à fait distincts des ordonnances ; ils sont rendus à l'audience, à jours indiqués, sur les rapports du juge, les conclusions des avoués et celles du ministère public. Par suite, il doit être alloué à l'avoué un émolument pour ces jugements en dehors de l'émolument des requêtes. Dans un certain nombre de tribunaux, on alloue le droit d'obtention de jugement en matière ordinaire. (CHAMBRE DES AVOUÉS DE PARIS, n° 231 et 639. — M. RIVOIRE, p. 262.) Dans d'autres tribunaux on alloue seulement le droit d'assistance de 2 fr. 25, 2 fr. 70 ou 3 francs, selon les localités. (MM. CARRÉ, p. 267. — PIGEAU, *Procédure civile*, t. 2, p. 684. — FONS, p. 192. — Voir aussi COUR D'APPEL DE PARIS, tableau des Frais et dépens, n° 303.) Voir *suprà* les autorités citées à l'observation n° 496, en ce qui concerne les jugements sur conversion de saisie.
644	Assignation..............................	Mém.	» 25	» 27	» 30	
645	Pour le jugement et ses suites, se reporter aux nos 31 et suivants.	»	»	»	»	

CHAPITRE XLIII

Séparation de biens (Art. 865 à 874 C. proc. civ.)

Nos d'ordre	NATURE DES ACTES	Débour-sés	Ressort	Cours	Paris	OBSERVATIONS
646	Droit de Conseil...................... (*Art. 68 du tarif.*)	»	7 50	9 »	10 »	La procédure de la séparation de biens est toujours ordinaire. (V. *suprà*, n° 43.) Il a été décidé que la femme peut demander et obtenir une provision pour faire face aux frais de l'instance en séparation de biens, comme en matière de séparation de corps et de divorce. (Caen, 8 août 1849; DAL., 50, 5, 421. — Angers, 28 juin 1850; DAL., 51, 2, 60. — Rouen, 24 janvier 1872; AV., t. 98, 72. — MM. ROUSSEAU et LAISNEY, V° *Séparation de biens*, n° 105. — DUTRUC, V° *Séparation de biens*, nos 35 à 45. — *Bulletin de la taxe*, t. 4, 94. — V. *infrà*, observation n° 670.)
647	Requête afin d'obtenir l'autorisation de former la demande. (*Art. 78 du tarif.*)	6 23	5 50	6 75	7 50	
648	Assignation contenant copie de la requête et de l'ordonnance du président.	R 5 58 C 5 95 P 6 20	» 25	» 27	» 30	La loi du 26 janvier 1892 sur les frais de justice étant applicable à l'instance de séparation de biens comme à toutes les instances suivies en matière civile, les exploits, depuis l'assignation jusqu'à la signification du jugement, sont enregistrés au droit réduit à 2 francs.

	Ressort	Cours	Paris
Original......................	1 50	1 80	2 »
Copie.........................	» 38	» 45	» 50
Timbre........................	1 20	1 20	1 20
Enregistremt : droit principal.	2 »	2 »	2 »
Id. décimes.......	» 50	» 50	» 50
	5 58	5 95	6 20
Copie de pièces, par rôle.....	» 25	» 27	» 30

N° d'ordre	NATURE DES ACTES	Déboursés	ÉMOLUMENTS Ressort	Cours	Paris	OBSERVATIONS
649	Extraits de la demande............... (*Art. 92 du tarif.*) Ressort Cours Paris Dressé des extraits........... 4 50 5 40 6 » Timbre (4 demi-feuilles)..... 2 40 2 40 2 40	2 40	4 50	5 40	6 40	Les extraits de la demande ne sont pas astreints à la formalité de l'enregistrement. (CASSATION, 5 décembre 1832.) A Paris, il est d'usage de compter un droit de rédaction par chaque extrait, car l'art. 92 du tarif dit *l'extrait* et non *les extraits*. (CHAMBRE DES AVOUÉS DE PARIS, n° 661.)
650	Actes et certificats de dépôt des extraits de la demande : 1° au greffe civil ; 2° au greffe de commerce ; 3° à la chambre des avoués ; 4° à la chambre des notaires.	Mém.	»	»	»	
651	Insertion de la demande..............	Mém.	»	»	»	Le numéro du journal contenant l'insertion de l'extrait de la demande ne doit pas être enregistré. (V. *suprà*, observation n° 649.)
652	Vacation à la légalisation de la signature de l'imprimeur.	»	1 50	1 80	2 »	
653	Sommation à la requête d'un créancier du mari, à l'avoué de la femme de lui communiquer la demande et les pièces justificatives. (*Art. 70 du tarif. — Détail n° 58.*)	R » 25 C » 27 P » 30	» 94	1 13	1 25	Les créanciers du mari peuvent, jusqu'au jugement définitif, sommer l'avoué de la femme, par acte d'avoué, de leur communiquer la demande en séparation et les pièces justificatives, même d'intervenir pour la conservation de leurs droits, sans préliminaire de conciliation. (Art. 871, C. p. c.) Pour les droits de la communication, voir *suprà*, n° 67.
654	Requête d'intervention du créancier dans l'instance en séparation de biens (établir le coût d'après le nombre de rôles). (*Art. 75 du tarif. — Détail n° 70.*)	R » 25 C » 27 P » 30	1 88	2 25	2 50	Compulser les n°s 238 à 241 pour ce qui concerne l'intervention.
655	Pour la suite de la procédure de l'instance en séparation de biens, jusqu'à la signification du jugement, appliquer les n°s 60 à 105.	»	»	»	»	Les dépens de l'instance en séparation de biens, formée par la femme d'un failli contre son mari et le syndic de la faillite, sont à la charge de la masse, lors même que le syndic a déclaré ne pas contester la demande. (CASSATION, 11 juin 1877; PAL., 78, 1, 209; SIR., 78, 1, 465. — Paris, 13 mars 1879; PAL., 80, 104; SIR., 80, 1, 218.) Il en est de même en matière de liquidation judiciaire. Le droit d'enregistrement du jugement prononçant la séparation de biens est fixé, par l'art. 17 de la loi du 26 janvier 1892, à 22 fr. 50 en principal, soit avec les décimes 28 fr. 13 ; le droit d'enregistrement de l'arrêt est de 37 fr. 50 en principal, et les décimes l'élèvent à 46 fr. 88.
656	Coût de la publication au tribunal de commerce du jugement qui prononce la séparation de biens.	Mém.	»	»	»	En matière de séparation de biens, la publication du jugement au tribunal doit toujours avoir lieu, que le mari soit ou non commerçant. Au contraire, pour les séparations de corps et les divorces, la publication du jugement n'est nécessaire que si l'un des époux est commerçant. (Comp. art. 880, C. p. c., et art. 66, C. comm. — V. observations n°s 673 et 686.
657	Vacation de l'avoué pour cette publication.	»	4 50	5 40	6 »	La vacation ci-contre n'est pas indiquée dans le tarif, mais l'avoué peut équitablement la réclamer lorsqu'il a rempli la formalité imposée par la loi.
658	Extraits du jugement de séparation de biens. Ressort Cours Paris Dressé des extraits........ 4 50 5 40 6 » Timbre (4 demi-feuilles)... 2 40 2 40 2 40 Enregistrement : droit principal, pour les 4 extraits. 6 » 6 » 6 » Enregistrement : décimes.. 1 50 1 50 1 50 14 40 15 30 15 90	9 90	4 50	5 40	6 »	Voir *suprà*, observation n° 649, en ce qui concerne l'émolument pour le dressé des extraits.

Nos d'ordre	NATURE DES ACTES	Débour-sés	EMOLUMENTS Ressort	Cours	Paris	OBSERVATIONS
659	Actes et certificats de dépôt des extraits du jugement : 1° au greffe civil ; 2° au greffe de commerce ; 3° à la chambre des avoués ; 4° à la chambre des notaires.	Mém.	»	»	»	L'insertion d'un extrait du jugement dans un tableau de l'auditoire du tribunal de commerce doit avoir lieu, même quand le mari n'est pas commerçant. (Art 872, C. p. c.)
660	Insertion au journal	Mém.	»	»	»	Le Code de proc. civ. ne prescrit pas l'insertion du jugement comme il prescrit celle de la demande. C'est là une omission qui est réparée par l'art. 92 du tarif.
661	Vacation à la légalisation de la signature de l'imprimeur.	»	1 50	1 80	2 »	
662	Pour le commandement et les actes d'exécution, voir nos 376, 400 et suivants.	»	»	»	»	L'exécution du jugement de séparation de biens ne peut avoir lieu qu'après que les formalités de publicité indiquées aux numéros 656 à 660 ont été remplies, et elle doit être commencée dans la quinzaine de la prononciation du jugement. (Argt, art. 872, C. p. c. et art. 1444, C. civ.) Il est généralement admis, en doctrine et en jurisprudence, que la signification du jugement au domicile du mari, dans la quinzaine, avec commandement de l'exécuter, ou la sommation d'avoir à se présenter devant le notaire pour procéder à la confection du compte liquidatif, constitue un commencement d'exécution suffisant.
663	Pour la renonciation à communauté, voir *infrà*, nos 782 et 783.	»	»	»	»	

ÇHAPITRE XLIV

Séparation de corps (Art. 871 à 881 C. proc. civ.)

Nos d'ordre	NATURE DES ACTES	Débour-sés	Ressort	Cours	Paris	OBSERVATIONS
664	Droit de conseil .... (*Art.* 68 *du tarif.*)	»	7 50	9 »	10 »	La procédure de séparation de corps, comme celle de séparation de biens, est toujours ordinaire. (Voir *suprà*, n° 43.)
665	Requête contenant sommairement les faits. (*Art.* 79 *du tarif.*) *Ressort* / *Cours* / *Paris* Dressé de la requête .... 12 » / 13 50 / 15 » Timbre (évalué) .... 1 20 / 1 20 / 1 20 Enregistremt de l'ordonnance 5 63 / 5 63 / 5 63 18 83 / 20 33 / 21 83	6 83	12 »	13 50	15 »	Dans le cas où l'un des époux est condamné à une peine infamante, le demandeur joint à la requête une expédition de l'arrêt de condamnation et un certificat du greffier constatant qu'il n'est plus susceptible d'être reformé. Le jugement est rendu sur la requête sans autre procédure. L'art. 261 du Code civ., qui le décide ainsi en matière de de divorce, est applicable à la séparation de corps. (Caen, 29 janvier 1872; PAL., 72, 449.)
666	Sommation de comparaître devant le président. (*Détail*, *n°* 601.)	R 5 58 C 5 95 P 6 20	» 25	» 27	» 30	Signifier copie de la requête et de l'ordonnance du président. (MM. RIVOIRE, p. 514. — FONS, p. 76. — CHAUVEAU et GODOFFRE, n° 4818. — BOUCHER D'ARGIS, p. 600.)
667	Enregistrement de l'ordonnance qui autorise à former la demande.	5 63	»	»	»	
668	Assignation contenant copie de l'ordonnance ci-dessus. (*Détail nos* 14 *et* 648.)	R 5 58 C 5 95 P 6 20	» 25	» 27	» 30	La demande en séparation de corps ou en divorce n'est pas astreinte aux formalités de publicité prescrites pour la demande en séparation de biens, mais si l'on veut que ses effets, en ce qui concerne les biens, remontent à l'égard des tiers au jour où elle est formée, il faut la faire publier comme il est indiqué *suprà* aux nos 649 à 651. (CASSATION, 12 mai 1869; PAL., 69, 757.)
669	Pour la constitution, le placet, la mise au rôle et la suite de la procédure, se reporter au chapitre II, nos 49 et suivants.	»	»	»	»	

Nos d'ordre	NATURE DES ACTES	Déboursés	ÉMOLUMENTS			OBSERVATIONS
			Ressort	Cours	Paris	
670	Pour les mesures provisoires, entr'autres la provision *ad litem* et la pension alimentaire, appliquer le chapitre XI, nos 224 et suivants.	»	»	»	»	L'avoué de la femme peut réclamer pour elle, pendant le cours de l'instance, une provision à l'effet de subvenir aux frais du procès et même un supplément en cas d'insuffisance de la provision originairement allouée. (CASSATION, 11 juillet 1837; PAL., 37, 2, 255; SIR., 37, 1, 576. — CASSATION, 22 novembre 1853. — CASSATION, Motifs, 30 avril 1862; PAL., 62, 695; SIR., 62, 1, 449; DAL., 62, 1, 210. — MM. ROUSSEAU et LAISNEY, V° Avoué, n° 382. — BOUCHER D'ARGIS, p. 296. — LAURENT, t. 3, n° 261. — FUZIER-HERMAN, C. civ. annoté, art. 168, n° 59.) Il es est de même de l'avoué du mari lorsque celui-ci n'a pas de ressources et que la femme a la jouissance de ses biens propres. (Dijon, 10 mars 1841; PAL., 45, 1, 481; SIR., 41, 2, 355; DAL., 41, 2, 216. — Rouen, 13 novembre 1878; SIR., 79, 2, 81; PAL., 79, 346; DAL., 80, 2, 190. — MM. AUBRY et RAU, t. 5, p. 197. — DEMOLOMBE, t. 4, p. 468.) La demande de provision *ad litem* ou en supplément de provision peut être formée en appel. (Paris, 18 juillet 1885. *Gazette du Palais*, 1885, 2, 172. — Grenoble, 9 février 1886; GAZ. PAL., 6 mars 1886. — MM. DEMOLOMBE, t. 4, n° 459. — LAURENT, t. 3, n° 262.) La provision *ad litem* a pour destination spéciale les frais du procès. L'avoué qui l'a obtenue pour un époux peut agir en son nom personnel contre le conjoint pour le remboursement des frais qui lui sont dus, encore bien qu'il y ait eu depuis rejet ou désistement de la demande. (CASSATION, 11 juillet 1837; PAL., 37, 2, 255. — CASSATION, 22 novembre 1853; PAL., 54, 1, 166; SIR., 53, 1, 737; DAL., 54, 1, 38.)
671	En cas d'enquête, appliquer le chapitre VII, nos 166 et suivants.	»	»	»	»	Il a été jugé que lorsqu'un même jugement admet une partie à faire une enquête et lui alloue une provision, cette partie peut, en signifiant le jugement pour obtenir sa provision, se réserver de le signifier plus tard pour faire courir le délai de l'enquête, délai qui, alors, ne court pas à partir de la première signification. (Metz, 20 juillet 1826; SIR., 52, 2, 617. — Paris, 22 juillet 1852; PAL., 52, 2, 304; SIR., 52, 2, 617; DAL., 53, 2, 8.)
672	Pour la procédure postérieure à l'enquête, à la levée et la signification du jugement, se reporter au chap. II, nos 64 et suivants.	»	»	»	»	Les droits d'enregistrement sur le jugement et l'arrêt qui prononcent la séparation de corps sont les mêmes qu'en matière de séparation de biens. (V. *suprà*, observation n° 655.)
673	Pour la publicité du jugement de séparation de corps se reporter aux nos 649 à 652 et à l'observation n° 653.	»	»	»	»	L'art. 880 du Code de proc. civ. porte : Extrait du jugement qui prononce la séparation de corps est inséré aux tableaux exposés tant dans l'auditoire des tribunaux que dans les chambres d'avoués et notaires, ainsi qu'il est dit art. 872. D'après l'art. 66 du Code comm., tout jugement qui prononce une séparation de corps ou un divorce entre mari et femme, dont l'un est commerçant, est soumis aux formalités prescrites par l'art. 872, C. p. c. Or, l'une de ces formalités est la lecture du jugement au tribunal de commerce. Cette lecture devra donc avoir lieu si l'un des époux est commerçant, mais seulement dans ce cas. Le jugement de séparation de corps, qu'il concerne ou non des parties commercantes, doit en outre être inséré dans un journal. (V. observation n° 660.) Il n'est pas obligatoire de commencer l'exécution de ce jugement dans la quinzaine, comme celle du jugement qui prononce seulement la séparation de biens. (Paris, 2 janvier 1858; PAL., 58, 509. — Trib. de Lyon, 23 mai 1868; PAL., 69, 364. — MM. DEMOLOMBE, t. 4, n° 516. — ROUSSEAU et LAISNEY, V° *Séparation de biens*, n° 206.)
674	Pour l'acceptation par la femme de la communauté, appliquer nos 782 et 783.	»	»	»	»	La femme séparée de corps ou divorcée qui veut accepter la communauté doit en faire la déclaration dans les trois mois et quarante jours, à partir de l'époque où le jugement est devenu définitif, sinon elle est réputée renonçante. (Art. 1463, C. civ.)

CHAPITRE XLV

Divorce (Art. 881 C. proc. civ. — Art. 229 à 305 C. civ. — Lois des 29 juillet 1884 et 18 avril 1886.)

§ 1er. — **Instance en divorce.**

Nos d'ordre	NATURE DES ACTES	Déboursés	ÉMOLUMENTS Ressort	Cours	Paris	OBSERVATIONS
675	Droit de conseil..................... *(Art. 68 du tarif.)*	»	7 50	9 »	10 »	La cause est instruite et jugée dans la forme ordinaire, dit l'art. 239 du Code civ. modifié par la loi de 1886.
676	Requête en divorce contenant les détails des faits (timbre et dressé). *(Art. 79 du tarif.)* Ressort / Cours / Paris Dressé de la requête...... 12 » / 13 50 / 15 » Timbre (évalué)........... 1 20 / 1 20 / 1 20 13 20 / 14 70 / 16 20	1 20	12 »	13 50	15 »	La requête doit être faite et signée par un avoué. (V. Exposé des motifs de la loi de 1886 et rapport de M. Labiche au Sénat. *Journal officiel* du 30 janvier 1886.) Lorsque le divorce est demandé pour cause de condamnation de l'un des époux à une peine infamante, on joint à la requête qui est présentée au tribunal une expédition du jugement de condamnation et un certificat du greffier constatant que le jugement n'est plus susceptible d'être réformé par aucune voie légale. (Art. 261, C. civ.) Le jugement est rendu sur la requête, sans aucune autre formalité.
677	Vacation pour assister l'époux à la présentation de la requête. *(Art. 92, § 31 du tarif, par analogie.)*	»	4 50	5 40	6 »	Le demandeur doit présenter sa requête en personne, mais aucun texte ne lui défend de se faire accompagner de son avoué. A Paris, il est d'usage que l'avoué accompagne son client. (MM. Dalloz, Suppl. C. civ., nº 1643. — Frémont, *Traité du divorce*, nº 271.)
678	Enregistrement de l'ordonnance qui permet de citer.	9 38	»	»	»	La plupart des droits d'enregistrement sont plus élevés en matière de divorce qu'en matière de séparation de corps. Le droit d'enregistrement de l'ordonnance est de 7 fr. 50, ce qui, avec les décimes, donne un total de 9 fr. 38.
679	Citation devant le président pour la tentative de conciliation. *(Détail nº 601.)*	R 5 58 C 5 95 P 6 20	» 25	» 27	» 30	La requête et l'ordonnance sont signifiées en tête de la citation qui est délivrée par huissier commis et sous pli fermé. (Art. 237, C. civ., modifié par la loi du 18 avril 1886.)
680	Enregistrement de l'ordonnance qui permet d'assigner devant le tribunal.	9 38	»	»	»	Par le fait de l'ordonnance du président, la femme est autorisée à faire toutes procédures pour la conservation de ses droits et à ester en justice jusqu'à la fin de l'instance et des opérations qui en sont les suites. (Art. 238, C. civ., modifié par la loi de 1886.)
681	Assignation à comparaître devant le tribunal. *(Détail nº 14 et nº 648.)*	R 5 58 C 5 95 P 6 20	» 25	» 27	» 30	Signifier en tête de l'exploit copie de l'ordonnance qui autorise à assigner. Pour le droit d'enregistrement de l'assignation et des exploits jusques et y compris la signification du jugement, voir *suprà*, introduction p. 7 et observation nº 648.
682	Pour la constitution, le placet, la mise au rôle et la vacation à la requérir, appliquer les nos 50, 58, 60, 61 et 61.	»	»	»	»	D'après l'art. 239 du Code civ., modifié par la loi de 1886, la cause est instruite et jugée dans la forme ordinaire. Dès lors, le ministère des avoués est obligatoire en cette matière, comme il l'est dans toutes les instances devant les tribunaux civils. Le demandeur peut, en tout état de cause, transformer sa demande en divorce en demande en séparation de corps. (Art. 239 précité.) Les demandes reconventionnelles en divorce peuvent être introduites par un simple acte de conclusions. (Même article.)

Nos d'ordre	NATURE DES ACTES	Débour-sés	ÉMOLUMENTS Ressort	Cours	Paris	OBSERVATIONS
683	En ce qui concerne les mesures provisoires, entr'autres la provision *ad litem* et la pension alimentaire, se reporter au chapitre XI, nos 224 et suivants.	»	»	»	»	Voir *suprà*, observation n° 670. Le tribunal peut ordonner toutes les mesures provisoires qui lui paraissent nécessaires dans l'intérêt des enfants. Il statue aussi sur les demandes relatives aux aliments pour la durée de l'instance, sur les provisions et sur toutes les autres mesures urgentes. (Art. 240, C. civ., modifié par la loi de 1886.)
684	En cas d'enquête, appliquer le chapitre VII, nos 164 et suivants.	»	»	»	»	Lorsqu'il y a lieu à enquête, elle est faite conformément aux dispositions des art. 252 et suivants du Code de proc. civ. (Art. 245, C. civ., modifié par la loi précitée.)
685	Pour la procédure postérieure à l'enquête, la levée et la signification du jugement, les certificats de non opposition ni appel, se reporter au chapitre II, nos 64 et suivants.	»	»	»	»	Si le tribunal a sursis au jugement, chacun des époux peut, après l'expiration du délai fixé, faire citer l'autre pour entendre prononcer le jugement. (Art. 246, modifié par la loi précitée.) Lorsque l'assignation n'a pas été délivrée à la partie défenderesse en personne, et que cette partie fait défaut, le tribunal peut, avant de prononcer le jugement sur le fond, ordonner l'insertion dans les journaux d'un avis destiné à faire connaître à cette partie la demande dont elle a été l'objet. Au cas où la signification du jugement ou arrêt par défaut n'a pas été faite à personne, le président ordonne, sur simple requête, la publication du jugement ou arrêt dans les journaux qu'il désigne. (Art. 247, modifié par la loi précitée.) L'émolument de la requête peut être tarifé à 5 fr. 50, 6 fr. 75 ou 7 fr. 50 en appliquant par analogie l'art. 78 du tarif. Pour la rédaction de l'avis à insérer dans les journaux et pour les insertions, appliquer les nos 649, 651 et 652. Le jugement ou arrêt qui prononce le divorce n'est pas susceptible d'acquiescement. (Art. 249 modifié.)
686	Pour la publicité du jugement de divorce, se reporter aux nos 658 à 661 et à l'observation n° 673.	»	»	»	»	Le jugement qui prononce le divorce est enregistré au droit principal de 75 francs, soit, avec les décimes, 93 fr. 75. Le jugement déclarant qu'il y a lieu à adoption est enregistré au même droit. L'arrêt prononçant le divorce ou confirmant une adoption est enregistré au droit de 150 francs, ce qui, avec les décimes, donne une somme de 187 fr. 50. (Art. 17, loi du 26 janvier 1892.) D'après l'art. 250 C. civ., l'extrait du jugement ou de l'arrêt qui prononce le divorce est inséré aux tableaux exposés tant dans l'auditoire des tribunaux civil et de commerce que dans les chambres des avoués et notaires. Pareil extrait est inséré dans un journal. Il paraît également nécessaire de publier le jugement de divorce au tribunal de commerce quand l'un des époux est commerçant. (Comp. art. 66, C. comm., et art. 872, C. p. c. — MM. CURET, C. du div., n° 224. V. *suprà*, observation n° 673. — *Contrà*, DALLOZ, Suppl. C. civ., n° 2394.)
687	Pour l'acceptation par la femme de la communauté, appliquer les nos 779 et 780.	»	»	»	»	
688	Signification du jugement à l'officier de l'état civil pour la transcription et la mention à faire sur ses registres. *(Détail n° 14.)*	Mém.	» 35	» 41	» 45	Le dispositif du jugement ou de l'arrêt est transcrit sur les registres de l'état civil, et mention en est faite en marge de l'acte de mariage. (Art. 251 modifié.) A la signification ci-contre sont joints les certificats de non opposition ni appel, et en outre, s'il y a eu arrêt, un certificat de non pourvoi. (Art. 252 modifié.) Le jugement qui prononce le divorce doit ordonner la liquidation des reprises et de la communauté, et la commission d'un notaire et d'un juge-rapporteur. (Instruction de la CHAMBRE DES AVOUÉS DE PARIS, p. 22.)
689	Droit d'enregistrement sur la première expédition de l'acte de l'état civil constatant la transcription de la mention du jugement de divorce. Droit principal .... 150 » 2 décimes et demi 37 50 187 50	187 50	»	»	»	Si le jugement prononçant le divorce n'est pas frappé d'appel, un droit de 150 francs, plus les décimes, est perçu sur la première expédition, soit de la transcription, soit de la mention du dispositif du jugement, effectuée sur les registres de l'état civil. (Art. 17, loi du 26 janvier 1892.) Ce droit est à la charge de l'époux condamné aux dépens, car il est une conséquence directe du jugement de divorce, et, dans le cas d'appel, il est perçu lors de l'enregistrement de l'arrêt. (CONFÉRENCE DES AVOUÉS DES DÉPARTEMENTS, 1889.)

Nos d'ordre	NATURE DES ACTES	Déboursés	ÉMOLUMENTS Ressort	Cours	Paris	OBSERVATIONS

§ 2. — Conversion de la séparation de corps en divorce.

Nos d'ordre	NATURE DES ACTES	Déboursés	Ressort	Cours	Paris	OBSERVATIONS
690	Droit de conseil .... (*Art.* 68 *du tarif.*)	»	7 50	9 »	10 »	L'affaire est ordinaire. (V. *suprà*, observations nos 43 et 675.
691	Requête expositive des faits .... (*Détail n°* 665.)	6 83	12 »	13 50	15 »	L'ordonnance du président nomme un juge-rapporteur, ordonne la communication au ministère public et fixe le jour de la comparution. (Art. 310, C. civ., modifié par la loi du 29 juillet 1884.)
692	Assignation au défendeur à comparaître devant le tribunal. (*Détail nos* 14 *et* 648.)	R 5 58 C 5 95 P 6 20	» 25	» 27	» 30	Signifier en tête de l'exploit copie de la requête et de l'ordonnance.
693	Pour la constitution, le placet, la mise au rôle, la vacation à la requérir, l'assistance en la chambre du conseil, l'instruction de l'affaire, l'enquête s'il y a lieu, la procédure postérieure à l'enquête, la signification du jugement à l'officier de l'état civil, et le droit d'enregistrement sur la première expédition, appliquer nos 50, 58, 60, 61, 62, 64 et suivants, nos 164 et suivants, nos 684, 688 et 689.	»	»	»	»	Le jugement de séparation de corps ayant dû être publié, il est inutile de remplir à nouveau les formalités de publicité sur le jugement de conversion.

CHAPITRE XLVI

Avis des parents (Art. 882 à 889 C. proc. civ.)

Nos d'ordre	NATURE DES ACTES	Déboursés	Ressort	Cours	Paris	OBSERVATIONS
694	Déboursés de la convocation du conseil de famille et coût de la délibération.	Mém.	»	»	»	Compter, s'il y a lieu, la cédule du juge de paix et la citation aux membres du conseil de famille.
695	Requête afin d'homologation de la délibération. (*Art.* 78 *du tarif.*)	» 60	5 50	6 75	7 50	Pour le droit d'obtention du jugement ou le droit d'assistance, voir *suprà*, observation n° 645.
696	Minute et expédition du jugement rendu sur cette requête.	Mém.	»	»	»	L'expédition comprend : 1° la délibération homologuée ; 2° la requête afin d'homologation ; 3° l'ordonnance de soit communiqué ; 4° les conclusions du ministère public ; 5° et le jugement d'homologation.
697	Opposition à l'homologation de la délibération du conseil de famille avec assignation.	R 5 58 C 5 95 P 6 20	»	»	»	Il est préférable de réunir en un seul exploit l'opposition et l'assignation ; néanmoins deux actes séparés devraient passer en taxe. (MM. CHAUVEAU et GODOFFRE, n° 4882.)
698	Pour la suite de la procédure, appliquer le chapitre Ier ou le chapitre II, selon la nature de l'affaire.	»	»	»	»	La matière est sommaire ou ordinaire, selon les principes généraux de l'art. 404 du C. proc. civ. (MM. CHAUVEAU et GODOFFRE, nos 2120 et 2121. — VERVOORT, p. 29. V. *suprà*, observations nos 1 à 7 et 43 à 48).

CHAPITRE XLVII

Interdiction et nomination de conseil judiciaire (Art. 890 à 897 C. proc. civ.)

Nos d'ordre	NATURE DES ACTES	Déboursés	EMOLUMENTS			OBSERVATIONS
			Ressort	Cours	Paris	
699	Droit de conseil..................... *(Art. 68 du tarif.)*	»	7 50	9 »	10 »	La demande en interdiction, celle en nomination de conseil judiciaire et celle en mainlevée sont instruites et jugées de la même manière. (Art. 514, C. civ.) Elles constituent des matières ordinaires. (MM. Fons, p. 118. — Boucher d'Argis, p. 312. — Sudraud Desisles, p. 186. — Carré, p. 372. — V. *suprà*, observation n° 43.)
700	Requête afin d'interdiction ou de nomination de conseil judiciaire contenant les faits et l'indication des témoins (timbre et dressé). *(Art. 79 du tarif.)*	» 60	12 »	13 50	15 »	
701	Minute et expédition du jugement.......	Mém.	»	»	»	Il est dans les usages des tribunaux d'ordonner, par le même jugement, la convocation du conseil de famille et l'interrogatoire du défendeur.
702	Vacation pour assister à la délibération du conseil de famille. *(Art. 92, § 32 du tarif.)*	»	4 50	5 40	6 »	
703	Transport de l'avoué, s'il y a lieu à déplacement. *(Art. 121 du tarif. — Voir n° 176.)*	Mém.	»	»	»	L'indemnité de transport des avoués est allouée en taxe, aux termes de l'art. 144 du tarif, lorsque leur présence est autorisée par la loi. Or, l'assistance à la délibération du conseil de famille est spécialement prévue par le § 32 de l'art. 92 du tarif. Partant l'indemnité de transport entre dans les frais qui sont à la charge de la partie qui succombe. (V. *suprà*, observation n° 176, notamment les autorités qui décident dans le même sens que dessus pour le voyage à une enquête.) Il est généralement admis que le conseil de famille doit être réuni sous la présidence du juge de paix du canton et non devant l'un des membres du tribunal. (V. Code civ. annoté par M. Fuzier-Herman, art. 494, n° 8.)
704	Déboursés de la convocation du conseil de famille et coût de la délibération.	Mém.	»	»	»	
705	Requête afin d'indication des jour et heure de l'interrogatoire (timbre, enregistrement et dressé). *(Art. 76 du tarif.)*	6 23	1 50	1 80	2 »	
706	Sommation au défendeur de comparaître pour l'interrogatoire.	Mém.	» 35	» 41	» 45	Signifier, en tête de l'exploit, copie des pièces énoncées aux nos 700, 701, 704 et 705.
707	Minute et expédition de l'interrogatoire..	Mém.	»	»	»	La requête afin de nomination d'un administrateur provisoire, qui peut être présentée après l'interrogatoire, donne droit à un émolument de 5 fr. 50, 6 fr. 75 ou 7 fr. 50. (Art. 78 du tarif.) Le jugement qui intervient sur cette requête doit être signifié au défendeur.

Nos d'ordre	NATURE DES ACTES	Déboursés	ÉMOLUMENTS Ressort	Cours	Paris	OBSERVATIONS
708	Assignation........................ (*Détail nos 14 et 601.*)	R 5 58 C 5 95 P 6 20	» 25	» 27	» 30	**Signifier en tête de l'assignation copie de l'interrogatoire**
709	Pour le droit de conseil et la procédure, voir chapitre II, nos 50 et suivants; en cas d'enquête, appliquer le chapitre VII.	»	»	»	»	La procédure d'interdiction est toujours ordinaire. (V. *suprà*, observation n° 700.) Les droits d'enregistrement sur le jugement et l'arrêt qui prononcent l'introduction sont les mêmes qu'en matière de séparation de biens et de séparation de corps. (V. *suprà*, observation n° 655.)
710	Rédaction des extraits du jugement, y compris timbre et enregistrement. (*Art. 92, § 33 du tarif.*)	4 96	4 50	5 40	6 »	Aux termes de l'art. 501 C. civ., tout arrêt ou jugement portant interdiction ou nomination d'un conseil, est, à la diligence des demandeurs, levé, signifié à partie, et inscrit, dans les dix jours, sur les tableaux qui doivent être affichés dans la salle de l'auditoire et dans les études des notaires de l'arrondissement. La loi du 17 mars 1893 porte : 1° Qu'un extrait sommaire du jugement ou arrêt est en outre transmis, par l'avoué qui l'a obtenu, au greffe du Tribunal du lieu de naissance du défendeur, dans le mois du jour où la décision a acquis l'autorité de la chose jugée, sous peine d'une amende de 50 francs; 2° Que les demandes en mainlevée d'interdiction ou de conseil judiciaire sont soumises, quant à l'instruction et au jugement et quant à la publicité de la décision, aux mêmes règles que les demandes en interdiction ou nomination de conseil.
711	Coût du dépôt d'un extrait dans l'auditoire du tribunal civil.	Mém.	»	»	»	
712	Coût du dépôt d'un extrait à la chambre des notaires.	Mém.	»	»	»	
713	Insertion au journal, y compris timbre et enregistrement de la feuille et légalisation de la signature de l'imprimeur.	2 48	1 50	1 80	2 »	
714	Déboursés de la convocation du conseil de famille et coût de la délibération qui nomme un tuteur et un subrogé-tuteur à l'interdit.	Mém.	»	»	»	Lorsque le jugement est par défaut, il est utile, pour constituer son exécution, de signifier à l'interdit la délibération dont il s'agit ci-contre, ainsi que l'inventaire que doit faire faire le tuteur.

TITRE VI

PROCÉDURES RELATIVES A L'OUVERTURE D'UNE SUCCESSION

CHAPITRE XLVIII

Apposition et levée de scellés (Art. 907 à 944 C. proc. civ.)

Nos d'ordre	NATURE DES ACTES	Déboursés	Ressort	Cours	Paris	OBSERVATIONS
715	Requête au président afin de permission de faire apposer les scellés. (*Art. 78, § 13 du tarif.*)	6 23	5 50	6 75	7 50	La permission de faire apposer les scellés n'est nécessaire que lorsque le créancier qui veut requérir l'apposition n'a pas de titre exécutoire. (Art. 909, C. p. c.)
716	Requête pour faire commettre un notaire à l'effet de représenter *les absents présumés* dans les inventaire, compte, partage et liquidation. (*Art. 77, § 10 du tarif. — Détail n° 13.*)	6 23	2 25	2 70	3 »	Par ces mots du § 10 de l'art. 77 du tarif : *les absents présumés*, il faut entendre les héritiers ou autres intéressés qui demeurent au-delà de cinq myriamètres du lieu de l'ouverture de la succession. (Art. 942, C. p. c.)

Nos d'ordre	NATURE DES ACTES	Déboursés	ÉMOLUMENTS			OBSERVATIONS
			Ressort	Cours	Paris	
717	§ 1er. Vacation pour requérir l'apposition des scellés. — § 2. *Idem,* à l'apposition des scellés, par chaque trois heures. — § 3. En référé, lors de l'apposition ou dans le cours de la levée. — § 4. Pour requérir la levée des scellés avec ou sans description. — § 5. A la reconnaissance et levée des scellés, par chaque trois heures. *(Art. 94, §§ 1er et 7 du tarif.)*	»	4 50	5 40	6 »	L'assistance de l'avoué à l'inventaire donne droit aux mêmes vacations que ci-contre. (MM. SUDRAUD-DESISLES, p. 193. — RIVOIRE, p. 168 et 178. — FONS, p. 230. — CHAUVEAU et GODOFFRE, n° 5121.)
718	Transport de l'avoué, s'il y a lieu à déplacement. *(Art. 144 du tarif.)*	Mém.	»	»	»	Voir *suprà*, observations nos 176 et 703.

CHAPITRE XLIX

Vente de mobilier après décès (Art. 945 à 952 C. proc. civ.)

Nos d'ordre	NATURE DES ACTES	Déboursés	Ressort	Cours	Paris	OBSERVATIONS
719	Requête afin d'être autorisé à faire procéder, sans attribution de qualités, à la vente d'effets mobiliers dépendant d'une succession. *(Art. 77, § 12 du tarif. — Détail n° 13.)*	6 23	2 25	2 70	3 »	La requête ci-contre est présentée lorsque l'héritier étant encore dans les délais pour faire inventaire et délibérer veut, avant de prendre qualité, faire vendre des objets susceptibles de dépérir ou dispendieux à conserver. (Art. 796, C. civ., et 986, C. p. c. La femme commune peut, comme l'héritier, obtenir l'autorisation de faire cette vente avant de prendre qualité. (MM. CARRÉ et CHAUVEAU, qon 2508 bis.) La vente est annoncée conformément à l'art. 616, C. p. c.
720	Requête au président pour faire autoriser la vente du mobilier d'une succession. *(Art. 77, § 11 du tarif. — Détail n° 13.)*	6 23	2 25	2 70	3 »	La requête ci-contre est présentée au nom de l'un des intéressés lorsqu'il y a des créanciers saisissants ou opposants, ou lorsque la majorité des cohéritiers juge la vente nécessaire pour l'acquit du passif. (Art. 826, C. civ., 945 et suivants, C. p. c.) On appelle à la vente les parties ayant droit d'assister à l'inventaire et qui demeurent ou ont élu domicile dans la distance de cinq myriamètres. S'il s'élève des difficultés, il peut être statué provisoirement en référé par le président du tribunal. (Art. 947, C. p. c.)

CHAPITRE L

Vente de biens immeubles appartenant à des mineurs (Art. 953 à 965 C. proc. civ.)

Nos d'ordre	NATURE DES ACTES	Déboursés	Ressort	Cours	Paris	OBSERVATIONS
721	Coût de la convocation et de la délibération du conseil de famille qui autorise la vente des immeubles.	Mém.	»	»	»	Voir *suprà*, avis de parents, n° 694. Voir aussi le § 2 de l'art. 2 de la loi du 23 mars 1884 pour la procédure à suivre lorsque des immeubles à liciter d'une mise à prix inférieure à 2,000 francs appartiennent indivisément à des mineurs ou incapables et à des majeurs, n° 765.
722	Requête afin d'homologation de la délibération du conseil de famille (timbre et dressé). *(Art. 9 de l'ordonnance de 1841.)*	» 60	5 50	6 75	7 50	Pour le droit d'obtention ou d'assistance au prononcé du jugement, voir *suprà*, nos 492 et 643.

Nos d'ordre	NATURE DES ACTES	Déboursés	ÉMOLUMENTS Ressort	Cours	Paris	OBSERVATIONS
723	Droit d'obtention des renseignements pour la fixation des mises à prix sans expertise. (*Art. 9 de l'ordonnance de* 1841.)	»	25 »	25 »	» 25	Le droit ci-contre est dû, bien que la délibération du conseil de famille n'ait pas été préparée par l'avoué et qu'elle contienne l'indication des mises à prix. (CASSATION, 7 mai 1855; PAL., 56, 1, 275; DAL., 55, 166. — CONFÉRENCE DES AVOUÉS DE 1re INSTANCE DES DÉPARTEMENTS, 1891. V. *infrà*, observation n° 746.)
724	Minute et expédition du jugement d'homologation.	Mém.	»	»	»	L'expédition comprend : 1° la délibération du conseil de famille; 2° la requête en homologation; 3° l'ordonnance de soit communiqué; 4° les conclusions du ministère public; 5° le jugement d'homologation.
725	Signification du jugement au subrogé-tuteur avec sommation de prendre communication du cahier de charges et d'assister à l'adjudication.	R 5 58 C 5 95 P 6 20	» 35	» 41	» 45	
726	En cas d'expertise. — Requête pour la fixation des jour, heure et lieu de la prestation de serment de l'expert (ou des experts).	6 23	1 50	1 80	2 »	Le tribunal peut nommer un ou trois experts, suivant que l'importance des biens paraît l'exiger, pour faire l'estimation des biens. (Art. 955, C. p. c.)
727	Pour la sommation aux experts et les actes et droits relatifs à l'expertise, voir *suprà*, chapitre IX, nos 203 et suivants.	»	»	»	»	
728	Vacation à prendre communication de la minute du rapport des experts. (*Art. 9 de l'ordonnance de* 1841.)	»	4 50	5 40	6 »	Il ne doit pas être levé d'expédition de la minute du rapport. (Art. 956, C. p. c.)
729	Requête pour demander l'entérinement de ce rapport. (*Art. 9 de l'ordonnance de* 1841.)	» 60	5 50	6 75	7 50	Un nouveau jugement est indispensable après l'expertise, puisque ce n'est qu'après le rapport que le tribunal peut fixer la mise à prix dont l'indication doit se trouver dans le jugement qui ordonne la vente. (MM. DALLOZ, vente publ. d'imm. 1986.)
730	Minute et expédition du jugement d'entérinement.	Mém.	»	»	»	
731	Vente à la barre du tribunal. — Pour la rédaction et le dépôt du cahier de charges, la publicité, l'adjudication et la remise proportionnelle, appliquer nos 411 à 413, 428 à 436, 440 à 442.	»	»	»	»	
732	Vente devant notaire. — Pour la vacation à prendre communication du cahier de charges, la publicité et la suite de la procédure, voir nos 772 et suivants.	»	»	»	»	L'avoué chargé de la poursuite d'une vente d'immeubles a le droit exclusif, dans le cas où la vente est renvoyée devant un notaire, de dresser les placards et de les faire insérer aux journaux. Ce droit n'appartient pas également au notaire commis par justice pour procéder à la vente. (Circul. du garde des sceaux, 20 août 1812. — CASSATION, 18 novembre 1844; PAL., 44, 2, 565; SIR., 44, 1, 817; DAL., 45, 1, 12.) Le même droit appartient encore à l'avoué alors même que le renvoi devant notaire a eu lieu par un arrêt infirmatif d'un jugement qui renvoyait à l'audience des criées. Les avoués d'appel ne peuvent prétendre, en cette matière, qu'à eux appartient de suivre l'exécution de l'arrêt infirmatif. (Trib. de la Seine, 15 mars 1843; SIR., 43, 2, 238. — Besançon, 13 février 1873; PAL., 73, 718; SIR., 73, 2, 176. DAL., 73, 2, 75.)

Nos d'ordre	NATURE DES ACTES	Débours	Émoluments Ressort	Cours	Paris	OBSERVATIONS
733	Baisse de mise à prix. — Requête pour obtenir l'autorisation de vendre au-dessous de la mise à prix. (*Art.* 9 *de l'ordonnance de* 1841.)	» 60	5 50	6 75	7 50	Lorsqu'après l'ouverture des enchères devant le tribunal l'adjudication n'a pas lieu, il est alloué à l'huissier-audiencier, y compris les frais de bougies et quel que soit le nombre des lots, 3 fr. 75, 4 fr. 50 ou 5 francs. (Art. 6 de l'ordonnance de 1841.) En pareil cas, l'avoué a droit à la vacation de 4 fr. 90, 5 fr. 40 ou 6 francs, fixée par l'art. 11 de cette ordonnance, pour remise d'adjudication. (MM. Chauveau et Godoffre, n° 5305.)
734	Minute et expédition du jugement qui accorde cette autorisation.	»	»	»	»	
735	Pour la publicité et la suite de la procédure, voir nos 428 et suivants. (*Voir la note relative à la réduction des frais de ventes d'immeubles ne dépassant pas* 2,000 *francs, nos* 505 *à* 512.)	»	»	»	»	Les émoluments indiqués au présent chapitre sont les mêmes lorsqu'il s'agit de ventes d'immeubles dépendant d'une succession bénéficiaire, d'immeubles dotaux ou provenant soit d'une succession vacante, soit d'un débiteur failli ou qui a fait cession. (Art. 9 de l'ordonnance de 1841.) Sur le droit de réclamer les vacations à l'adjudication sur baisse de mise à prix, même lorsqu'il a déjà été perçu celles sur les lots adjugés à la vente originaire, voir observation 770.

CHAPITRE LI

Partages et licitations (Art. 966 à 985 (C. proc. civ.)

PREMIÈRE SECTION — PARTAGES

736 C'est une question très controversée que celle de savoir si les demandes en partage doivent être instruites et jugées comme matières ordinaires.

Pour l'affirmative : Voir jugements de Nantes, 9 décembre 1843 ; Av., t. 72, p. 175. — De Blois, 11 janvier 1848 ; Av., t. 73, p. 248. — De Metz, 12 avril 1850 : Av., t. 77, p. 11. — De Caen, 30 décembre 1856 ; Av., t. 82, p. 322. — De Nîmes, 11 mars 1862 ; Av., t. 87, p. 224. — De Bayeux, 10 mai 1883, rapporté dans Dutruc, *Bulletin de la Taxe*, t. 3, p. 153. — De Lyon, 4 juin 1887 ; Av., n° 6.563. — MM. Sudraud-Desisles, nos 772 et 1560. — Chauveau et Godoffre, n° 2126. — Rivoire, p. 298. — Conférence des Avoués, 1854, 1883 et 1888. Pour la négative : Voir Cassation, 15 décembre 1829, et les motifs des arrêts cités au numéro qui suit.

737 Il est, au contraire, souverainement décidé que l'on doit instruire comme matières ordinaires les contestations qui sont soulevés au cours d'une instance en partage et qui portent sur le fond du droit, par exemple sur la qualité des parties, sur la validité d'avantages indirects dissimulés sous la forme de contrats onéreux, sur les rapports à faire par les copartageants, sur les détournements commis par l'un d'eux et sur la réduction de dispositions excessives. (Cassation, 30 juillet 1827, 18 mars 1828 ; Paris, 23 février 1849 ; Pal., 49, 1, 550 ; Paris, 23 août 1851 ; Pal., 51, 2 385. — Cassation, 5 août 1868 ; Pal., 69, 35. — Nancy, 17 décembre 1872 ; Pal., 74, 477. — MM. Sorel sur Boucher d'Argis, p. 47. — Dutruc, *Supplément aux lois de la procédure*, V° Partage, p. 157. — Dalloz, V° *Matières sommaires*, n° 56. — Bioche, *J. de procédure*, art. 2205. — Mathieu de Vienne, *Tableau de taxe en matière civile*, p. 23.)

738 Pour la procédure usuelle, voir le chapitre Ier ou le chapitre II, selon que l'affaire est considérée comme sommaire ou comme ordinaire. Ajouter les articles qui suivent.

§ 1er. — Introduction de l'Instance.

N°s d'ordre	NATURE DES ACTES	Déboursés	EMOLUMENTS Ressort	Cours	Paris	OBSERVATIONS
739	Assignation en partage . . . . Ressort / Cours / Paris Dressé . . . . 1 50 / 1 80 / 2 » Copie . . . . » 38 / » 45 / » 50 Timbre . . . . 1 20 / 1 20 / 1 20 Enregistremt, décimes compris 2 50 / 2 50 / 2 50 Total : 5 58 / 5 95 / 6 20 Pour le transport de l'huissier, voir n° 14.	R 5 58 C 5 95 P 6 20	»	»	»	La demande en partage et licitation est formée par exploit et non par requête. (*Journal des Huissiers*, t. 38, p. 48. — *Encyclopédie du Notariat*, V° Licitation, n° 51.) La vente sur licitation d'un navire doit être poursuivie devant le tribunal civil par le ministère d'un avoué et non point être faite à la bourse par le ministère d'un courtier. (Trib. civ, du Havre, 14 juillet 1858. *J. av.*, t. 84, p. 75.) Lorsque l'avoué du demandeur a fait nommer un tuteur ou un subrogé-tuteur à un incapable, il peut comprendre le coût de la délibération du conseil de famille dans ses frais d'instance. (CONFÉRENCE DES AVOUÉS DES DÉPARTEMENTS, 1873, p. 309 du registre.)
740	Vacation à faire viser la demande en partage par le greffier. (*Art.* 90, § 15 *du tarif de* 1807.)	»	1 15	1 35	1 50	Entre deux demandeurs, la poursuite appartient à celui qui a fait viser le premier l'original de son exploit par le greffier du tribunal. Ce visa est daté du jour et de l'heure. (Art. 967, C. p. c.) C'est à l'avoué et non à l'huissier que le tarif alloue la vacation au visa. Le visa peut ête requis et donné avant l'enregistrement de l'exploit. — M. CHAUVEAU sur M. CARRÉ, (qon 2504 ter.) Le visa de l'original de la citation en conciliation n'assure pas au demandeur la poursuite, alors même que l'assignation est donnée dans le mois. (CASSATION, 4 mars 1873; Av., t. 99, p. 9. — Rouen, 3 février 174; Av., t. 100, p. 110.) La Conférence des Avoués des départements est d'avis, au contraire, que la poursuite doit appartenir à l'avoué de la partie qui a fait viser l'original de la citation.
741	Coût du visa du greffier . . . . (*Art.* 1er *du décret du* 24 *mai* 1854.)	R » 25 C » 27 P » 30	»	»	»	
742	Droit du greffier pour la tenue du registre sur lequel doivent être inscrits les partages et liquidations y compris bulletin.	2 10	»	»	»	

§ 2. — En cas d'expertise.

N°s d'ordre	NATURE DES ACTES	Déboursés	EMOLUMENTS Ressort	Cours	Paris	OBSERVATIONS
743	Déclaration aux avoués des copartageants que le rapport des experts est déposé au greffe, et sommation d'en prendre communication.	R » 25 C » 27 P » 30	» 94	1 13	1 25	Lorsque le tribunal ordonne l'expertise, il peut commettre un ou trois experts qui doivent prêter serment. (Art. 971, C. p. c.) Pour la procédure d'expertise, voir chapitre IX, nos 197 et suivants.
744	Vacation à prendre communication du rapport des experts. (*Art.* 10, § 2 *de l'ordonnance de* 1841.)	»	4 50	5 40	6 »	L'allocation ci-contre implique que le rapport n'est pas levé ni signifié. (Voir, par analogie, art. 956, C. p. c. — MM. CHAUVEAU et GODOFFRE, n° 5273.)
745	Acte de conclusions d'avoué pour demander l'entérinement du rapport des experts. (*Art.* 10, § 3 *de l'ordonnance de* 1841.) Ressort / Cours / Paris Original . . . . 5 50 / 6 75 / 7 50 Copie . . . . 1 38 / 1 79 / 1 88 A l'huissier . . . . » 25 / » 27 / » 30 Total : 7 13 / 8 81 / 9 68	R » 25 C » 27 P » 30	6 88	8 45	9 38	Les avoués des colicitants peuvent signifier des conclusions en réponse qui sont tarifées à la même somme. Le jugement qui entérine le rapport est signifié à avoué. (V. *suprà*, observation 93.) Il a été jugé que la signification à partie n'est nécessaire que lorsque le rapport a été contesté. (CASSATION, 25 février 1834; PAL. à sa date. — CASSATION, 16 juin 1846; PAL., 47, t. 86. — M. DUTRUC, V° Partage, n° 71.) Lorsque le demandeur en partage s'oppose à la licitation et que néanmoins cette mesure est ordonnée sur les conclusions des parties défenderesses, il ne perd pour cela le bénéfice de la poursuite. (CONFÉRENCE DES AVOUÉS DES DÉPARTEMENTS, 1871.)

§ 3. — Si l'expertise n'est pas ordonnée.

Nos d'ordre	NATURE DES ACTES	Débours-sés	ÉMOLUMENTS Ressort	Cours	Paris	OBSERVATIONS
746	Indemnité des soins et démarches nécessaires pour l'estimation et la composition des lots, quand il n'a pas été ordonné d'expertise. *(Art. 10, § 4 de l'ordonnance de 1841.)*	»	25 »	25 »	25 »	L'indemnité de 25 francs, à raison des soins et démarches nécessaires pour la fixation des mises à prix ou la composition des lots, est acquise dès lors que l'expertise n'a pas lieu sans que l'avoué ait à justifier que c'est à ses soins que cet avantage est dû. (CASSATION, 7 mai 1855; PAL., 56, 1, 275; DAL., 55, 1 106.) Cette indemnité est due à l'avoué du défendeur comme à l'avoué du demandeur, puisque, d'une part, l'art. 10 de l'ordonnance de 1841 porte qu'elle est allouée *aux avoués* et que, d'autre part, la fixation des mises à prix ou la composition des lots est l'œuvre de tous les avoués en cause. (Voir dans ce sens : Jugements de Fontainebleau. 20 août 1842. — Caen, 5 décembre 1842. — Nevers, 7 décembre 1842. — Toulouse, 8 décembre 1842. — Fontainebleau, 17 janvier 1843. — Dieppe, 29 mars 1843. — Louviers, 22 mai 1846. — Marseille, 25 août 1846. — Autun, 16 juin 1847. — Tours, 6 août 1853. — Marseille, 22 janvier 1858. — Paris, 25 juillet 1858. — Clamecy, 1er juin 1860. — Bagnères-de-Bigorre, 11 juillet 1861. *J. av.*, t. 87, p. 199. — Bayeux, 10 mai 1883. PAL., 83, 1251. — MM. DURAND, *J. av.*, t. 64, p. 26. — BOURNAT, *Rev. prat.*, t. 4, p. 490 et t. 6 p. 562. — BIOCHE. *J. proc.*, art. 6841. — PAIGNON, même recueil, art. 5637. — CHAUVEAU et GODOFFRE, n° 5202, — DEVILLENEUVE; SIR., 58, 1, 113; — RODIÈRE, *J. proc.* 1858., p. 449. — Mémoire de M. LATRUFFE-MONTMEYLIAN, rapporté au *Journ. des Avoués*, t. 64, p. 72, et dans DALLOZ, t. 25, p. 195. — CONFÉRENCE DES AVOUÉS DES DÉPARTEMENTS, octobre 1843 et 1844.) La cour de cassation a cependant jugé le contraire par arrêts des 2 décembre 1857 et 25 mai 1859; (Av., t. 82, 285 et t. 84, 365) et du 10 mai 1885; (PAL., 85, 1, 760; SIR., 85, 1, 312; DAL., 86, 1, 192.)

§ 4. — Opérations devant le notaire liquidateur et le juge commissaire.

Nos d'ordre	NATURE DES ACTES	Débours-sés	ÉMOLUMENTS Ressort	Cours	Paris	OBSERVATIONS
747	Sommation par acte du palais aux copartageants de comparaître devant le notaire commis pour procéder aux opérations de partage et liquidation. *(Art. 70 du tarif.)*	R » 25 C » 27 P » 30	» 94	1 13	1 25	C'est une question controversée que celle de savoir si la sommation de comparaître devant le notaire liquidateur est valablement donnée par acte d'avoué à avoué Pour l'affirmative, voir Jugt de Toulouse, 20 mars 1840; PAL., 40, 1, 610; Av., t. 59, p. 589. — MM. DALLOZ, V° *Succession*, n° 1751. — DUTRUC, *Traité du partage*, n° 406. — BIOCHE, V° *Partage*, n° 407. — BOUCHER D'ARGIS, V° *Partage*, n° 6. M. Chauveau pense que la sommation notifiée à personne ou domicile est mieux dans le vœu de la loi que celle résultant d'un simple acte d'avoué, mais il ne trouve pas une cause de nullité dans le mode suivi, quel qu'il soit. (V. *Lois de la procédure*, qon 2506 sexies.) La cour de Caen, par arrêt du 20 avril 1885, PAL, 87, 1, 1095, SIR., 87, 2, 195, a décidé que si la sommation peut être valablement signifiée au domicile de l'avoué, en tant que domicile élu pour l'instance en liquidation et les notifications qu'elle comporte, ce n'est qu'autant que la sommation vise la partie elle-même et observe, vis-à-vis de cette partie, tous les délais de distance pour la comparution devant le notaire. Il suffit d'une seule sommation pour toutes les opérations confiées au notaire si, à la fin de chaque séance, le notaire indique les jour et heure auxquels il continuera ses opérations.
748	Même sommation par huissier.......... *(Art. 29 du tarif.)*	Mém.	»	»	»	
749	Vacation des avoués devant le notaire, par chaque trois heures.	»	4 50	5 40	6 »	Les vacations devant le notaire n'entrent point en frais de partage ; elles ne peuvent être répétées que contre la partie qui a requis l'assistance de l'avoué. (Art. 92, § 38, du tarif de 1807.)
750	Frais de transport s'il y a lieu. Voir n° 176.	Mém.	»	»	»	Même observation que ci-dessus.

Nos d'ordre	NATURE DES ACTES	Débour-sés	EMOLUMENTS Ressort	Cours	Paris	OBSERVATIONS
751	Requête afin de remplacement du juge ou du notaire commis. *(Art. 10 de l'ordonnance de 1841.)*	6 23	2 25	2 70	3 »	Si dans le cours des opérations, le juge ou le notaire est empêché, le président du tribunal pourvoit au remplacement par une ordonnance sur requête, laquelle n'est susceptible ni d'opposition ni d'appel. (Art. 969 C. proc. civ.)
752	Vacation des avoués devant le juge-commissaire en cas de contestation au cours des opérations de partage. *(Art. 92, § 37 du tarif de 1807.)*	»	4 50	5 40	6 »	
753	Procès-verbal du juge-commissaire qui renvoie les parties à l'audience.	Mém.	»	»	»	Pour la procédure à suivre sur les contestations, voir observation n° 737.
754	Sommation par acte du palais aux copartageants de comparaître devant le notaire pour procéder à la composition des lots.	R » 25 C » 27 P » 30	» 94	1 13	1 25	Voir observation n° 747, sur le point de savoir si la sommation doit être faite par acte du palais ou par exploit d'huissier.
755	Même sommation par huissier..........	Mém.	»	»	»	Voir observation n° 749.
756	Vacation devant le juge-commissaire pour être procédé par lui à la nomination de l'expert qui devra composer les lots.	»	4 50	5 40	6 »	
757	Ordonnance qui nomme l'expert........	Mém.	»	»	»	Pour la procédure d'expertise, voir nos 197 et suivants.
758	Sommation par acte du palais aux copartageants d'assister à la clôture du procès-verbal et le signer.	R » 25 C » 27 P » 30	» 94	1 13	1 25	Voir observation en marge du n° 747.
759	Pareille sommation par huissier........	Mém.	»	»	»	Voir observation en marge du n° 747.

§ 5. — Homologation.

Nos d'ordre	NATURE DES ACTES	Débour-sés	Ressort	Cours	Paris	OBSERVATIONS
760	Conclusions pour demander l'homologation du partage et de la liquidation. *(Art. 10, § 3 de l'ordonn. de 1841, par analogie. Détail n° 745.)*	R » 25 C » 27 P » 30	6 88	8 45	9 38	L'homologation doit être demandée par conclusions ou assignation et non par requête. (CONFÉRENCE DES AVOUÉS DES DÉPARTEMENTS, 1872, p. 307 du registre.) Dans un certain nombre de tribunaux, on alloue aux avoués une ou plusieurs vacations de 4 fr. 50., 5 fr. 40 ou 6 francs pour prendre communication de l'état liquidatif et étudier les opérations avant de conclure.
761	Assignation en homologation aux parties qui n'ont pas constitué avoué. *(Détail nos 14 et 601.)*	R 5 58 C 5 95 P 6 20	»	»	»	Le procès-verbal de partage et de liquidation ne doit être signifié qu'aux parties qui n'ont pas comparu devant le notaire. Sur l'utilité de la signification à ces parties défaillantes, voir CASSATION, 24 juin 1874; PAL., 74, 254. Voir aussi opinion de M. BOULAN, président de la Conférence des Avoués des départements, et de M. CARRETTE, procès-verbal du 5 avril 1875, p. 447. Le jugement d'homologation est réputé contradictoire même vis-à-vis des parties qui n'ont comparu ni devant le tribunal, ni devant le notaire, si l'instance en partage a été liée contradictoirement avec elles; un jugement de défaut profit joint n'est donc pas nécessaire. (CASSATION, 7 juillet 1869; PAL., 70, 20. — CASSATION, 21 juin 1874; PAL., 75, 254.)

Nos d'ordre	NATURE DES ACTES	Déboursés	ÉMOLUMENTS			OBSERVATIONS
			Ressort	Cours	Paris	
762	Pour la suite de la procédure, voir chapitre Ier ou chapitre II, selon que l'affaire est considérée comme sommaire ou comme ordinaire.	»	»	»	»	L'art. 16 de la loi du 26 janvier 1892 a frappé d'un droit de 0 fr. 25 par 100 francs les jugements ou arrêts prononçant l'homologation de liquidations ou de partages, sans qu'il puisse y avoir ouverture à double perception en cas d'appel. Ce droit est perçu indépendamment de ceux auxquels les liquidations et partages sont assujettis par les lois antérieures, et il est calculé sur l'actif net partagé ou liquidé. Le droit gradué sur les partages judiciaires est remplacé par un droit de 0 fr. 15 p. %. (art. 19, loi du 28 avril 1893.) Le jugement doit être signifié à avoué et à parties, et, en outre, aux subrogés-tuteurs des mineurs ou interdits pour faire courir à leur égard les délais d'appel. (V. art. 444 et 548, C. p. c. — Paris, 10 août 1838; PAL., 38, 2, 126. — Orléans, 6 août 1874; PAL., 74, 1177. — MM. CHAUVEAU et GODOFFRE, nos 5401 et 5411. — DUTRUC, V. *Partage*, n° 116.)

§ 6. — **Fin des opérations.**

Nos d'ordre	NATURE DES ACTES	Déboursés	Ressort	Cours	Paris	OBSERVATIONS
763	Sommation à l'avoué des copartageants de comparaître devant le notaire pour assister au tirage des lots.	R » 25 C » 27 P » 30	» 94	1 13	1 25	Voir *suprà*, observation n° 747.
764	Même sommation par huissier..........	Mém.	»	»	»	Les affaires de liquidation étant, en général, très compliquées et nécessitant des soins exceptionnels, les avoués ont droit à des honoraires suivant l'importance de la succession liquidée. (CONFÉRENCE DES AVOUÉS DES DÉPARTEMENTS, 1883. p. 6. V. *suprà*, observations nos 41 et 106.)

DEUXIÈME SECTION — LICITATION

Nos d'ordre	NATURE DES ACTES	Déboursés	Ressort	Cours	Paris	OBSERVATIONS
765	Pour la procédure depuis l'assignation jusqu'à la signification de jugement, voir *suprà*, 1re section, nos 739 et suivants.	»	»	»	»	Le § 2 de l'art. 2 de la loi du 23 octobre 1884 est ainsi conçu : « Dans les procédures n'ayant d'autre objet que la vente sur licitation, si les immeubles à liciter dont les mises à prix seront inférieures à 2,000 francs appartiennent indivisément à des mineurs ou incapables et à des majeurs, ces derniers pourront se réunir aux représentants de l'incapable pour que la vente ait lieu sur requête, comme si les immeubles appartenaient seulement à des mineurs. L'avis du conseil de famille ne sera pas nécessaire lorsque la vente sera provoquée par les majeurs. »
766	Cahier de charges (établir le coût d'après le nombre de rôles)................ (*Art.* 11 *de l'ordonn. de* 1841. — *Détail* n° 411.)	2 48	1 50	1 80	2 »	Le cahier des charges est rédigé par l'avoué lorsque la vente se fait à la barre du tribunal. La double exonération du timbre et de l'enregistrement accordée par l'art. 5 de la loi du 26 janvier 1892 est limitée par le texte même aux actes d'*avoué à avoué*. Elle n'est, par suite, applicable ni aux actes du ministère des avoués qui ne se signifient pas, tels que les cahiers de charges et placards en matière de vente judiciaire, ni à ceux qui pourraient être signifiés à partie, comme les qualités des jugements et arrêts par défaut. (Instruction du Directeur général de l'Enregistrement, du 31 mai 1892, p. 3.)
767	Vacation à le déposer au greffe......... (*Art.* 11 *de l'ordonnance de* 1841.)	»	2 45	2 70	3 »	
768	Coût de l'acte de dépôt............... (*Détail* n° 413.)	Mém.	»	»	»	Lorsqu'une expertise a été ordonnée, le droit de communication du cahier de charges alloué au greffe est réduit à 12 francs.

Nos d'ordre	NATURE DES ACTES	Débour-sés	ÉMOLUMENTS Ressort	Cours	Paris	OBSERVATIONS
769	Signification du jugement au subrogé-tuteur avec sommation d'assister à l'adjudication. *(Art. 3 de l'ordonnance de* 1841.)	R 5 58 C 5 95 P 6 20	» 35	» 41	» 45	Le jugement ordonnant la licitation doit être signifié à avoué. (V. *suprà*, observation n° 96.) Il a été jugé que la signification à partie n'est nécessaire que lorsqu'il y a eu contestation. (Cassation, 25 février 1834; Pal. chron. — Cassation, 16 juin 1846; Pal., 47, 1, 86. — Cassation, 6 janvier 1847; Pal., 47, 1, 116. — M. Dutruc, V° *Licitation*, nos 41 et 103.) Le jugement qui, après contestation, fixe le jour de l'adjudication doit, à peine de nullité, être signifié à la partie contre laquelle il a été rendu, et cette partie doit, en outre, être sommée d'assister à l'adjudication. (Cassation, 22 juin 1859; Pal., 60, 207.)
770	Sommation aux avoués colicitants de prendre communication du cahier de charges et d'assister à l'adjudication. *(Art. 10 de l'ordonnance de* 1841.)	R » 25 C » 27 P » 30	» 94	1 13	1 25	
771	Vacation à prendre communication du cahier de charges au greffe, pour chaque avoué colicitant. *(Art. 10 de l'ordonnance de* 1841.)	»	4 50	5 40	6 »	
772	Vacation à prendre communication du cahier de charges en l'étude du notaire par l'avoué poursuivant.	»	4 50	5 40	6 »	La vacation et le voyage dont il s'agit aux nos 771 à 774 doivent être alloués sans que les avoués soient obligés de rapporter une preuve de la prise de communication du cahier des charges. (Cassation, 24 avril 1854; Dal., 54, 1, 158.)
773	Pareille vacation pour chaque avoué colicitant. *(Art. 10 de l'ordonnance de* 1841.)	»	4 50	5 40	6 »	La vacation des avoués colicitants à prendre communication du cahier de charges ne peut faire et n'a jamais fait difficulté en présence des termes formels du § 7 de l'art. 10 de l'ordonnance de 1841.
774	Voyage des avoués pour aller prendre cette communication. *(Art. 144 du tarif de* 1807, *voir* suprà *n°* 176.)	Mém.	»	»	»	Les avoués ont droit à la vacation et au voyage, encore bien que la vente ait été renvoyée devant un notaire d'un arrondissement autre que celui du tribunal qui a ordonné la vente. (V. *infrà*, question en marge du n° 778. — Voir en outre M. Dutruc, *Bull. taxe*, t. 1, p. 117, et Conférence des Avoués des départements, octobre 1853, 1854, 1880, 1882 et 1891.)
775	Pour les placards et l'insertion, voir nos 428 et suivants. L'enregistrement du journal est alors de 3 fr. 75 c. Pour le cas où la mise à prix est inférieure à 2,000 francs, voir la note sur la loi du 23 octobre 1884, nos 505 à 512.	»	»	»	»	Les avoués restent chargés de l'accomplissement des actes de la procédure pour les ventes renvoyées devant notaires, à l'exception du cahier de charges. (Art. 14 de l'ordonnance de 1841.) Les notaires n'ont donc pas le droit de rédiger et de signer les originaux des insertions et placards. (Cassation, 18 novembre 1844; Pal., 44, 2, 565. — Conférence des Avoués des départements, 1859 et 1884.) Les avoués de première instance ont le droit exclusif de faire tous les actes exigés pour les ventes judiciaires d'immeubles, même lorsque la vente a été ordonnée par un arrêt infirmatif. (Besançon, 13 février 1873; Pal., 73, 719. — MM. Dalloz, V° *Avoué*, table 1867-1877, n° 2. — Bioche, V° *Ventes judiciaires d'immeubles*, n° 184.)
776	Vacation de l'huissier à l'adjudication, par chaque lot adjugé (dans le cas où la vente se fait devant le tribunal). *(Art. 6 de l'ordonnance de* 1841.)	R 3 75 C 4 50 P 5 »	»	»	»	Le nombre de vacations ne peut excéder six. Lorsqu'après l'ouverture des enchères l'adjudication n'a pas lieu, il est alloué aux huissiers, y compris les frais de bougie et quel que soit le nombre des lots, à Paris 5 francs, et dans le ressort 3 fr. 75. (Art. 6 de l'ordonnance de 1841.)

Nos d'ordre	NATURE DES ACTES	Déboursés	ÉMOLUMENTS Ressort	Cours	Paris	OBSERVATIONS
777	Vacation de l'avoué à l'adjudication....	»	»	»	»	Pour le cas de vente en détail ou de réunion de lots, voir observation en marge du nº 441. Au cas de renvoi devant notaire, les avoués ont droit, comme au cas de vente devant le tribunal, à l'émolument de 12 francs, 13 fr. 50 ou 15 francs pour chaque lot adjugé jusqu'à concurrence de six, ainsi qu'aux frais de voyage. (CASSATION, 14 janvier 1845; PAL., 45, 1, 80; SIR., 45, 1, 105; DAL., 45, 1, 90. — CASSATION, 11 février 1850; PAL., 50, 2, 108; SIR., 50, 1, 268. — CASSATION, 19 juillet 1853; PAL., 54, 2, 417. — CASSATION, 30 août 1853; PAL., 54, 2, 417. — CASSATION, 23 avril 1856; PAL., 56, 1, 572. — CASSATION, 5 avril 1859; PAL., 59, 1058; SIR., 59, 1, 582; DAL., 59, 1, 160. — Mémoire de M. LATRUFFE-MONTMEYLIAN, rapporté dans DALLOZ, t. 25. p. 196. — CONFÉRENCE DES AVOUÉS DES DÉPARTEMENTS, octobre 1841 et 1853.) Les avoués ont droit aux vacations, jusqu'à concurrence de six lots, autant de fois qu'il y a d'adjudications *distinctes*. Il en est ainsi : 1º Lorsque les adjudications sont faites sur des cahiers de charges séparés ou dans des lieux différents. (*Bulletin de la taxe*, t. 3, p. 86. — M. DUTRUC, *Suppl. aux lois proc. civ.*, Vº *Licitation*, nº 139 bis. — CONFÉRENCE DES AVOUÉS DE 1re INSTANCE DES DÉPARTEMENTS, 1891.) 2º Lorsqu'après une adjudication dans laquelle une partie seulement des lots a été vendue, il est procédé à une nouvelle adjudication des autres lots sur baisse de mises à prix. (MM. BIOCHE, *J. proc. civ.*, t. 8, p. 177. — FONS, *Tarif en mat. civ.*, p. 327. — CHAUVEAU et GODOFFRE, nº 3229. — DUTRUC, Vº *Licitation*, nº 135.) Quelque minime que soit la valeur d'un lot, la vacation doit être allouée en entier. (MM. CHAUVEAU et GODOFFRE, nº 3238.) Le droit de vacation à l'adjudication est-il dû aux avoués colicitants? Voir, dans le sens de l'affirmative, Trib. de Nevers, 7 décembre 1842. — Toulouse, 8 décembre 1842. — Fontainebleau, 28 août 1842 et 27 août 1843. — Dieppe, 29 mars 1843. — Louviers, 22 mai 1846. — Marseille, 26 août 1846. — Autun, 16 juin 1847. *J. av.*, t. 73, p. 103. — Nevers, rapporté au procès-verbal de la CONFÉRENCE DES AVOUÉS, 1880, p. 10. — Bayeux, 10 mai 1883; PAL., 83, 1251; SIR., 83, 2, 164; DAL., 85, 3, 120. — MM. DURAND, *J. av.*, t. 14, p. 26. — LATRUFFE-MONTMEYLIAN, *J. av.*, t. 64, p. 72. — RIVOIRE, p. 50. — DALLOZ, Vº Frais et dépens, 867. — CHAUVEAU et GODOFFRE, nº 3551. — BOURNAT, *Rev. prat.*, t. 11, p. 507. — PAIGNON, *Comment. du tarif de 1841*, nº 64, — BILLEQUIN, *J. av.* t. 62, p. 73. — Harel, *J. av.*, t. 85, p. 526. — DUTRUC, *Bull. taxe*, t. 1, p. 34 et 97. — CONFÉRENCE DES AVOUÉS, 1883, p. 9; 1785, p. 7. Pour la négative, voir CASSATION, 11 mars 1846; PAL., 46, 1, 502; 16 novembre 1857; PAL., 57, 1115; SIR., 58, 1, 189; DAL., 58, 1, 51. — CASSATION, 10 mars 1885; PAL., 85, 760; SIR., 85, 1, 312; DAL., 86, 1, 192. L'avoué poursuivant a qualité pour requérir l'adjudication, et le notaire commis n'est pas en droit d'exiger la présence du client, ni un mandat spécial donné par lui. (M. CHAUVEAU, sur M. CARRÉ, qon 2505 septies C.)
	Pour 1 lot adjugé............	»	12 »	13 50	15 »	
	— 2 lots adjugés............	»	24 »	27 »	30 »	
	— 3 —	»	36 »	40 50	45 »	
	— 4 —	»	48 »	54 »	60 »	
	— 5 —	»	60 »	67 50	75 »	
	— 6 —	»	72 »	81 »	90 »	
	Il n'est rien dû pour les lots adjugés au-delà de six. (*Art.* 11 *de l'ordonnance de* 1841.)					
778	Voyage de l'avoué à l'adjudication devant notaire.	Mém.	»	»	»	QUESTION. — Lorsque la vente est renvoyée devant un notaire dont la résidence est en dehors du ressort du tribunal qui l'a commis, les avoués conservent-ils le droit de continuer la procédure, d'assister à l'adjudication et de réclamer leurs vacations et indemnités de transport? En commettant pour la vente un notaire, soit de l'arrondissement, soit du dehors, le tribunal du lieu de l'ouverture de la succession ne se dessaisit pas de l'affaire. Le notaire commis par lui n'est que son délégué et la vente, quoique renvoyée, n'en doit pas moins être considérée comme la suite et le complément de la procédure engagée devant le tribunal. Dès lors, toutes les formalités que la vente comporte doivent être accomplies par les avoués qui occupent dans l'instance, et ces avoués ont le droit d'assister à l'adjudication et d'obtenir en taxe leurs vacations et leur indemnité de transport. (MM. BIOCHE, Vº *Vente judic. d'immeubles*, nº 35, p. 397. — DUTRUC, *Bull. taxe*, t. 1er, p. 35
	Par journée de campagne de 5 myriamètres..	R 22 50 C 27 » P 30 »	»	»	»	
	Ou par chaque myriamètre, tant à l'aller qu'au retour.	R 4 50 C 5 40 P 6 »	»	»	»	
	(*Art.* 100 *du tarif.*)					
	NOTA. — L'indemnité de voyage est considérée comme un déboursé.					

N^os d'ordre	NATURE DES ACTES	Débour-sés	EMOLUMENTS			OBSERVATIONS
			Ressort	Cours	Paris	
						et 50. — CONFÉRENCE DES AVOUÉS DES DÉPARTEMENTS, 1880, p. 9; 1882, p. 5; 1886, p. 8. — V. Motifs des arrêts de la COUR DE CASSATION du 14 janvier 1845, PAL., 45, 1, 80, et du 11 février 1850; PAL., 50, 2, 180. — Voir aussi M. SOREL, sur M. BOUCHER D'ARGIS, p. 397, en note.) (*Contrà*, arrêt de la CHAMBRE DES REQUÊTES, 21 juin 1886; PAL., 89, 151.) Ce n'est que lorsqu'un autre tribunal a été délégué soit pour procéder à la vente, soit pour commettre un notaire à cet effet, que la poursuite cesse d'appartenir au tribunal primitivement saisi. Dans ce dernier cas, les formalités sont remplies par les avoués du ressort du tribunal délégué. Il est d'usage, en pareil cas, que la remise proportionnelle se partage par moitié entre les avoués des deux tribunaux, puisque la procédure de licitation est faite partie par les uns et partie par les autres. (CONFÉRENCE DES AVOUÉS DES DÉPARTEMENTS, octobre 1854, 1879, p. 7; 1880, p. 10; 1882, p. 6; 1883, p. 8.)
779	Remise proportionnelle sur le montant de l'adjudication. (*Art.* 11 *de l'ordonnance de* 1841.) I. *En cas de vente devant le tribunal.* Lorsqu'une expertise a été ordonnée et si la vente dépasse 2,000 francs, la remise est la même qu'en matière d'expropriation. Voir n° 442. Lorsque le tribunal n'a pas ordonné l'expertise, dans le cas où elle est facultative, la remise, si la vente dépasse 2,000 francs, est calculée ainsi qu'il suit : De 1 à 10,000 francs.......... 1 50 % De 10 à 100,000 francs.......... 1 » % De 100 à 300,000 francs.......... » 50 % Et au-delà.......... » 25 % II. *En cas de vente devant notaire.* Les avoués ont droit à la différence entre la remise des notaires et celle ci-dessus fixée, lorsqu'il n'y a pas eu d'expertise. Cette différence s'établit ainsi : De 1 à 50,000 francs.......... » 50 % De 50 à 100,000 francs.......... » 75 % De 100 à 300,000 francs.......... » 375 % Et au-delà.......... » 125 %	»	»	»	»	Sur diverses difficultés qui se sont présentées relativement à la remise proportionnelle, voir observation n° 442. Le montant de la remise des avoués est calculé sur le prix de chaque lot séparément lorsque les lots sont composés d'immeubles distincts, et moitié de la remise appartient à l'avoué poursuivant; la seconde moitié est partagée, par égales portions, entre les avoués qui ont occupé dans la licitation, y compris l'avoué poursuivant qui a sa part comme les autres dans cette seconde moitié. (Art. 11 de l'ordonnance de 1841.) La remise est due sur le prix du matériel, des meubles et des marchandises que l'adjudicataire est obligé de prendre avec l'immeuble et en sus de son prix. (CONFÉRENCE DES AVOUÉS DE 1re INSTANCE DES DÉPARTEMENTS, 1890.) Lorsque la vente est renvoyée devant eux, les notaires ont droit sur le prix des biens vendus : Jusqu'à 10,000 francs, à.......... 1 » % De 10,000 à 50,000 francs, à.......... » 50 % De 50,000 à 100,000 francs, à.......... » 25 % Et au-delà, à.......... » 125 % Cette remise se calcule sur la totalité des prix, sans distinction entre le cas où les lots se composent de fractions d'un même immeuble et celui où ils sont formés d'immeubles distincts. Bien qu'une adjudication sur licitation soit prononcée au profit de l'un des colicitants la remise proportionnelle n'en doit pas moins être calculée sur la totalité du prix. (Argument tiré de l'art. 10 de l'ordonnance de 1841, qui accorde la remise sur le prix d'adjudication. — M. DUTRUC, *Bull. taxe,* 1885, p. 7. — CONFÉRENCE DES AVOUÉS, 1883, p. 12 et 8 octobre 1893.)
780	Conclusions d'avoué à avoué pour obtenir l'autorisation de vendre au-dessous de la mise à prix. (*Art.* 10 *de l'ordonn. de* 1841. — *Détail n°* 745.)	R » 25 C » 27 P » 30	6 88	8 45	9 38	En matière de licitation, l'autorisation de vendre au-dessous de la mise à prix est accordée par jugement rendu à l'audience sur conclusions incidentes signifiées d'avoué à avoué et non par jugement rendu sur requête en la chambre du conseil. (Montpellier, 12 novembre 1851. — Orléans, 15 juin 1852. — Paris, 25 juillet 1853; PAL., 53, 315. — Caen, 28 août 1855; PAL., 56, 2, 021; SIR., 56, 2, 236; DAL., 56, 2, 247. — Riom, 2 février 1859; PAL., 59, 1163; SIR., 59, 2, 412. — MM. CARRÉ et CHAUVEAU, q^on 2505 quinquies. — ROUSSEAU et LAISNEY, V° *Vente judic. d'immeubles,* n° 1816.) Et il en est ainsi alors même que les colicitants sont d'accord pour demander la réduction (Montpellier, 12 novembre 1851; PAL., 53, 1, 291; SIR., 53, 2, 635; DAL., 53, 2, 225. — Orléans, 15 juin 1852; PAL., 52, 2, 30; SIR., 52, 2, 635; DAL., 53, 5, 339.)
781	Pour la suite de la procédure de baisse de mise à prix, voir n°s 428 et suivants. (*Voir aussi la note relative à la réduction des frais de poursuites de ventes d'immeubles ne dépassant pas 2,000 francs, n°s 505 à 512.*)	»	»	»	»	Sur le droit de l'avoué de réclamer les vacations à l'adjudication sur baisse de mise à prix, même lorsqu'il a déjà touché celles sur les lots adjugés à la vente originaire, voir observation n° 777.)

N^os d'ordre	NATURE DES ACTES	Déboursés	ÉMOLUMENTS			OBSERVATIONS
			Ressort	Cours	Paris	

CHAPITRE LII

Acceptation sous bénéfice d'inventaire et renonciation (Art. 997 C. proc. civ.)

N^os d'ordre	NATURE DES ACTES	Déboursés	Ressort	Cours	Paris	OBSERVATIONS
782	Vacation pour assister au greffe la femme qui renonce à la communauté ou l'héritier qui renonce à la succession ou qui ne l'accepte que sous bénéfice d'inventaire. *(Art. 91, § 18 du tarif.)*	»	2 25	2 70	3 »	Si l'héritier accepte plusieurs successions ou y renonce, l'avoué peut réclamer plusieurs droits, encore bien que les acceptations ou renonciations soient faites par un seul acte. (MM. Rivoire, p. 520. — Chauveau et Godoffre, n° 5427.) Il semble qu'il en devrait être de même lorsque plusieurs héritiers acceptent ou répudient une succession, mais la plupart des auteurs estiment que l'avoué, dans ce cas, ne peut réclamer qu'une vacation.
783	Coût de l'acte du greffe...............	Mém.	»	»	»	Il n'est perçu qu'un seul droit fixe d'enregistrement pour chaque acte distinct d'acceptation ou de renonciation, quel que soit le nombre des acceptants ou des renonçants et celui des successions ou communautés acceptées ou répudiées. (Art. 23, loi du 28 avril 1893.) Pour la vente du mobilier à la requête de l'héritier bénéficiaire, voir *suprà*, n°s 719 et 720, et, pour celles des immeubles, voir n°s 722 et suivants.

CHAPITRE LIII

Curateur à une succession vacante (Art. 998 à 1002 (C. proc. civ.)

N^os d'ordre	NATURE DES ACTES	Déboursés	Ressort	Cours	Paris	OBSERVATIONS
784	Requête au tribunal pour faire nommer un curateur à une succession vacante (timbre et dressé).	» 60	2 25	2 70	3 »	Pour le droit d'obtention de jugement ou d'assistance, voir *suprà*, observation n° 643.
785	Coût minute et expédition du jugement..	Mém.	»	»	»	
786	Pour la vente des immeubles dépendant d'une succession vacante, appliquer chapitre L, n°s 722 et suivants.	»	»	»	»	Il ne peut être procédé à la vente des immeubles et rentes dépendant d'une succession vacante que suivant les formes qui sont prescrites au *bénéfice d'inventaire*. (Art. 1001, C. proc civ.) Les poursuites pour parvenir à la vente des biens de plusieurs successions vacantes, existantes dans un même arrondissement, ne peuvent être réunies : il y a nécessité d'une poursuite séparée pour chaque succession. (Décis. du Min. des fin., 20 oct. 1827.)

TITRE ADDITIONNEL

CHAPITRE LIV

Arbitrages (Art. 1003 à 1028 C. proc. civ.)

Nos d'ordre	NATURE DES ACTES	Déboursés	ÉMOLUMENTS Ressort	Cours	Paris	OBSERVATIONS
787	Requête au président à l'effet de faire nommer un tiers arbitre (timbre, enregistrement et dressé). (*Art.* 77, § 15 *du tarif.* — *Détail n°* 13.)	6 23	2 25	2 70	3 »	En cas de partage, les arbitres autorisés à nommer un tiers sont tenus de le faire par la décision qui prononce le partage; s'ils ne peuvent en convenir, ils le déclarent au procès-verbal, et le tiers est nommé par le président du tribunal qui doit ordonner l'exécution de la décision arbitrale. Il est, à cet effet, présenté requête par la partie la plus diligente. (Art. 1017 C. proc. civ.)
788	Signification de la requête et de l'ordonnance aux arbitres avec sommation de se réunir au tiers arbitre.	R 5 58 C 5 95 P 6 20	» 25	» 27	» 30	Le tiers arbitre ne peut prononcer qu'après avoir conféré avec les arbitres divisés, qui sont sommés de se réunir à cet effet. (Art. 1018 C. proc. civ.)
789	Pareille signification à partie..........	R 5 58 C 5 95 P 6 20	» 25	» 27	» 30	MM. CHAUVEAU et GODOFFRE, n° 5550, estiment qu'il est nécessaire de signifier à la partie adverse l'ordonnance qui nomme le tiers arbitre.
790	Dépôt au greffe par les arbitres de la sentence arbitrale.	Mém.	»	»	»	La sentence arbitrale peut être déposée au greffe avant d'être enregistrée; mais elle doit être soumise à cette formalité avant d'être revêtue de l'ordonnance d'*exequatur*. (Cir. min. 28 oct. 1808. — CASS. 13 août 1813.) Les sentences arbitrales sont enregistrées au droit de 1 25 pour 100 en matière commerciale et de 2 pour 100 en matière civile, sauf en ce qui concerne les dommages intérêts pour lesquels le droit est de 3 pour 100. (Art. 15, loi du 26 janvier 1892.)
791	Vacation pour demander l'ordonnance d'*exequatur* de la sentence arbitrale. (*Art.* 91, § 19 *du tarif.*)	»	2 25	2 70	3 »	Les sentences arbitrales, même celles préparatoires, ne peuvent être exécutées qu'après l'ordonnance d'*exequatur* accordée par le président du tribunal au bas ou en marge de la minute.
792	Expédition de la sentence arbitrale et de l'ordonnance d'*exequatur*.	Mém.	»	»	»	
793	Signification de la sentence arbitrale....	R 5 58 C 5 95 P 6 20	» 35	» 41	» 45	
794	Opposition à l'ordonnance d'*exequatur* et assignation devant le tribunal pour voir prononcer la nullité de la sentence arbitrale.	Mém.	»	»	»	Dans les cinq cas énoncés en l'art. 1028 C. proc. civ., les parties se pourvoient par opposition à l'ordonnance d'exécution devant le tribunal et demandent la nullité de l'acte qualifié jugement arbitral.
795	Pour la suite de la procédure, voir chapitre Ier ou chapitre II, selon la nature de l'affaire.	»	»	»	»	L'instance en nullité de la sentence arbitrale est sommaire ou ordinaire, suivant les principes généraux de l'art. 404 du Code de proc. civ. (MM. CHAUVEAU et GODOFFRE, n° 2130. — V. CHAMBRE DES AVOUÉS DE PARIS, n° 844.)

Nos d'ordre	NATURE DES ACTES	Débour-sés	EMOLUMENTS Ressort	Cours	Paris	OBSERVATIONS

CHAPITRE LV

Assistance judiciaire (Loi du 22 janvier 1851.)

796 L'assisté est dispensé provisoirement du paiement : 1° des sommes dues au Trésor pour droits de timbre, d'enregistrement et de greffe ; 2° des consignations d'amende ; 3° des sommes dues au greffier, aux officiers ministériels et aux avocats, pour droits, émoluments et honoraires. Les actes de la procédure faite à sa requête, ainsi que les actes et titres produits par lui pour justifier de ses droits et qualités, sont visés pour timbre et enregistrés en débet. (Art. 14, loi du 22 janvier 1851.)

797 Les frais de transport des juges, des officiers ministériels et des experts, les honoraires de ces derniers et les taxes des témoins dont l'audition a été autorisée par le tribunal ou le juge-commissaire, sont avancés par le Trésor, conformément à l'article 118 du décret du 18 juin 1811. (Art. 14 de la loi précitée.)

798 Le bénéfice de l'assistance est applicable : pour les jugements et arrêts contradictoires jusqu'à la signification à avoué et à partie, et pour les jugements et arrêts par défaut jusqu'aux divers actes de poursuite tendant à provoquer l'opposition, et en cas d'opposition, jusqu'aux actes tendant à faire courir les délais d'appel ou de pourvoi en cassation, mais il ne s'étend pas aux actes de poursuites faits après que les jugements ou arrêts ont acquis l'autorité de la chose jugée. (Instruction de la Régie, du 18 juillet 1853.)

799 En cas de condamnation aux dépens prononcée contre l'adversaire de l'assisté, la taxe comprend tous les droits, frais de toute nature, honoraires et émoluments auxquels l'assisté aurait été tenu s'il n'y avait pas eu assistance judiciaire. (Art. 17 de la loi de 1851.)

800 Dans ce cas, la condamnation est prononcée et l'exécutoire est délivré au nom de l'administration de l'enregistrement et des domaines, qui en poursuit le recouvrement comme en matière d'enregistrement. L'administration fait immédiatement aux divers ayants droit la distribution des sommes recouvrées. (Art. 18 de la loi de 1851.)

801 Pour mettre l'administration en mesure de faire cette distribution, il est d'usage que l'avoué dresse l'état de frais en autant de colonnes qu'il y a de personnes à qui les frais sont dus. L'avoué ne pourrait s'éviter de dresser l'état de frais en renonçant à ses émoluments. (Circulaire du Ministre de la Justice, du 27 octobre 1888. — Conférence des Avoués des Départements, 1889.)

802 Lorsque l'assisté perd son procès et qu'il est condamné aux dépens, tous les droits de timbre et d'enregistrement des actes de procédure et des actes non assujettis à l'enregistrement dans un délai déterminé, produits par l'assisté, tombent en non valeur et sont perdus complètement et sans recours pour le Trésor. (Art. 14, § 17, et art. 19, loi du 22 janvier 1851. — Inst. gén., n° 1879.)

803 Mais l'assisté reste redevable vis-à-vis du Trésor : 1° des frais de transport des juges, des officiers ministériels et des experts, des honoraires de ces derniers et des taxes à témoins, en un mot, des avances qui ont été faites pour son compte par l'administration de l'enregistrement ; 2° des droits d'enregistrement des actes assujettis à la formalité dans un délai déterminé et des sommes dues pour contravention aux lois sur le timbre. (Art. 14, § 6 et 9, loi précitée.)

804 En outre, l'assisté qui succombe doit acquitter les frais auxquels il a été condamné envers la partie adverse. (Grenoble, 20 mars 1868 ; Pal., 68, 701 ; Sir., 68, 2, 165 ; Dal., 68, 5, 24.)

TABLE DES TITRES ET CHAPITRES

N

O

P

Q

R

S

T

V

BEAUVAIS — IMPRIMERIE AVONDE ET BACHELIER

www.ingramcontent.com/pod-product-compliance
Ingram Content Group UK Ltd.
Pitfield, Milton Keynes, MK11 3LW, UK
UKHW020328180726
13839UKWH00002B/597

9 782329 345918